Klaus Schäfer

Sport nach TX

Transplantierte berichten

über ihre

sportlichen Aktivitäten

Regensburg 2025

Verlag: BoD · Books on Demand GmbH, Überseering 33,

22297 Hamburg, bod@bod.de

Druck: Libri Plureos GmbH, Friedensallee 273, 22763 Hamburg

ISBN: **978-3-8192-4725-5**

1 Vorspann

1.1 Inhaltsverzeichnis

Zur Titelseite:

Das Bild links oben zeigt Günter Berlesreiter nach seiner Transplantation auf der Intensivstation. Ihm wurde am 04.04.1988 ein Herz transplantiert. Er kämpfte sich nicht nur ins normale Leben zurück, sondern errang bei den Wettkämpfen der Transplantierten insgesamt 50 Medaillen. Inzwischen blickt er auf 37 Jahre Herztransplantation zurück. In seinem Buchbeitrag schreibt er:

„Es vergeht kaum ein Tag, an dem ich nicht Sport in irgendeiner Art betreibe."

Alle anderen Transplantierten, die an diesem Sammelband beteiligt sind, haben nach ihrer Transplantation bereits auf der Intensivstation mit leichtem Sport begonnen, und kämpften sich auch damit wieder ins Leben zurück.

Dieser Sammelband zeigt auf, welch sportliches Potential nach einer Transplantation möglich ist. Einige begnügen sich mit Freizeitsport, andere betreiben Leistungssport und messen sich mit Anderen, einige wenige loten ihre ganz persönliche Leistungsfähigkeit aus und betreiben Extremsport.

So lädt dieser Sammelband alle Transplantierten ein, nach ihrer Transplantation auch sportlich aktiv zu werden.

Das Organspende-Logo auf dem Buchrücken ist der Sieger des DIATRA-Wettbewerbs.

1.2 Abkürzungen

AHB   Anschlussheilbehandlung (Reha)

BDO   Bundesverband der Organtransplantierten e.V.

Diss.   Dissertationen

DSO   Deutsche Stiftung Organtransplantation

TX   Transplantation, Organtransplantation

ECMO   Extrakorporale Membranoxygenierung[1]

---

1   Die extrakorporale Membranoxygenierung (ECMO) und die extrakorporale Lungenunterstützung (oder extrakorporale Lungenassistenz, ECLA) sind in der Intensivmedizin eingesetzte Unterstützungssysteme, bei denen eine Maschine teilweise oder vollständig Atemfunktionsleistungen für den Patienten außerhalb seines Körpers übernimmt.

1.3 Empfehlenswerte Literatur

Brehm, Walter: Skigymnastik. Fitness, Gesundheit, Wohlbefinden. Reinbek 1989.

Buscher, Astrid, Grafen, Kevin: Neuronales Training für kleine Köpfe. Konzentriert, aufmerksam, fit : Augentraining, Gleichgewichtstraining, Bewegungstraining : für Bestleistungen in Schule, Sport und Alltag. Aachen 2024.

Findeisen, Diether G.R.: Sport, Psyche und Immunsystem. über die Zusammenhänge zwischen physischem und psychischem Wohlbefinden. Berlin 1994.

Foerster, Christo. Schlau durch Sport. wie Sie durch Bewegung Ihr Gehirn trainieren. München 2009.

Frank, Renate, Christoph Flückiger (Hg.): Therapieziel Wohlbefinden. Ressourcen aktivieren in der Psychotherapie. 4., Auflage. Berlin 2022.

Gans, Paul Michael Horn, Christian Zemann (Hg.): Sportgeographie. Ökologische, ökonomische und soziale Perspektiven. Berlin 2023.

Gavin, James: Welcher Sport für wen? Mehr Spaß u. Lebensfreude durch Ihren typgerechten Sport. München 1989.

Güllich. Arne, Michael Krüger: Sport in Kultur und Gesellschaft. Handbuch Sport und Sportwissenschaft. Berlin 2021.

Güllich, Arne, Michael Krüger: (Hg.): Sport. Das Lehrbuch für das Sportstudium. 2. Auflage. Berlin 2022.

Güllich, Arne, Michael Krüger (Hg.): Grundlagen von Sport und Sportwissenschaft. Handbuch Sport und Sportwissenschaft. Berlin 2022.

Güllich, Arne, Michael Krüger (Hg.): Bewegung, Training, Leistung und Gesundheit. Handbuch Sport und Sportwissenschaft. Berlin 2022.

Horn, Axel: Sportphilosophie: Eine phänomenologisch fundierte Einführung. Berlin 2022.

Jansen, Petra: Selbstmitgefühl im Sport. Selbsthilfe in sportlichen Krisen. Berlin 2023.

Jasper, Bettina M.: Brainwalking. machen Sie Ihrem Gehirn Beine. Aachen 2010.

Joisten, Christine (Hg.): Repetitorium Sportmedizin. Für die Zusatzweiterbildung – Prüfungs- und Praxiswissen. Berlin 2023.

Kleine, Wilhelm: Sport und psychisches Wohlbefinden. Beiträge zum Lehren und Lernen im Gesundheitssport. Aachen 1990.

König, Daniel, Anja Carlsohn (Hg.): Praxis der Sporternährung. Ein Leitfaden für Studierende und Fachkräfte der Ernährungs- und Sportwissenschaften. Berlin 2024.

Longevity, Gert von Kunhardt: Ein Leben lang leben. Energiepotenziale optimal einsetzen. 2. Auflage. Berlin 2025.

Niebauer, Josef (Hg.): Sportkardiologie. 2. Auflage. Berlin 2023.

Rahn, Stefanie, Grafen, Kevin: Sport trifft Gehirn - neuronales Training mit Fitnessgruppen. Augentraining, Gleichgewichtstraining, Bewegungstraining. Aachen 2022.

Reinders, Heinz, Dagmar Bergs-Winkels, Annette Prochnow, Isabell Post: (Hg.): Empirische Bildungsforschung. Eine elementare Einführung. Berlin 2022.

Ringeisen,Tobias,Petia Genkova, Frederick T. L. Leong (Hg.): Handbuch Stress und Kultur. Interkulturelle und kulturvergleichende Perspektiven. 2. Auflage. Berlin 2021.

Samitz, Günther: Das Wellness-Programm. mit dem richtigen Gewicht zu mehr Wohlbefinden. Reinbek 1995.

Schlicht, Wolfgang: Wohlbefinden und Gesundheit durch Sport. In: Wissenschaftliche Schriftenreihe des Deutschen Sportbundes. Band 25. Schondorf 1995.

Schneider, Franz J.: Gehirn, Gesundheit, Gymnásion. zur zerebralen Leistungsförderung in Schule und Sport. Göttingen 2008.

Ströhle, Andreas (Hg.): Sportpsychiatrie und -psychotherapie. Berlin 2023.

Timmann, Mareike, Tatjana Paeck, Jan Fischer, Brigitte Steinke, Chiara Dold, Manuela Preuß, Max Sprenger (Hg.): Handbuch Studentisches Gesundheitsmanagement. Perspektiven, Impulse und Praxiseinblicke. Berlin 2022.

Julia Schüler, Mirko Wegner, Henning Plessner (Hg.): Sportpsychologie. Grundlagen und Anwendung. Berlin 2020.

von Kunhardt, Gert: Longevity: Ein Leben lang leben. Energiepotenziale optimal einsetzen. 2. Auflage. Berlin 2025.

Walther, Luise: Schmerzzentrale Gehim. Neurozentriertes Training. das

Schmerzgedächtnis umprogrammieren und Schmerzen lindern. Berlin 1988.

Windmüller, Jan: Triadische Synergie - Ehrgeiz, Wohlbefinden und Sport. Eine Untersuchung der Einflussfaktoren auf die zusammenhängenden Konstrukte und deren Interaktion. München 2021.

Artikel

Kerbl, Reinhold, Gerald Jarnig: Bewegung und Sport als Antidepressiva. In: Monatsschr Kinderheilkd 2024, (172) 191–193.[2]

Joisten, Christine: Sportmedizinische Vorsorgeuntersuchungen. In: MMW Fortschr Med. 2025; 167 (2), 48-53.

Laufs, Ulrich: Sicher Sport treiben als Herzkranker. In: MMW Fortschr Med. 2022; 164 (9), 18.

Richter, Miriam Tariba, Tamás Jules Fütty, Ray Trautwein, Lando Lankenau, Kilian Rupp, Anna Hampel: Gesundheitsförderung in Lebenswelten von trans* Menschen. In: Prävention und Gesundheitsförderung. 2025. https://doi.org/10.1007/s11553-025-01202-x

Schek, Alexandra, Alfonso Lampen: Sport und Supplemente. In: Daniel König, Anja Carlsohn (Hg.): Praxis der Sporternährung. Ein Leitfaden für Studierende und Fachkräfte der Ernährungs- und Sportwissenschaften. Berlin 2024, 229-256.

Schoser, Daria Sophia, Juliane Mackenbrock, Claas Lendt, Ingo Froböse, Christiane Wilke: Der Zusammenhang von körperlicher Aktivität, sportmotorischer Leistung und Bewegungsmotivation im späten Kindesalter – eine Querschnittstudie. In: German Journal of Exercise and Sport Research. 2024. https://doi.org/10.1007/s12662-024-00999-7

Thielen, Manfred: Körperpsychotherapie bei Burn-out. In: Zeitschrift für Psychodrama und Soziometrie (2025) 24:173–185. (2025) https://doi.org/10.1007/s11620-025-00849-0

---

[2] https://doi.org/10.1007/s00112-024-01929-5

Weiß, Otmar, Andrea Pichlmair, Wilhelm Hanisch, Robert Bauer: Sport ist die beste Medizin. Die Auswirkung des Sports auf die Gesundheit. Eine sozio-ökonomische Analyse des Breiten- und Freizeitsports in Österreich 1998 und 2013. Wien 2016.[3]

Dissertationen und Masterarbeiten

Ali, Mahmoud Attia Bekhit: Talentsuche im Sport. Ein Vergleich von Konzepten in Deutschland und Ägypten und Entwicklung eines Trainingsprogrammes zur Talentfindung in Ägypten. Gießen 2001.[4]

Auracher, Markus: Die Effektivität präventiver Ausdauertrainingsprogramme: Eine kontrollierte Längsschnittstudie zur Problematik der "Weekend Warrior" und der Intensitätswahl. Saarbrücken 2007.[5]

Berwinkel, Andre: Sport und psychische Gesundheit. Evaluation von Handlungs-empfehlungen zur Therapie und Prävention depressiver Erkrankungen sowie Kurzzeiteffekte einmaliger Sportinterventionen auf das aktuelle Wohlbefinden gesunder Probanden. Paderborn 2017.[6]

Bollz, Tijs: Schüler*innen-Lehrer*innen-Beziehung aus bindungstheoretischer Perspektive im Förderschwerpunkt der emotionalen und sozialen Entwicklung. Oldenburg 2021.[7]

Buuck, Sabine: Bewegende Pause. Der Einfluss einer Bewegungsintervention aufdie kognitive Leistungsfähigkeit im Arbeitskontext. Bamberg 2020.[8]

Cirner, Viola: Untersuchungen zum Zusammenhang zwischen Selbstregulationsfähigkeit und subjektivem Wohlbefinden in Abhängigkeit von Persönlichkeit und Optimismus. Leipzig 2013.[9]

Clees, Elisabeth: Subjektives Wohlbefinden in Einrichtungen der stationären Luxemburgischen Kinder- und Jugendhilde. Luxembourg 2023.[10]

---

3 https://institut-schmelz.univie.ac.at/fileadmin/user_upload/z_sportwissenschaft/news/2016/Sport_und_Gesundheit_Folder_02.pdf
4 http://bibd.uni-giessen.de/gdoc/2002/uni/d020013.pdf
5 https://scidok.sulb.uni-saarland.de/bitstream/20.500.11880/23336/1/Onlineversion.pdf
6 https://digital.ub.uni-paderborn.de/hs/download/pdf/2520788
7 https://oops.uni-oldenburg.de/5176/1/Dissertation-SLB_ESE_Tijs%20Bolz%202021.pdf
8 https://fis.uni-bamberg.de/server/api/core/bitstreams/af82361d-cb23-4cc2-bc44-455ef349ab1a/content
9 https://d-nb.info/1238527183/34
10 https://orbilu.uni.lu/bitstream/10993/54524/1/Dissertation%20EClees.pdf

Dreisbach, Birgit: Gesundheitsförderung mit zuvor sportlich inaktiven Frauen im Alter von 50 bis 65 Jahren – Gesundheitliche Auswirkungen eines gerätegestützten Krafttrainings.Freiburg 2010.[11]

Ehrhardt, Niklas: Alltagsaktivität und subjektives Wohlbefinden älterer Menschen. Stuttgart 2020.[12]

Erlacher, Carmen: Einfluss von sportlicher Aktivität auf den Schlaf. Entwicklung und Evaluation eines kombinierten Schlaftrainings. Heidelberg 2014.[13]

Eisenberger, Laura: Connect2Move – Neue Wege der Gesundheitsförderung in den Alpen. München 2023.[14]

Falk, Holger: Entspannung als Element der Gesundheitsförderung im Schulsport. Ein Vergleich westlicher und fernöstlicher Entspannungsverfahren. Regensburg 2002.[15]

Faß, Eric: Sozioökonomische Analysen zu körperlich-sportlicher Aktivität und subjektiver Gesundheit im Alter. Bochum 2020.[16]

Faßold, Verena: Sport und Bildung im Verein. Außerschulische Bildung:Das 3-K-Projekt und seine Wirkungen auf die Teilnehmer. Bayreuth 2021.[17]

Franz, Viktoria Sophie Therese: Zum Zusammenhang von Leistungsmotivation, Flow-Erleben und subjektivem Wohlbefinden. Eine empirische Studie an Schülerinnen und Schülern der Primar- und Sekundarstufe. Trier 2020.[18]

Gewe, Susanne: Gesundheitsbildung im Sportan der Berufsschule. Untersuchung, Entwicklung und praxisbezogene Überprüfung eines Curriculumbausteins im Fach Sport am Beispiel von Medizinischen und Zahnmedizinischen Fachangestellten in der Ausbildung. Hamburg 2012.[19]

---

11 https://freidok.uni-freiburg.de/data/7535
12 https://elib.uni-stuttgart.de/server/api/core/bitstreams/4eae7490-44a7-4aa9-9041-740b1e209ff1/content
13 https://archiv.ub.uni-heidelberg.de/volltextserver/17444/1/Erlacher_2014_Dissertation_Abgabe%20UB-Heidelberg_end.pdf
14 https://mediatum.ub.tum.de/doc/1694999/1694999.pdf
15 https://epub.uni-regensburg.de/10079/1/E_72.PDF
16 https://d-nb.info/122969479X/34
17 https://epub.uni-bayreuth.de/id/eprint/5313/1/Dissertation_Verena%20Fa%C3%9Fold_Dezember%202020_Sport%20und%20Bildung%20im%20Verein.pdf
18 https://ubt.opus.hbz-nrw.de/opus45-ubtr/frontdoor/deliver/index/docId/1465/file/Dissertation_Viktoria+S.+Franz.pdf
19 https://ediss.sub.uni-hamburg.de/handle/ediss/5233

Goldberger, Carina: Schlaf im Sport – die Auswirkungen von sportlicher Belastung auf Schlaf und Erholung im Leistungssport. Graz 2023.[20]

Grascher, Tamara: Sportliche Aktivität zur Steigerung des subjektiven Wohlbefindens von Menschen mit Körperbehinderungen und Förderung der Inklusion. Graz 2018.[21]

Herrmann, Christian: Interventionsstudie Primus - Psychosoziale Ressourcen im Jugendsport. Methoden und Ergebnisse der Evaluation der Programmdurchführung und Programmwirksamkeit. Jena 2012.[22]

Jeckel, Stephanie: Körperlich-sportliche Aktivität und affektives Befinden im Alltag. Einflussfaktoren für das befindensregulative Potential von körperlich-sportlicher Aktivität. Tübingen 2017.[23]

Jerard, Sandra: Der Einfluss sportlicher Aktivität auf die Existentielle Lebensqualität. Wien 2011.[24]

Klier, Kristina: Schlaf, Sport und Digitalisierung: Zur Rolle des Schlafs als Gesundheits- und Leistungsvariable unter Einbezug digitaler Aktivitäten und smarter Technologien. München 2023.[25]

Kohake, Kathrin: Wahrgenommene Förderung und Befriedigung der psychologischen Grundbedürfnisse nach Autonomie, Kompetenz und sozialer Eingebundenheit und motivationale Orientierung von Kindern im Sportunterricht und Training. Hamburg 2021.[26]

Kölling, Sarah: Schlaf im Sport: Erfassung subjektiver und objektiver Schlafparameter und deren Veränderung in verschiedenen Trainingssettings. Bochum 2015.[27]

Kral, Kathrin: „Gesundheitsbezogene Wirkungen von asiatischen Kampfkünsten am Beispiel der Sportart Karate in Österreich". Wien 2009.[28]

---

20 https://unipub.uni-graz.at/obvugrhs/download/pdf/9739940
21 https://unipub.uni-graz.at/obvugrhs/download/pdf/2956426
22 https://www.db-thueringen.de/receive/dbt_mods_00020488
23 https://publikationen.uni-tuebingen.de/xmlui/handle/10900/78713
24 https://phaidra.univie.ac.at/download/o:1278462
25 https://athene-forschung.unibw.de/doc/146874/146874.pdf
26 https://ediss.sub.uni-hamburg.de/bitstream/ediss/9103/1/Dissertation%20Kathrin %20Kohake.pdf
27 https://hss-opus.ub.ruhr-uni-bochum.de/opus4/frontdoor/deliver/index/docId/4836/file/diss.pdf
28 https://core.ac.uk/download/pdf/11585679.pdf

Laemmert, Philipp: Die Rolle sportlicher Aktivität bei der Bewältigung von Anforderungen und Stärkung von Ressourcen zur Verbesserung der Gesundheit im Setting Hochschule. Bayreut 2018.[29]

Lottmann, Amke: Untersuchungen zur Optimierung der Belastungssteuerung im Krafttraining durch Kombination verschiedener Methoden der trainingsbegleitenden Leistungsdiagnostik. Göttingen 2002.[30]

Medjeral, Mathew: Betriebliche Gesundheitsförderung mit organisiertem Betriebssport in deutschen Mittelstandsbetrieben. Hamburg 2017.[31]

Mehrhof, Ulrike: Effekte einmaliger Laufbandaktivität auf die endokrine und psychosoziale Stressreaktion. Berlin 2013.[32]

Moser, Katharina Alexandra: Die Effekte des Sporttreibens auf die kognitive Leistungsfähigkeit im schulischen Kontext. Freiburg 2010.[33]

Pögel, Stephanie: Die gesundheitsbezogene Lebensqualität bei Sportlern mit und ohne Körperbehinderung. Berlin 2009.[34]

Rogge, Frederike: Gesundheit und Wohlbefinden im Übergang ins Erwachsenenalter. Eine triangulative Untersuchung über gelingendes Erwachsenwerden und die Bedeutung von sozialen Beziehungen. Flensburg 2019.[35]

Schein, Romana: Die Beziehung zwischen habitueller körperlicher Aktivität und den affektiven und kognitiven Komponenten von subjektivem Wohlbefinden. Graz 2016.[36]

Scheyhing, Daniela: Die Stärkung von schulischem Wohlbefinden bei Schülern durch die Förderung von Eigenaktivität am Beispiel einer bayerischen Haupt- bzw. Mittelschule. Passau 2015.[37]

Schramm, Annika: MAIDS (Meditation und Achtsamkeit in der Schule). Auswirkungen auf Aufmerksamkeit und Wohlbefinden von Schülerinnen und Schülern sowie Klassenklima – eine quantitativ-qualitative Studie. München 2021.[38]

---

29 https://epub.uni-bayreuth.de/id/eprint/3819/1/DissLaemmert.pdf
30 https://ediss.uni-goettingen.de/handle/11858/00-1735-0000-0006-B245-D
31 https://ediss.sub.uni-hamburg.de/bitstream/ediss/7666/1/Dissertation.pdf
32 https://refubium.fu-berlin.de/bitstream/handle/fub188/359/diss_u.mehrhof.pdf
33 https://freidok.uni-freiburg.de/data/7642
34 https://refubium.fu-berlin.de/handle/fub188/5245
35 https://link.springer.com/content/pdf/10.1007/978-3-658-30710-3.pdf
36 https://unipub.uni-graz.at/obvugrhs/content/titleinfo/1592873/full.pdf
37 https://opus4.kobv.de/opus4-uni-passau/frontdoor/index/index/year/2016/docId/352
38 https://edoc.ub.uni-muenchen.de/30603/1/Schramm_Annika.pdf

Schwarzmüller-Erber, Gabriele: Identification of factors influencing physical and psychological wellbeing of older aged horseback riders - A field study. Wien 2020.[39]

Simon, Malte: Zur Bedeutung einer freudbetonten Gestaltung des Sportunterrichts. Rostock 2022.[40]

Steinbacher, Anja: Erfassung körperlicher Befindlichkeit im Sport. Studien zur Anwendbarkeit und Validität des Antwortformats „Kognitives Dilemma". Köln 2010.[41]

Streso, Jana: Leistungsmotivation und Sportunterricht. Eine empirische Analyse zur Ausprägung des Leistungsmotivs von Jungen und Mädchen im Sportunterricht. Magdeburg 2015.[42]

Stuhlert, Caroline: Auswirkungen von körperlicher Aktivität auf Lebensqualität und Nebenwirkungen unter onkologischer Therapie bei nicht metastasierten Mammakarzinom Patientinnen. Homburg/Saar 2023.[43]

Thiex, Dagmar Liane: Persönliche Ziele als Motivatoren und Regulatoren im Sport. Mainz 2006.[44]

Thomas. Anna: Prädiktive Relevanz leistungsmotivationaler Merkmale im Nachwuchsleistungssport – Eine längsschnittliche Untersuchung. Kaiserslautern 2020.[45]

Wahl, Yvonne: Systematische Quantifizierung von Belastungsreizen und Belastungsreaktionen bei jungen Athleten im Ausdauersport. Köln 2021.[46]

Windmüller, Jan: Triadische Synergie - Ehrgeiz, Wohlbefinden und Sport. Eine Untersuchung der Einflussfaktoren auf die zusammenhängenden Konstrukte und deren Interaktion. München 2021.[47]

---

[39] https://repositorium.meduniwien.ac.at/download/pdf/6100430.pdf
[40] https://rosdok.uni-rostock.de/file/rosdok_disshab_0000003013/rosdok_derivate_0000209096/Simon_Dissertation_2023.pdf
[41] https://fis.dshs-koeln.de/de/publications/erfassung-k%C3%B6rperlicher-befindlichkeit-im-sport-studien-zur-anwend
[42] https://opendata.uni-halle.de/bitstream/1981185920/11986/1/Dissertation-Streso.pdf
[43] https://publikationen.sulb.uni-saarland.de/handle/20.500.11880/37010
[44] https://openscience.ub.uni-mainz.de/items/1669f99f-b543-42d2-99dd-b90bb8f2acea
[45] https://kluedo.ub.rptu.de/frontdoor/deliver/index/docId/6012/file/_Diss_Anna+Thomas_pr%c3%a4d.+Relevanz+leistungsmot.+Merkmale+im+Nachwuchsleistungssport.pdf
[46] https://fis-db.dshs-koeln.de/ws/portalfiles/portal/6146941/Dissertation_Yvonne_Wahl.pdf
[47] https://mediatum.ub.tum.de/node?id=1662070

Wirthwein, Linda: Mehr Glück als Verstand? Zum Wohlbefinden Hochbegabter. Marburg 2010.[48]

Zeike, Sabrina Jasmina: Psychisches Wohlbefinden von Beschäftigten. Eine Analyse arbeitsbezogener Belastungen und Ressourcen sowie die Bestimmung von Grenzwerten zur Gefährdungsanalyse. Köln 2018.[49]

---

48 https://archiv.ub.uni-marburg.de/diss/z2010/0630/pdf/dlw.pdf
49 https://kups.ub.uni-koeln.de/11259/1/Dissertation%20Zeike.pdf

Internetseiten

Herz

https://www.lmu-klinikum.de/transplantationszentrum-lmu/patienteninfos/organtransplantation/herztransplantation/verhaltensregeln-nach-einer-herztransplantation/f3db876d0c5de560

Lunge

https://www.lmu-klinikum.de/transplantationszentrum-lmu/patienteninfos/organtransplantation/lungentransplantation/verhaltensregeln-nach-einer-lungentransplantation/ae35d10ea2874915

https://www.lungeninformationsdienst.de/aktuelles/news/artikel/dauerhaft-sport-nach-lungentransplantation-nuetzt

https://www.medical-tribune.de/medizin-und-forschung/artikel/lungentransplantation-training-verbessert-die-leistungsfaehigkeit

https://www.unimedizin-mainz.de/fileadmin/kliniken/M3/Dokumente/Patienten/III_Med_Broschuere_Lungentrans_240413_RZ.

Leber

https://www.lmu-klinikum.de/transplantationszentrum-lmu/patienteninfos/organtransplantation/lebertransplantation/verhaltensregeln-nach-einer-lebertransplantation/ea988bbd08858d5a

Niere

https://www.lmu-klinikum.de/transplantationszentrum-lmu/patienteninfos/organtransplantation/nierentransplantation/verhaltensregeln-nach-einer-nierentransplantation/ddffd8ca55377f96

Allgemein für Transplantierte

https://web.archive.org/web/20200920175626/https://www.transplant-campus.de/nierentransplantation-lebertransplantation-herztransplantation-highlights/allgemein/kongresse/bewegung-nach-transplantation-erhaelt-die-transplantatfunktion

https://transplantiert.info/leben-nach-transplantation/koerpertraining-nach-transplantation

1.4 Hinführung

Im Jahr 2014 brachte ich meinen 1. Sammelband mit Berichten von Transplantierten heraus. Das liegt nun 11 Jahre zurück. Es folgten zwei weitere Sammelbände, die inzwischen alle als PDF-Datei kostenlos aus dem Internet zu beziehen sind:
https://epub.uni-regensburg.de/40410 = Dank dem Spender
https://epub.uni-regensburg.de/40407 = 25 x 25 geschenkte Jahre
https://epub.uni-regensburg.de/55587 = 21 x 25 geschenkte Jahre
https://epub.uni-regensburg.de/40409 = Leben - dank dem Spender

Ein jeder dieser Bände hat seine Besonderheiten:

- Leben – dank dem Spender (2014)

  An der Online-Umfrage nahmen 203 Transplantierte teil. In den Antworten kommt ihre große Dankbarkeit für das erhaltende Geschenk zum Ausdruck.

- 25 x 25 geschenkte Jahre (2015)

  Darin berichten 26 Transplantierte – Herz, Leber oder Niere transplantiert – von ihrer Erkrankung, der Transplantation und ihren 25 bis 32 Jahren danach.

- 21 x 25 geschenkte Jahre (2022)

  Darin berichten 21 Transplantierte – Herz, Lunge, Leber oder Niere transplantiert – von ihrer Erkrankung, der Transplantation und ihren 25 bis 40 Jahren danach.

- Dank dem Spender (2014)

  In diesem Prototyp meiner Sammelbände beschreiben 20 Transplantierte ihre Erkrankung von Herz, Lunge, Leber oder Niere, die Transplantation und das Leben danach. Junge Väter und Mütter durften dank Transplantation ihren Kindern weiterhin Eltern sein und erleben, wie sie einen Beruf ergreifen.

Es gibt verschiedene Aussagen, die bei mir als körperlich Gesunden großen Eindruck hinterlassen haben. Aus „Dank dem Spender" greife ich die Worte von Claudia Krogul nach ihrer Lungen-Transplantation heraus: „Mein erster Atemzug mit neuer Lunge. Ich holte tief Luft … immer mehr Luft es ging so viel da rein. Ich hatte das Gefühl, ich würde nie aufhören mit dem Einatmen. Und alles was nun drin war, musste ja auch wieder raus. Und ich ließ sie raus und raus und raus und raus es hörte einfach nicht auf. Es war ein so tolles und unbeschreiblich geiles Gefühl Luft zu bekommen." (Seite 123)

In diesem Band ist es Nihat, auch Lungen-transplantiert. Er fasst es in dem Satz zusammen: „Jeder Atemzug ist ein Geschenk und eine Aufgabe zugleich."

Nach dem Erhalt des Geschenks ist jeder Transplantierte darauf bedacht, dass er einerseits sein transplantiertes Organ nicht durch eine Abstoßungsreaktion verliert und andererseits sich keine Infektion zuzieht. Durch die notwendige tägliche Einnahme der Immunsuppressiva ist das Immunsystem geschwächt. Dies macht den Transplantierten anfälliger für Infektionen. Als Folge davon ziehen sich Transplantierte in den ersten Wochen und Monaten zurück und meiden jeden unnötigen Kontakt.

Somit besteht die Gefahr, dass man sich als Transplantierter diesen Lebensstil angewöhnt. Man ist zu Hause vollkommen zufrieden. Dabei wartet das eigentliche Leben draußen.

Dieser Sammelband ist eine Sammlung an Zeugnissen von Transplantierten, die das Geschenk ihres zweiten Lebens nicht nur erhielten und vorsichtig behüteten. Sie haben etwas daraus gemacht. Sie haben begonnen, wieder aktiv am Leben teilzunehmen. Hierzu gehört für sie körperliche Betätigung, die den Titel zu diesem Sammelband gab:

Sport nach TX

Die sportliche Betätigung der Transplantierten wurde in vier Bereiche eingeordnet. Dabei sind die Übergänge fließend. Die Einteilung ist subjektiv, d.h. die Zuordnung könnte auch anders getroffen werden:

- Kurzberichte

  Mit kurzen Texten beschreiben Transplantierte ihre sportlichen Betätigungen. Diese umfassen den regelmäßigen Spaziergang, die Aufgabe, Großmutter zu sein, aber auch einfach das Bewusstsein, frei atmen zu können.

- Freizeitsport

  Hier erzählen Transplantierte von ihrer Lebensfreude, die sie durch ihre sportliche Betätigung erlangen. Ob nun beim Boule-Spiel, Schwimmen, Fahrrad fahren, Golf, Fußball oder einfach nun in Bewegung sein, die Transplantierte haben Freude an ihrer Sportart und damit wieder Lebensfreude.

- Leistungssport

  In diesem Kapitel berichten Transplantierte von ihren Wettkämpfen, die sie zusammen mit und gegen andere Transplantierte sowie mit und gegen Gesunde geführt haben. Ob bei den nationalen Meisterschaften der Transplantierten oder bei den World Transplant Games, viele dieser Transplantierten haben dabei Medaillen errungen. Dabei zählt auch für sie der olympische Gedanke: Dabei sein ist alles.

- Extremsport

Diese Transplantierten gehen mit ihren Sportarten an die Grenzen ihrer körperlichen Leistungsfähigkeit. Sie messen sich dabei mit den Besten der Gesunden. Damit zeigen sie das volle Potential, was körperlich auch in einem Transplantierten stecken kann. Sie stellen den Gipfel des Erreichbaren dar.

Gemäß dem Lied „Runter vom Sofa und ab in den Welt", gesungen von Stefanie Hertel, lädt dieser Sammelband jeden Transplantierten dazu ein, nicht auf dem Sofa auszuruhen, sondern das erhaltene Geschenk dafür zu nutzen, das Leben (neu) zu entdecken. Dabei spielt es keine Rolle, ob sie sich im unteren Bereich der Leistungsskala bewegen oder über den Freizeitsport hinauf zum Leistungssport entwickeln. Vielleicht stellt der eine oder andere Transplantierte fest, dass sie sich körperlich und seelische wohler fühlen, je weiter sie auf dieser Leistungsskala nach oben klettern.

Die Berichte dieser Transplantierten legen ein deutliches Zeugnis dafür ab, dass sie nicht nur dankbar für das unbezahlbare Geschenk sind, sondern mit diesem Geschenk wieder voll ins „normale" Leben zurückkehren.

Zitate über das Leben und Bewegung

Wie lange ich lebe, das liegt nicht in meiner Macht, dass ich aber, solange ich lebe, wirklich lebe, das hängt von mir ab! Justin Grubits[50]

Nur in der Bewegung, so schmerzlich sie sei, ist Leben. Jacob Burckhardt, 1818 - 1897

Zu unserer Natur gehört die Bewegung Blaise Pascal, 1623 - 1662

Erstaunlich ist es, wie sehr der Geist durch die Tätigkeit und die Bewegung des Körpers angeregt wird. Plinius der Jüngere, um 61 - um 113

Der Tod ist nicht schlimm. Schlimm ist es, zu sterben, ohne vorher gelegt zu haben. Marc Aurel, 121-180

Fließendes Wasser fault nicht, das kommt von der Bewegung. Lü Bu We (Lü Buwei), um 300 - 235 v. C.

Das Leben besteht in der Bewegung. Aristoteles, 384 - 322 v.C.

Es lebt nur der, der lebend sich am Leben freut. Menander, um 342 - 291 v.C.

---

50 Justin Grubits: VORWISSENSCHAFTLICHE ARBEIT. Sport mit Lungentransplantation: Medizinischer Hintergrund und körperliche Herausforderungen von Biologie und Umweltkunde. 8b ORG 2023/24 Julia Winhofer, M.Ed. Eisenstadt, 21. Februar 2024.

1.5 Transplantation und Sport

1.5.1 Allgemeines

Sport nimmt im deutschsprachigen Schrifttum einen wichtigen Platz ein. Das zeigt diese statistische Auswertung anhand verschiedener Quellen: Buchhandel (Bh), Deutsche Nationalbiliothek (DNB), PubMed (PM), Springer Nature Link (SNL) und Bing.

	Bh	*DNB*	*PM*	*SNL*	*Bing*
Sport	2.190	48.660	493.234	88.344	9.220.000
Bewegung	1.317	18.218	508	313.362	275.000
Ernährung	1.627	24.061	3.245	71.254	290.000
Gesundheit	1.945	38.202	8.710	176.424	534.000
Immunabwehr	-	248	34	7.084	28.100
Lebensglück	39	457	-	1.460	22.600
Resilienz	593	3.240	125	13.482	118.000
Wohlbefinden	230	3.695	141	49.009	141.000
Zufriedenheit	98	2.183	163	74.504	107.000
Krankheit	659	201.745	2.554	209.413	515.000

Tab. 1 „Sport" und andere Begriffe im Schrifttum

Anmerkung: Bei PubMed und Bing sind die Treffer deshalb so hoch, weil es den Begriff „Sport" auch in der englischen Sprache gibt.[51]

Eine 750-seitige Broschüre mit einer Liste über „Hochschulschriften im Sport. Dissertations- und Habilitationsschriften mit sportwissenschaftlichem Bezug" wurde vom Bundesinstitut für Sportwissenschaft herausgegeben.[52] Sie enthält 146 Habilitationen und 4.379 Dissertationen mit sportwissenschaftlichem Bezug, die an deutschen, österreichischen und schweizerischen Hochschulen angefertigt wurden. Diese Liste zeigt, wie stark „Sport" in der Wissenschaft vertreten ist.

---

51 „Bewegung", „Ernährung", „Gesundheit" und „Wohlbefinden" sind rein deutsche Worte, den Begriff „Sport" hingegen gibt es auch im Englischen. Daher werden die englische Publikationen bei „Sport" mitgezählt, was die Anzahl in die Höhe treibt.

52 https://www.bisp.de/SURF/DE/Recherche/Hochschulschriften/SURFHochschulschriften_Download.pdf?__blob=publicationFile&v=4 9

Zum Vergleich dazu: Eine vom Verfasser durchgeführte Metaanalyse zum Hirntodkonzept (Gleichsetzung von Hirntod und Tod des Menschen) erbrachte aus dem deutschsprachigen Raum (Deutschland, Österreich und Schweiz) bis zum 31.12.2023 „nur" 1.857 HSS mit „Hirntod", „hirntot" bzw. „Hirnfunktionsausfall".[53] Dies sind nur rund 42% gegenüber dem Sport.

Für diesen Artikel wurden 46 HSS[54] mit"Sport" und „Wohlbefinden" und 37 Bücher zum Thema Sport zusammengetragen. Die o.g. Suchbegriffe wurden darin mit dieser Häufigkeit gefunden:

	Schriften	*Anzahl*	*HSS*	*Anzahl*	*Bücher*	*Anzahl*
Sport	83	24.843	47	7.072	36	17.771
Bewegung	75	4.349	41	999	34	3.350
Ernährung	59	849	29	131	30	718
Gesundheit	70	6.794	46	3.822	24	2.971
Immunabwehr	9	28	2	2	7	26
Immunsystem	37	268	20	67	17	201
Lebensglück	6	9	3	6	3	3
Resilienz	28	312	12	89	16	223
Wohlbefinden	82	5.608	47	3.814	35	1.795
Zufriedenheit	55	1.020	33	607	22	413
Krankheit	59	613	35	224	24	389

Tab. 2 „Sport" und andere Begriffe in Hochschulschriften, Büchern und Artikeln

In den Schriften und den HSS stehen – gemessen an der Häufigkeit der Treffer - „Bewegung", „Gesundheit". „Wohlbefinden" und „Zufriedenheit" in großer Verbindung zum „Sport". Am seltensten wurden genannt: „Lebensglück", „Immunabwehr" und „Immunsystem". Wie jedoch Zitate aus den HSS zeigen, stärkt Sport das Immunsystem und damit die Immunabwehr.

Aus den 46 HSS sind einige Zitate zur Immunabwehr, zum Immunsystem, Wohlbefinden und zur Zufriedenheit aufgeführt.

---

53 Klaus Schäfer: Freie Literaturliste. Regensburg 2024. https://epub.uni-regensburg.de/55578
54 In der Tabelle sind 47 HSS genannt, da dort die Liste der HSS mit Sport mitgezählt wurde.

Sport und Immunabwehr

„Diese Ausdauerleistungsfähigkeit nimmt einen hohen Stellenwert in fast allen Sportbereichen ein. Weineck (2000) erwähnt hier unter anderem die Erhöhung der physischen Leistungsfähigkeit, Optimierung der Erholungsfähigkeit, Minimierung von Verletzungen, Steigerung der psychischen Belastbarkeit, konstant hohe Reaktions- und Handlungsschnelligkeit, Verringerung technischer Fehlleistungen und stabilere Gesundheit durch eine verbesserte Immunabwehr und ein vermindertes Risiko von Herz-Kreislauf-Erkrankungen (s.u.)." (Moser, 16)

„Moderate sportliche Betätigung stärkt die Immunabwehr und vermindert die Infektanfälligkeit." (Jerard, 26)

Sport und Immunsystem

„Sportliche Aktivität kann, wie in vielen gesundheits- und sportwissenschaftlichen Arbeiten in den letzten Jahren nachgewiesen wurde,

- *das kardiovaskuläre Risiko senken und positive Auswirkungen auf den Verlauf von Herz-Kreislauf-Erkrankungen haben*

- *die Prävention und Therapie von Stoffwechselkrankheiten unterstützen, z. B. bei Insulinresistenz und Typ-II-Diabetes, Fettstoffwechselstörungen, Adipositas und metabolischem Syndrom*

- *eine Förderung des Muskel-Skelett-Systems bewirken und das Osteoporoserisiko vermindern*

- *die Prävention und Therapie von Gehirnerkrankungen sowie psychatrischen Erkrankungen wie Alzheimer, Morbus Parkinson, depressiver Erkrankungen, Psychosen, Suchterkrankungen unterstützen*

- *die Begleiterscheinungen des Alters mindern und die Mortalität und Morbidität senken*

- *akute und chronische Stress-Symptome abbauen*

- *das Risiko, an Kolon- und Brustkrebs zu erkranken, verringern*

- *die Selbstheilungskräfte und das Immunsystem stärken*

- *sich günstig auf die Erhaltung der Sexualfunktion des Mannes auswirken." (Pögel, 1f)*

„Moderate körperliche Aktivität, d.h. auch ein dosiertes Krafttraining kann das Immunsystem verbessern und das Infektionsrisiko vermindern ... Die positiven Effekte eines Krafttrainings auf das Immunsystem belegten bereits Studien aus dem Jahre 1935 von Garrey & Bryan".(Dreisbach, 34)

„Als drittes sportspezifisches physiologisches Modell wird die Immunsystem-modulationshypothese genannt. Aufgrund sportlicher Aktivität treten hormonelle Adaptationen auf, die zu einer Stabilisierung und Modulation des Immunsystems führen können. Es wird davon ausgegangen, dass eine moderat ausgeübte sportliche Aktivität zu einer Stärkung des Immunsystems führt". (Steinbacher, 11)

„Moderate sportliche Betätigung stärkt die Immunabwehr und vermindert die Infektanfälligkeit." (Jerad, 26)

„In einem kürzlich erschienen Übersichtsartikel postulieren Chennaoui, Arnal, Sauvet und Léger (2015) ein reziprokes Verhältnis zwischen Schlaf und Training. Demnach beeinflussen sich Schlafkomponenten und regelmäßige körperliche Aktivität gegenseitig auf verschiedenen Ebenen, wie dem Hormonsystem, dem Immunsystem und der zirkadianen Rhythmik. Einerseits hängt die sportliche Leistung von der Schlafqualität und Schlafquantität ab, andererseits führt vermehrte körperliche Aktivität zu einem erhöhten Schlafbedürfnis". (Kölling, 4)

„So können beispielsweise durch moderates Ausdauertraining mehr Zellen, die für den Schutz des Immunsystems verantwortlich sind, aufgebaut werden. Demgegenüber geben Leistungssportler an, während intensiven Phasen des Trainings geringere Widerstandsfähigkeit, beispielsweise bezüglich Erkältungsviren, zu besitzen, wodurch die Annahme besteht, dass intensives Training das Immunsystem zumindest kurzfristig schwächt." (Grascher, 41)

„Immunsystem: Bei moderater körperlicher Bewegung wie dem Wandern werden sogenannte Killerzellen gebildet, die das Immunsystem aktivieren. Außerdem wird das Stresshormon Cortisol abgebaut, das das Immunsystem hemmt". (Eisenberger, 159)

„Regelmäßige sportliche Aktivität hat Einfluss auf physische Parameter wie ein leistungsfähigeres Herz-Kreislauf-System, Senkung des Blutdruckes und Erhalt der Knochenmasse. Außerdem bewirkt es eine Veränderung der Körperzusammensetzung zu mehr Muskelmasse und weniger Fettanteil, eine Senkung der Konzentrationen von Triglyzeriden, LDL Cholesterin und Glucose im Blut. Ausdauersport trägt zu einer gesteigerten Leistungsfähigkeit des Immunsystems bei, indem aktivere B-, T-Zellen und natürliche Killerzellen im Blut zirkulieren. Darüber hinaus zeigte Sport bei Krebspatienten auch positive Auswirkungen auf die psychische Verfassung. Durch regelmäßige Bewegung verbessert sich das Selbstbewusstsein und die Patienten *lernen Vertrauen in den eigenen Körper aufzubauen. Des Weiteren können durch die Krankheit auftretende Ängste und Depression abgebaut werden. In der Folge kommt es zu einer verbesserten Krankheitsbewältigung und gesteigerten Lebensqualität der Krebspatienten". (Stuhlert, 14f)*

Sport und Wohlbefinden

„Eine gute Beweglichkeit kann auch das Erlernen sportlicher Techniken fördern und stellt sicherlich auch einen hohen Wert für Gesundheit und Wohlbefinden im Alltag dar". (Ali, 65)

„Generell wird postuliert, dass Sport Auswirkungen auf die psychische Stabilität, das allgemeine Wohlbefinden, ja sogar die Persönlichkeit hat. Ein zentrales Motiv beim Sporttreiben ist das subjektive Wohlbefinden." (Falk, 135)

„Fast jeder kennt die Empfindung direkt im Anschluss an eine (moderate) sportliche Betätigung: man fühlt sich zumeist sowohl körperlich als auch psychisch wohler als zuvor. ... So soll Sport – vor allem Ausdauersportarten –Äquilibrationseffekte in Bezug auf das aktuelle Wohlbefinden (z. B. durch Reduktion von Ärger, Angst oder Depression sowie Stärkung z. B. von Ruhe) haben und sich positiv auf das habituelle Wohlbefinden (u. a. in Bezug auf Lebenszufriedenheit, Grundgestimmtheit, Selbstwertgefühl und Körperkonzept) auswirken. Auch die subjektive Einschätzung des Gesundheitszustandes soll positiv mit Sport korrelieren." (Lottmann, 46)

„Hypothesenkonform ließ sich im Verlauf des Beobachtungszeitraums eine bedeutsame Reduktion im Ausmaß psychosomatischer Beschwerden bei regelmäßig Sporttreibenden konstatieren. Keine Veränderung war dagegen bei unregelmäßig Dabeibleibenden und Aussteigern zu verzeichnen, so dass davon auszugehen ist, dass regelmäßige sportliche Aktivität einen positiven Effekt auf das körperliche Wohlbefinden hat." (Thiex 2479

„Ein wichtiger Teilbereich der Kategorie seelische Gesundheit bzw. Wohlbefinden ist der Zusammenhang von Sport und Stimmung." (Moser, 18)

„Sportliche Aktivität wirkt sich dabei positiv auf das habituelle Wohlbefinden aus, sie führt zu positiven Veränderungen der Grundgestimmtheit, zu einem Rückgang in den Werten für depressive Gestimmtheit und für (Zustands- wie Eigenschafts-) Angst sowie zu einem verbesserten Körperselbstkonzept und einer höheren Selbstwirksamkeitserwartungen." (Jerard, 170)

„Körperlich-sportliche Aktivität wird von nationalen als auch internationalen Institutionen (z.B. World Health Organisation, WHO) empfohlen, um neben der physischen Gesundheit auch positiven Einfluss auf das subjektive Wohlbefinden zu nehmen." (Jeckel, 40)

„Körperlich-sportliche Aktivität weist überdies langfristige positive Effekte hinsichtlich der Entwicklung persönlicher Ressourcen, dem allgemeinen Wohlbefinden und der psychischen Gesundheit auf (...). Darüber hinaus kann körperlich-sportliche Aktivität das individuelle Körper- bzw. Selbstbild positiv beeinflussen und in diesem Rahmen potentielle negative Entwicklungen im Prozess des Alterns abschwächen". (Faß, 7)

„Die Sportpsychologie lehrt, dass auch im Spitzensport erbrachte Leistungen auf ein grundlegendes Wohlbefinden und empfundene Freude (oft an der Bewegung selbst) zurückzuführen sind". (Simon, 177)

Sport und Zufriedenheit

„Vor allem bei ansonsten eher 'bewegungsfaulen' Personen ruft die Teilnahme am Training allein schon deshalb ein Gefühl der Zufriedenheit hervor, weil sie den „inneren Schweinehund" überwunden haben und statt auf dem Sofa liegen zu bleiben zum Training gegangen sind." (Lottmann, 128)

„Zwischen sportlich aktiven bzw. inaktiven Jugendlichen bestehen eindeutige Unterschiede nicht nur in Bezug auf das Konzept der physischen Leistungsfähigkeit, sondern auch auf nicht unmittelbar körperbezogene Selbstkonzeptsanteile wie beispielsweise Sozialkontakte, intellektuelle Fähigkeiten oder Zufriedenheit betreffend zugunsten der Aktiven". (Kral, 49)

„In einer Studie von Pahmeier und Brehm (1998) konnte gezeigt werden, dass ein regelmäßiger Besuch eines gesundheitsorientierten Sportprogramms zu höherer Zufriedenheit mit der eigenen Gesundheit führt." (Laemmert, 52)

„Die Quintessenz der Studie besteht darin, dass ein bedeutender Dreieckszusammenhang vorhanden ist, denn die Zufriedenheit korreliert positiv mit Sport und auch Grit. Zudem hängen Grit und Sport positiv miteinander zusammen." (Windmüller, 1)

> Es gibt somit viele Gründe, Sport zu betreiben,
> auch als Transplantierter.

1.5.2 Sport und Transplantation in HSS

In Hochschulschriften (HSS) wurden diese Transplantationen über Google und Bing gefunden. Nicht gelistet wurden HSS mit Gewebe-Trasplantationen- wie z.B. Knorpel-Knochen-Transplantation – oder Studien an Tieren.

Augustin, Ulrike: Auswirkungen eines Ausdauertrainings-Programmes auf die körperliche Leistungsfähigkeit und psychische Befindlichkeit von Tumorpatienten nach Hochdosis-Chemotherapie. Freiburg 2003.[55]

Moebes, Elena: Inflammation und Sarkopenie bei allogenen Stammzelltransplantationspatienten. Ulm 2022.[56]

Räder, Jan Achim: Körperliche Aktivität und die zum Sport motivierenden Umstände bei Patient*innen mit Multiplem Myelom – eine prospektive Querschnittsstudie anhand eines standardisierten Fragebogens. Freiburg 2023.[57]

Stössel, Sandra: Effekte eines kombinierten Ausdauer- und Krafttrainings auf die Muskelkraft während der Intensivtherapie in der pädiatrischen Onkologie:Ergebnisse einer randomisiert kontrollierten Studie. Köln 2019.[58]

Wiskemann, Joachim: Entwicklung und Evulation eines bewegungstherapeutischen Modulsystems für die Behandlung von Krebspatienten vor, während und nach allogener hämatopoetischer Stammzellentransplantation. Heidelberg 2009.[59]

Alle diese HSS enthalten ausschließlich das Thema „Sport nach Stammzellen-Transplantation“.

---

55 https://freidok.uni-freiburg.de/data/1123
56 https://oparu.uni-ulm.de/server/api/core/bitstreams/9f85cbfd-cc01-4108-9fc9-f8c1207a429c/content
57 https://freidok.uni-freiburg.de/data/258488
58 https://fis-db.dshs-koeln.de/ws/portalfiles/portal/5116017/Dissertation_Stoessel.pdf
59 https://archiv.ub.uni-heidelberg.de/volltextserver/10892/1/koerperliches_Training_und_allogene_HSCT_Wiskemann.pdf

1.5.3 Sport und Organtransplantation in HSS

Hinweis: Die in runde Klammer gesetzte Zahl gibt die Seitenzahl des Zitates an.

Allex, Laura: Evaluation histologischer Merkmale im Langzeitverlauf nach Lebertransplantation. Berlin 2020.[60]

„Der Patient kann oft wieder aktiv am Leben teilnehmen, Sport ausüben, eventuell einer geeignete regelmäßige berufliche Tätigkeit nachgehen und sich ausgewogen ernähren." (4)

Barbarewicz, Filip: Bedeutung von NFκBIA- und PTPN22-Genpolymorphismen für das Langzeitüberleben von Nierentransplantierten unter Berücksichtigung weiterer transplantationsrelevanter Parameter.Eine retrospektive Analyse. Hamburg 2015.[61]

„Die reine Bestimmung von Kreatinin im Serum ist sehr störempflindlich, wie Zhang et al. 2013 feststellten: Die Kreatinin-Konzentration hängt von vielen Faktoren ab, wie Muskelmasse, Alter, Geschlecht, Hautfarbe, Ernährungsgewohnheiten, Bewegung und Sport."

Binder, Julia: Die Bedeutung der Pulswellenanalyse (PWA) zur Erfassung vaskulärer Veränderungen nach pädiatrischer Lebertransplantation (pLTx). Regensburg 2021.[62]

„Da die Gefäßsteifigkeit durch einen gesünderen Lebensstil mit Gewichtsabnahme, Sport und adäquater Ernährung sowie mit verschieden Herzkreislauf-wirksamen Medikamenten beeinflusst werden kann, zeigt sich deutlich die Wichtigkeit der Erhebung der PWV" (28)

Ihle, Franziska Maria: Lungentransplantation und gesundheitsbezogene Lebensqualität – eine prospektive Untersuchung in Quer- und Längsschnitt. München 2011.[63]

„Dabei wurde 'regelmäßiger Sport' als mindestens einmal wöchentliche intensive körperliche Betätigung für mindestens 30 Minuten festgelegt." (24)

Es waren 59,9% sportlich aktiv, 40,1% nicht. (55)

„Patienten, die eine sportliche Aktivität angaben, zeigten einen deutlichen Lebensqualitätsvorteil gegenüber Patienten ohne Sport ... Patienten, die regelmäßig Sport trieben empfanden also auch eine höhere physische Lebensqualität als

60 https://refubium.fu-berlin.de/bitstream/handle/fub188/26901/Diss_L.Allex.pdf
61 https://d-nb.info/1121783155/34
62 https://epub.uni-regensburg.de/52103/1/Dissertation_Julia%20Binder.pdf
63 https://edoc.ub.uni-muenchen.de/12989/1/Ihle_Franziska.pdf

Patienten ohne Sport.". (75)

„Sportliche lungentransplantierte Patienten litten demzufolge entweder von vorne herein weniger unter respiratorischen Komplikationen, oder aber regelmäßiger Sport wirkte sich positiv auf die postoperative Lungenfunktion aus.“ (76)

„Parallel hierzu zeigten Patienten, die eine regelmäßige 'sportliche Aktivität' angaben (60%), einen deutlichen Lebensqualitätsvorteil gegenüber Patienten, die angaben, keinen Sport zu treiben.“ (121)

Ipsen, Susanne: Zu den psychosozialen Auswirkungen einer Lebertransplantation im Säuglingsalter. Auswertungen von Elterninterviews vor Transplantation ihrer Babys. Hamburg 2005.[64]

„Die Krankheit verlangt von den Eltern in vielen Bereichen einen Verzicht: Urlaub, Karriere, Sport, Hobbys, Besuche von Freunden, finanzielle Freiheiten und die Zeit für ihre anderen Kinder.“ (26)

„Die Lebensqualität von Kindern und ihren Familien, die 5 bis 10 Jahre nach Lebertransplantation von Stone et al [...] untersucht wurden, zeigte, daß die Mehrheit der Kinder wieder regelmäßig die Schule besuchte, am organisierten Sport und an extraschulischen Aktivitäten teilnahm und nur noch unregelmäßig Krankenhausaufenthalte und Klinikbesuche notwendig waren.“ (47)

Landgrebe, Kerstin: Erfassung der Lebensqualität nach Lebertransplantation. Bonn 2009.[65]

„Die von den Patienten am häufigsten genannten Lebensbereiche waren Familie, Freunde, Job/Arbeit, Partnerschaft, Sport, Gesundheit, Freizeit, Reisen, Finanzen und Entspannung.“ (23)

„Sport/körperliche Aktivität ist ähnlich erfüllt wie der Lebensbereich Job/Arbeit mit 4,82 (...), also mit 48,2% im Durchschnitt bei den Patienten, die Sport/ körperliche Aktivität als Lebensbereich angegeben haben (n = 38)“ (26)

„Sport/körperliche Aktivität war bei den Leberpatienten, die diesen Lebensbereich angegeben haben, ähnlich schlecht erfüllt, wie der Lebensbereich Job/Arbeit.“ (58)

---

64 https://ediss.sub.uni-hamburg.de/bitstream/ediss/1046/1/Einreichungsversion_komplett_%28ohne_Unterschrift%29.pdf

65 https://publikationen.uni-tuebingen.de/xmlui/bitstream/handle/10900/45548/pdf/landgrebe_compl.pdf

Steigenberger, Jana Su: Kosten der Nierentransplantation in Abhängigkeit von der Transplantatfunktion. Würzburg 2013.[66]

„Berufliche Ausbildung: 9 / 1999 – 9 / 2004 Ausbildung zur staatlich geprüften Sport/ Gymnastiklehrerin und Physiotherapeutin, Berufskolleg Waldenburg" (71)

Fazit

Im Jahr 2024 wurden in Deutschland 1.414 Nieren (46,0%), 788 Leber (25,6%), 555 Lungen (18,1%) und 317 Herzen (10,3) transplantiert, in der Summe 3.074 Organe, die zur Hälfte etwa die Lebensqualität verbessern und die Lebenszeit verlängern, bei der anderen Hälfte eindeutig vor dem drohenden Tod bewahrt haben.

Organ	*Anzahl*	*%*
Niere	1.414	46,0
Leber	788	25,6
Lunge	555	18,1
Herz	317	10,3
Summe	3.074	100

Tab. 3 Anzahl der Transplantationen im Jahr 2024 (Eurotransplant)

In Deutschland werden jährlich über 3000 allogene Stammzellentransplantationen durchgeführt – Tendenz steigend.[67] Damit sind es ähnlich viele wie Organtransplantationen. Es wurden zu Sport nach Stammzellentransplantation ähnlich viele HSS gefunden wie zu Sport nach Organtransplantation. Es haben jedoch bei der Stammzellentransplantation mehr HSS den Sport als Forschungsobjekt im Blick als bei der Organtransplantation. Hiervon hat die Dissertation von Susanne Ipsen als einzige den Sport mit im Blick. Beachtenswert ist diese Aussage:

„Die größten Verbesserungen erreichten, wie von Koch et al [...] beobachtet, Nierentransplantierte im sportlichen Bereich und bei Freizeitaktivitäten. Emotionales Wohlbefinden nach Transplantation drückte sich für die Patienten in allgemeiner Lebensfreude, Energie, Vitalität und Aktivitätserhöhung aus. Es gab ein signifikantes Absinken von Traurigkeit, Depression, Pessimismus und Ängstlichkeit. Die Patienten zeigten eine relativ hohe Zufriedenheit besonders im Bereich von Familie und Partnerschaft. Insgesamt hatten sie mehr Zeit zum Beispiel für ihre Arbeit zur Verfügung, da sie sich nicht mehr regelmäßig der Dialyse unterziehen mußten."
(Ipsen, 39f)

Es wird daher jungen Doktoranden nahe gelegt, für ihre Dissertationen in Betracht zu ziehen, die Bedeutung von Sport für die Transplantierten näher zu untersuchen.

---

66 https://opus.bibliothek.uni-wuerzburg.de/opus4-wuerzburg/frontdoor/deliver/index/docId/11649/file/Dissertation_Steigenberger_Jana_Su.pdf
67 https://www.krebsgesellschaft.de/onko-internetportal/basis-informationen-krebs/therapieformen/stammzelltransplantation/infektionsrisiko-und-allogene-stammzelltra.html

1.5.4 Eigene Umfragen

Leben - dank dem Spender

Im Jahr 2014 führte ich unter Transplantierten eine Online-Umfrage durch. Daran haben 203 Transplantierte teilgenommen. Die Ergebnisse wurden noch im gleichen Jahre publiziert unter dem Titel „Leben - dank dem Spender". Im Jahr 2019 wurde sie als Freebook ins Internet gestellt.[68]

Auf die Frage, welche Gewohnheiten und Interessen sich durch die TX geändert haben, gaben 22.2% der Transplantierten gaben, dass die TX bei ihnen keine Veränderung der Gewohnheiten und Interessen gebracht haben, 40,4% stellten geringfügige Veränderungen fest, 22,2% stellten starke und 5,4% gravierende Veränderungen fest. In das freie Textfeld wurde 19 Mal (9,5%) „Sport" eingegeben. (Seite 58-63)[69]

Einige Transplantierte beschrieben dies etwas ausführlicher:

mehr Unternehmungen, mehr Kontakt mir Freunden/Bekannten, mehr Sport (58)

Dinge die vorher nicht mehr gingen: Fahrrad fahren, Hund lange ausführen, Campingurlaub, wandern, Sport im Fitnessstudio, Musik machen in 2 Orchestern, Treppe mehrmals am Tag hoch und runter gehen, …………usw. (59)

in den ersten Monaten habe ich den Fernseher gar nicht eingeschaltet, hat mich nicht interessiert. Bin viel sportlicher geworden. (60)

mein Körper funktioniert nach der TX wieder richtig gut und meine ganze Zeit verbringe ich, dies zu trainieren. Ausdauersport war vorher ein Fremdwort. (62)

Auf die Frage, was wie verändert werden sollte, antworteten Transplantierte:

Mehr "Werbung" über das Thema Transplantation. Die Medien sollten zum Beispiel offen mit diesem Thema umgehen und den Leuten zeigen, zu was Transplantierte wieder fähig sind. Bestes Beispiel sind die jährlichen sportlichen Events wie die (Winter) World Transplant Games oder die European Transplant and Dialysis Sports Championships. Diese Sportler sollten wie die behinderten Sportler ein Fenster in den Medien bekommen, wo gezeigt wird, welche Leistungen sie erbracht haben. Ich erhoffe mir somit, dass die potentiellen Spender besser angesprochen werden. (97)

Auf die Frage, was sonst noch mitgeteilt werden möchte, wurde geschrieben:

---

68 https://epub.uni-regensburg.de/40409/1/Leben_-_dank_dem_Spender.pdf
69 Die Zahl in den Klammern am Ende der Zitate geben die Seitenzahl an.

Zu dieser Online-Umfrage war das Thema „Sport" nicht im Blick der Fragestellungen. es stand allgemein das Leben als Transplantierter im Blick.

Einige Angaben sind es wert, hier zusammenfassend genannt zu werden: In den ersten Monaten nach der TX ging es den meisten Transplantierten besser als zuvor. Dies verbesserte sich über die Jahre. (116) Es korreliert mit der Funktionalität des Organs. (117)

Mit der Einteilung der Antworten zu A = stimmt, B = stimmt eher, C = eher falsch, D = falsch[70] sehen über 90% der Transplantierten die TX als ein Geschenk an, für 1% ist es dies nicht. Für über 83% verbesserte die TX die Lebensqualität, für 1% nicht. Für über 72% wurden sie durch die TX vor dem drohenden Tode bewahrt, für 5% galt dies nicht. Über 70% würden die TX jederzeit wiederholen, 5% würden eine TX ablehnen. Für über 77% hat die TX ihr Leben eindeutig positiv beeinflusst, für 1% traf dies nicht zu. (121)

Über 90% der Transplantierten sind für das erhaltene Organ sehr dankbar, 1% sind dies nicht. Über 80% ist der Erhalt ihrer Gesundheit wichtig, für 1% ist dies nicht. (122) Über 89% der Transplantierten sind dem Organspender sehr dankbar, für 1% ist dies nicht. (123)

Bestandsaufnahme zur Organtransplantation

Im Dezember 2020 führte ich unter Wartelisten-Patienten, Transplantierten und deren Angehörigen sowie unter Hinterbliebenen von Organspender eine Online-Umfrage durch. Die Ergebnisse wurden im Jahr 2021 publiziert unter dem Titel „Bestandsaufnahme zur Organtransplantation". Im Jahr 2023 wurden sie als Freebook ins Internet gestellt.[71]

An dieser Online-Umfrage nahmen 170 Transplantierte[72] teil, 70 Angehörige[73] und 6 Hinterbliebene von Organspendern. Die Fragebögen waren vom 01. bis 15. Dezember 2020 zur Beantwortung geöffnet. Es war das 1. Corona-Jahr mit seinen Lockdowns. Daher hatte ich die Hoffnung auf viele Teilnehmenden. Dass es weniger Transplantierte waren, als bei der Online-Umfrage des Jahres 2014, könnte an der Corona-Schockstarre oder an den langen Fragebögen gelegen haben.

---

70 Nachfolgend werden nur die Prozentzahlen zu „stimmt" und „falsch" genannt. Der mittlere Bereich von „stimmt eher" und „eher falsch" ist auf den angegebenen Seiten nachzulesen.
71 https://epub.uni-regensburg.de/54558/1/Bestandsaufnahme%20TX%201.pdf
72 30 mit Herz-TX, 57 mit Leber-TX, 8 erhielten ihre Leber durch eine Lebendspende, 2 Spender einer Leber-Lebendspende, 53 mit Nieren-TX und 20 mit einer Lebend-Nieren-TX.
73 21 von Wartelisten-Patienten und 49 von Transplantierten.

	1 J. vor	*1 M. vor*	*1 M. nach*	*1 J. nach*
3 Stockwerke mühelos	21,8	5,3	2,4	30,6
3 Stockwerke mit Mühe	10,6	4,7	4,1	4,7
1 Stockwerk mühelos	5,9	4,1	5,9	8,2
1 Stockwerk mit Mühe	7,1	11,2	12,9	1,8
3 Stufen mühelos	0,0	0,6	1,8	0,0
3 Stufen mit Mühe	1,2	2,9	1,8	0,6
in Klinik stationär	0,0	17,1	16,5	0,6

Tab. 4 Körperliche Fitness vor und nach der TX

Bei den Transplantierten wurde die körperliche Fitness abgefragt, gemessen am Treppensteigen: Ein Jahr vor der TX konnten 22% der Transplantierten mühelos 3 Stockwerke hoch gehen, 10% nur mit Mühe. (57) Einen Monat vor der TX konnten noch 5% er Transplantierten mühelos 3 Stockwerke hoch gehen, 5% nur mit Mühe. (58) Einen Monat nach der TX konnten 2% der Transplantierten mühelos 3 Stockwerke hoch gehen, 4,1% nur mit Mühe. (59) Ein Jahr nach der TX konnten 30,6% der Transplantierten mühelos 3 Stockwerke hoch gehen, 4,7% mit Mühe. (60)

An Tabelle 4 kann man deutlich erkennen, dass der Zustand einen Monat vor und einen Monat nach der TX für die meisten Patienten einen ähnlichen körperlichen Leistungsstand aufweist. Beim Vergleich ein Jahr vor und ein Jahr nach der TX ist eine deutliche Leistungssteigerung festzustellen.

Bei den Textantworten gaben einige Transplantierte an, dass sie durch die TX (deutlich) sportlicher wurden, nach der TX wieder alles machen konnten.

Die hiermit vorliegenden Zahlen zeigen im Jahr-vor- und Jahr-nach-Vergleich auf, dass die körperliche Fitness signifikant zunimmt. Organtransplantation bewahrt Organ-Patienten nicht nur vor dem drohenden Tod und verbessert die Lebensqualität, sie verbessert auch die körperliche Fitness.

Klaus Schäfer

2 Berichte der Transplantierten

2.1 Kurzberichte

2.1.1 Michaela: Eine Hinführung

Eine Organtransplantation ist ein großer Schritt – eine Art zweite Chance - Lebenszugabe, die Mut, Durchhaltevermögen und vor allem auch körperliche Vorbereitung erfordert. Sowohl vor als auch nach der lebensrettenden Operation spielt die körperliche Verfassung eine entscheidende Rolle. Ein gewisser Muskelerhalt, ein stabiles Körpergewicht und danach eine zügige Rehabilitation sind nicht nur wünschenswert, sondern essenziell für einen erfolgreichen Verlauf.

Wer auf eine Transplantation wartet, befindet sich in einer gesundheitlich herausfordernden Lage. Dennoch ist es von großer Bedeutung, die Muskulatur so gut wie möglich zu erhalten und das Körpergewicht im optimalen Bereich zu halten.

Durch Bewegung, individuell abgestimmtes Training und Physiotherapie kann der Abbau von Muskelmasse etwas reduziert werden. Eine gut trainierte Muskulatur unterstützt nicht nur die allgemeine Beweglichkeit, sondern auch das Herz – Kreislauf - System und die Atmung – beides essenziell für eine erfolgreiche Operation und eine schnelle Regeneration.

Der Erfolg geht irgendwie mit einem gewissen Glücksfaktor einher, denn eine Transplantation hängt nicht nur vom medizinischen Eingriff selbst ab, sondern auch von der aktiven Mitarbeit der TXler*innen in der anschließenden Rehabilitationsphase. Eine rasche, strukturierte Mobilisation, unterstützt durch Physiotherapeut*innen und das gesamtheitliche Konzept des Rehabilitationszentrums sind entscheidend - Physiotherapie als Wegbegleiter.

Schon kurz nach der Operation beginnt die gezielte Atem- und Bewegungstherapie. Mit individuell abgestimmten Übungen werden Kraft, Beweglichkeit und Ausdauer wieder oder eher neu aufgebaut. Daher ist die Zusammenarbeit mit Physiotherapeut*innen ein zentraler Bestandteil, um langfristig wieder ein selbstbestimmtes Leben führen zu können.

Neben der medizinischen und therapeutischen Unterstützung ist der Austausch mit Gleichgesinnten ein wertvoller Bestandteil der Verarbeitung und Motivation. Die Selbsthilfegruppe Burgenland trifft sich einmal im Monat in der Mitte ihres Bundeslandes, um sich gegenseitig zu unterstützen, Erfahrungen zu teilen und vor allem sich auszutauschen und gemeinsam zu lachen. Lachen ist Atemtraining und Balsam für die Seele. Humor und eine positive Einstellung tragen maßgeblich zur Heilung bei.

Jeder von uns hat seine eigene Geschichte, hat seine individuellen Ziele und eine persönliche Einstellung zu Sport und Bewegung. Doch eines verbindet uns alle: der Wunsch nach einem aktiven, erfüllten Leben – mit einem neuen Organ und neuer Lebensenergie.

Die Kombination aus körperlicher Vorbereitung, professioneller Begleitung und einem starken Netzwerk aus Gleichgesinnten hilft dabei, den Weg vor und nach einer Transplantation bestmöglich zu meistern. Denn ein starker Körper und ein positives Mindset sind der Schlüssel zu einem erfolgreichen Neustart.

Aus diesem Anlass trafen wir uns an einem besonderen Tag um gemeinsam unseren Artikel zu schreiben – individuelle Geschichten von Herausforderungen und Hoffnung, Zusammenhalt, Stärke. Und der Auffassung SPORT nach der TX. Der Rare Disease Day, der jedes Jahr am letzten Februartag begangen wird, steht für Sichtbarkeit, Bewusstsein und Verbundenheit. Seit seiner Gründung im Jahr 2008 verbindet er Menschen weltweit mit einem gemeinsamen Ziel: soziale Chancengleichheit, eine faire Gesundheitsversorgung und den Zugang zu Diagnosen und Therapien für alle Betroffenen. Am 28. Februar 2025 setzen auch wir als SHG Burgenland gemeinsam ein Zeichen – für uns und für alle, die mit einer seltenen Erkrankung leben oder auf Grund ihrer transplantiert worden sind und immer in Bewegung sind und auch natürlich bleiben.

SPORT, für jeden von uns etwas anderes…

"Neues Organ, neue Rekorde!"

"Mit frischem Antrieb zum Ziel!"

"Transplantiert – aber gar nicht ausgebremst!"

"Neustart geglückt, jetzt volle Power!"

"Wieder stark durch eine zweite Chance!"

"Leben geschenkt – Leistung gesteigert!"

"Sportlich wieder am Puls des Lebens!"

so soll es ja auch sein.

PS:

Michaela ist keine Transplantierte. Sie lernte auf einer Reha Transplantierte kennen und durch sie einen neuen Blick auf das Leben. Aus Dankbarkeit dafür engagiert sie sich nun für Transplantierte und für Organtransplantation.

2.1.2 Bettina: Spazierengang als Kraftquelle

Am 8.6.2020 HTX- geschenkte Zeit – die täglichen gemeinsamen Schritte

Jeder Tag ist ein Geschenk, jede Stunde eine Zugabe – eine Zeit, die bewusst gelebt und genossen werden will. Besonders bei den täglichen Spaziergängen mit meinem vierbeinigen Begleiter wird mir diese „geschenkte Zeit" spürbar bewusst. Egal ob strahlender Sonnenschein, sanfter Nieselregen oder eisiger Wind – mein Hund kennt kein schlechtes Wetter. Er fordert seine Bewegung, seine Abenteuer in der frischen Luft, seine Zeit zum Rennen, Schnüffeln und Entdecken.

Und genau darin liegt unsere besondere Verbundenheit, in der Verlässlichkeit, mit der mich mein treuer Gefährte Tag für Tag nach draußen zieht. Die ersten Schritte mögen manchmal mühsam sein, besonders an Tagen, an denen Sorgen oder Erschöpfung schwer auf den Schultern lasten. Doch kaum setze ich einen Fuß vor den anderen, beginnt die innere Last zu weichen. Der Kopf wird freier, der Atem ruhiger, die Muskeln geschmeidiger. Es ist ein täglicher Rhythmus, eine stille Übereinkunft zwischen uns beiden: Erst nach dem Auspowern kehrt Ruhe ein – für meinen Hund ebenso wie für mich.

Diese Spaziergänge sind mehr als nur Bewegung – sie sind bewusste Atemzüge, kleine Alltagsfluchten, Momente der Dankbarkeit. Hier tanke ich neue Kraft, hier sortiere ich meine Gedanken, hier schöpfe ich Zuversicht. Denn mein Leben ist geprägt von einer besonderen Herausforderung: Ich komme aus dem medizinischen Bereich und bin zugleich Leiterin der Selbsthilfegruppe Burgenland. Mein Engagement für andere Betroffene ist mir eine Herzensangelegenheit. Ich organisiere Treffen, moderiere den Austausch zwischen Patienten und helfe dabei, Wissen über Transplantationen und chronische Erkrankungen zugänglich zu machen.

Doch mit der Leitung dieser Selbsthilfegruppe gehen auch viele organisatorische Aufgaben einher – darunter die Rechnungsprüfung, die Verwaltung von finanziellen Mitteln und die Planung von Veranstaltungen. Die Verantwortung ist groß, doch die Arbeit erfüllt mich zutiefst. Der Austausch mit anderen Betroffenen, das gemeinsame Verarbeiten von Ängsten und Hoffnungen, das Gefühl, nicht allein zu sein – all das gibt mir Kraft.

Gerade deshalb sind diese täglichen Spaziergänge für mich so wertvoll. Sie sind meine Zeit des Durchatmens, mein Rückzugsort, mein persönlicher Kraftquell. Während mein Hund neugierig die Welt erkundet, finde ich meine innere Balance. Und wenn wir schließlich nach Hause zurückkehren, spüre ich immer wieder aufs Neue: Jeder Schritt zählt. Auch das Training im Fitnessstudio hielt mich fit und voller Energie durch die kühlere Jahreszeit. Gleichzeitig liebe ich es, in ein gutes Buch einzutauchen – mein perfekter Ausgleich! Jede Begegnung, jedes Gespräch, jede geteilte Erfahrung – all das macht das Leben so kostbar.

2.1.3 Franz: Sport ist Lebensqualität

21.7.1995 HTX - Neuanfang mit jedem Herzschlag – Mein Weg zurück ins Leben

Nach meiner Herztransplantation begann für mich ein langer, herausfordernder Weg zurück ins Leben. Jede Schrittverwirklichung war mit einem Kampf zu vergleichen– doch ich wusste, dass ich nicht nur überleben, sondern aktiv leben wollte. Bewegung wurde mein Schlüssel: Anfangs mühsam, später meine größte Kraftquelle.

Sport bedeutete für mich nicht Wettkampf, sondern Lebensqualität. Ob Spaziergänge, Gartenarbeit oder gezieltes Training – jede Bewegung half mir, mein neues Herz zu spüren und meine Grenzen neu zu definieren. Unser Garten wurde zur Therapiequelle, mein Alltag mit Reparaturen, Hausarbeit und drei sportlichen Mädels – meiner Frau und unseren Töchtern – hielt mich zusätzlich fit.

Drei Mädels im Haus – das ist wie ein Hochleistungstraining in Organisation: Timing, Umsetzung und Präzision sind Pflicht, sonst läuft das Chaos zur Bestform auf. Ob Hausaufgaben, Hobbys oder spontane kreative Projekte – wer da nicht fit bleibt, verliert schneller den Überblick als ein Jongleur mit zu vielen Bällen!

Heute, fast 30 Jahre später, weiß ich: Bewegung ist Leben. Nicht für Rekorde, sondern für das Bewusstsein, dass jeder Schritt zählt. Meine Transplantation war kein Endpunkt, sondern ein neuer Anfang – und ich genieße jede Sekunde.

2.1.4 Günther: Verbandsarbeit

Günther, am 28.2.2017 LuTX – Ob auf der Leinwand oder im Verband – ich möchte aktiv mitgestalten, Menschen vernetzen, Wissen teilen und Unterstützung anbieten.

Obmann des Verbandes der Herz- und Lungentransplantierten, ich lebe mit meiner Partnerin zusammen. Es war nicht nur unsere gemeinsame Leidenschaft das Wandern – raus in die Natur, Freude an der frischen Luft und danach gemütlich zusammensitzen, schmausen und plaudern. Irgendwann zwischen einer Jause und dem letzten Schluck Kaffee nach einer Wanderung kam die Frage: „Warum ich eigentlich nicht Obmann weiterbleibe?" Naja, ehrlich gesagt, musste ich vorher übergangsmäßig schon den Obmann vertreten – da war der Schritt nicht mehr weit, aber es musste auch ein neues Vorstandsteam gebildet werden, um der Aufgabe gerecht zu werden.

Die Verbandsbürokratie? Ein echtes Gehirnjogging! Ein Balanceakt im wahrsten Sinne des Wortes. Aber wo ein Wille, da ein Weg und mein persönlicher Ausgleich dazu ist das Mitwirken bei einem Filmdreh als Komparse. Klingt glamourös? Nun ja… bis man zum zehnten Mal dieselbe Szene spielen muss, weil irgendwo ein Schatten falsch fällt oder die Tomatensauce auf meinem Hemd plötzlich auf der anderen Seite ist. Wetter, Temperaturen? Völlig egal – die Regie hält sich stur an den Plan und mich in Bewegung. Ob Hitzewelle oder Schneesturm, ich stehe nicht nur da, als wäre es mein erster Take… und manchmal denke ich mir: „Was tust du dir da eigentlich an?" Aber wenn dann endlich das „Und… Schnitt!" kommt, bin ich stolz wie ein Oscar-Gewinner.

Letztendlich sehe ich das Ganze aber so: Ich lebe in geschenkter Zeit und bin dankbar für dieses zweite Leben. Egal ob im Film oder im Verband – ich möchte mitwirken, vernetzen, aufklären und helfen. Also, Film ab für mein Abenteuer als Obmann!

2.1.5 Josef: mit 70 sportlich im Leben

Josef, am 22.12.2020 LuTX– Ein Heurigenleben zwischen Rebstock, Stammtischpflege und E-Bike-Touren mit Rosmarie

Der Weingarten ruft nun nicht mehr früh zur Arbeit – seit diesem Jahr in neue Hände verpachtet. Doch wer könnte ihn besser begutachten als jemand, der ihn über Jahrzehnte hinweg gepflegt hat wie seine eigene Westentasche? Einst wurde hier geschnitten, gebunden und geprüft, nun genießt der Seniorchef die Frischluftausfahrten mit dem E-Bike und hält dabei noch immer ein wachsames Auge auf die Reben, die ihn so lange begleitet haben.

Zurück in der Pension oder im Heurigen geht's direkt weiter: Die Pension braucht ein wachsames Auge, Gäste haben Fragen („Wann gibt's Frühstück?" – „Gibt's noch ein Achterl?", manchmal auch gleichzeitig), und zwischendurch muss noch schnell eine defekte Glühbirne gewechselt werden. Ein Heurigenbetrieb ist schließlich kein Bürojob – hier ist an manchen Tagen Multitasking angesagt!

Wenn der Heurige offen hat, ist der Seniorchef mittendrin statt nur dabei. Er schenkt ein, serviert mit Herz, scherzt mit den Gästen und kennt jede Stammkundschaft beim Namen – inklusive ihrer Lieblingsbestellung. Auch den die Selbsthilfegruppe das ein oder andere mal „Sperrstunde machte", bringt ihn nichts so schnell außer Atem. Unser Pepi bleibt cool – schließlich ist er in dieser Sportdisziplin ein Profi.

Doch auch ein Alleskönner braucht mal eine Pause. Und die findet er am liebsten auf seinem E-Bike – mit ordentlich Rückenwind in den Beinen geht's raus in die Natur. Mal eine große Runde durchs Burgenland, mal weiter weg, Hauptsache Bewegung, Hauptsache Freiheit. Der Kopf wird frei, die Beine tun ihr Ding, und spätestens bei der wohlverdienten Einkehr zwischendurch schmeckt der Traubensaft gleich doppelt so gut.

Einmal im Jahr ist Reha-Zeit – nicht nur für den Körper, sondern auch für den Geist. Hier darf er sich mal bedienen lassen, sich auf sich selbst konzentrieren und neue Energie tanken. Und das Beste? Der Austausch mit anderen, die genau wissen, wie wertvoll die „Neuzeit" ist. Auch die Selbsthilfegruppentreffen brachten immer wieder frischen Wind und Überraschungen – gute Gespräche, gemeinsames Lachen und das Gefühl, mit seiner Geschichte nicht allein zu sein.

Ruhestand was ist denn das? Nicht mit dem Seniorchef! Beruflich ist er aus dem Krankenhaus, dem OP Saal und Dienstzimmer raus, aber mit 70 Jahren fit und auf seine Art sportlich im Leben angekommen.

2.1.6 Judith: Großmutter sein

Judith, am 7.3. 2016 LuTX - Mein Leben? Eine bunte Mischung aus Hunden, Freunden, Familie und ganz viel Dankbarkeit.

Einige Tage noch, dann lebe ich 9 Jahre mit „meiner" geschenkten Lunge! Ein echtes Geschenk des Lebens. Doch bevor ich wieder so richtig durchstarten konnte, musste ich eine Zeit lang kürzertreten und in dieser Zeit auch bewegungstechnisch zurücktreten - einige Gänge zurückschalten. Mein Körper hat mir klare Grenzen gesetzt und längere Distanzen zu Fuß waren einfach nicht mehr drin. Das bedeutete leider auch, dass meine täglichen ausgedehnten Spaziergänge mit dem Hund meiner Tochter Nora erst mal pausieren mussten.

Nicht nur Nora war davon – gelinde angemerkt – nicht begeistert. Einmal um den Häuserblock? Lächerlich! Ihr vorwurfsvoller Blick sprach Bände: „Ernsthaft, das war's schon?" Wenn Hunde Augenbrauen hätten, hätte sie sie definitiv hochgezogen. Aber gut, wir haben das Beste daraus gemacht, und nach jeder Mini-Runde gab's eine Extra-Portion Kuscheleinheiten als Entschädigung.

Apropos Kuscheleinheiten – Nora ist nicht der einzige Hund in meinem Leben. Ich habe ein großes Herz für Tiere und sage nur selten „Nein", wenn jemand Hilfe braucht. Deshalb werde ich regelmäßig zur „Leih-Hunde-Mama", wenn Freunde oder Bekannte in den Urlaub fahren. Das bedeutet Zusatzaction, aber ich liebe es! Jeder Hund bringt seine eigene Persönlichkeit mit – von der Sportskanone bis zum Sofakartoffel ist alles dabei. Und ich? Ich nehme es mit Humor. Schließlich hält es mich ja auch auf Trab!

Meine Freunde sind ein ganz wesentlicher Teil meines Lebens. Ich bin dankbar für meinen großen Freundeskreis – ich bekoche und verwöhne uns, sitze gerne stundenlang auf dem Balkon und telefoniere, als gäbe es kein Morgen. Tja, da ist noch der Garten, in dem nach dem Rechten gesehen werden muss. Nicht nur gucken, sondern auch hacken, binden, was so anfällt – das volle Power-Programm!

Und dann gibt es da noch meine liebste Aufgabe: Oma sein! Mein Enkelkind Celli ist alles für mich. „Oma, bitte kommen! Oma, bitte machen!" – und schwupps bin ich im Einsatz. Ein wahres Fitnessprogramm! Wer braucht schon Gymnastik, wenn man eine Celli zu Hause hat? Ich bin dankbar, für sie da zu sein und jede Sekunde mit ihr zu genießen.

Mein Leben? Eine bunte Mischung aus Hunden, Freunden, Familie und ganz viel Dankbarkeit. Und ich würde es um nichts in der Welt eintauschen!

2.1.7 Thea: Großmutter sein

7.12.2016 LuTX – Omiworkouteinsatz – Omipower – ein Alltagsmarathon

Enkelkinder-Sport, gibt es den? Von kleinen Entdeckern und sportlichen Großeltern

Die geschenkte Familienzeit nach der Transplantation zeigt sich in vielen wunderbaren Momenten – besonders, wenn die Enkelkinder zu Besuch sind und ich bei ihnen. Denn eines ist sicher: Stillstand gibt es mit Kindern sicher nicht!

Kaum bin ich im Omi Einsatz, beginnt das Training von selbst: Schuhe anziehen? Kniebeuge! Jacken aufhängen? Dehnübung! Und dann geht's los – raus an die frische Luft, auf den Spielplatz oder in den Park. Dort wird nicht einfach nur spaziert, sondern ein echtes Fitnessprogramm absolviert, Bälle werfen – Perfektes Armtraining mit unvorhersehbaren Flugbahnen, Schaukeln anschubsen, ideales Workout für Beine und Oberkörper, Fangen spielen - ein Intervalltraining auf höchstem Niveau!

Nach dieser ausgiebigen Sporteinheit geht es zurück nach Hause – doch statt Entspannung im Hier und Jetzt, wartet die nächste Disziplin: Der „ein bisschen Haushalt-Marathon" mit Staubsauger und Wischmopp! Während das Chaos dort und auch bei sich beseitigt, schult man ganz nebenbei Gleichgewicht, Ausdauer und Reaktionsgeschwindigkeit, besonders wenn kleine Spielzeugautos unerwartet im Weg liegen.

Und trotz aller Anstrengung bleibt am Ende ein wunderbares Gefühl: Die Enkelkinder bringen nicht nur Trubel ins Haus, sondern auch pure Lebensfreude. Sie sind die besten Energiespender – und dank der Transplantation kann man sie weiter-wachsen sehen, ihre Abenteuer miterleben und mit ihnen gemeinsam die Welt entdecken. Auch wenn es dabei manchmal so sportlich zugeht, dass selbst die fitteste Oma ins Schwitzen kommt!

2.1.8 Wilma: aktiv das Leben selbst bestimmen

Wilma, am 27.6. 2017 LuTX - Meine Lungentransplantation war ein Wendepunkt, ein Geschenk, das mir eine zweite Chance gegeben hat.

Ich heiße Wilma, ich bin von Univ. Prof. Dr. Konrad Hötzenecker, Ph.D. und seinem Team in der Universitätsklink AKH Wien lungentransplantiert worden und voller Dankbarkeit für diese zweite Chance im Leben. Diese Zeit hat mich geprägt, mich gefordert, aber auch gezeigt, was wirklich zählt: Liebe, Zusammenhalt und die kleinen Momente, die das Leben lebenswert machen.

Am 14. September 2006 begann alles mit anhaltendem Husten – ein erster Hinweis, der eine genauere Abklärung beim Lungenarzt erforderlich machte. Wenige Tage später, am 18. September, folgte der ein Besuch im LK Hochegg, ein weiterer Schritt auf dem Weg zur Diagnose. Am 1. Dezember 2015 führte die Reise ins AKH – ein Ort, den ich mir nie als ständigen Begleiter vorstellen wollte. „Nie wieder AKH", dachte ich damals, unsicher, ob ich wirklich wissen wollte, was auf mich zukommt. Doch als es darauf ankam, als die Situation ernst wurde, war es genau dieser Ort, der mir eine neue Chance bot. Ein rettender Anruf, eine erneute Einweisung, eine ehrliche Antwort: Die Entscheidung zur Listung fiel im Jänner 2017.

Die Zeit verging, und mit ihr verschlechterte auch sich mein Zustand. Am 1. Mai 2017 war erneut Hochegg der Zwischenstopp, ein Signal, dass es immer dringlicher wurde. Einen Monat später, am 1. Juni 2017, war klar: Die Zeit lief.

Der Tag meiner Lungentransplantation, der 27.6. 2017, der Tag, der mein Leben veränderte.

Nach meiner Transplantation begann für mich ein neuer Lebensabschnitt. Doch für mich stand eines fest: Ich wollte nicht nur existieren, sondern leben - aktiv, selbstbestimmt und voller Freude. Mein Haus und mein Garten sind mein Stolz, meine Oase. Hier finde ich Kraft und Erfüllung. Ich liebe es, mein Obst und Gemüse selbst anzubauen, zu hegen und zu pflegen, zu ernten und schließlich an Familie und Freunde weiterzugeben. Es macht mich glücklich, die Früchte meiner Arbeit in den Händen zu halten und zu wissen, dass sie mit Liebe und Geduld gewachsen sind.

Eine besondere Freude in meinem Leben ist mein Enkelkind. Gemeinsam entdecken wir die Welt neu - sei es beim Spielen im Garten, beim Staunen über die Wunder der Natur oder bei unseren gemeinsamen Ausflügen. Unser liebstes Ziel ist der Tiergarten, wo wir Schritt für Schritt gemeinsam unterwegs sind, lachen, staunen und einfach das Leben genießen. Diese gemeinsamen Erlebnisse schenken mir nicht nur Freude, sondern halten mich auch fit - denn wer mit einem kleinen Wirbelwind mithalten will, muss in Bewegung bleiben!

Meine Lungentransplantation war ein Wendepunkt, ein Geschenk, das mir eine zweite Chance gegeben hat. Und für all das bin ich unendlich dankbar.

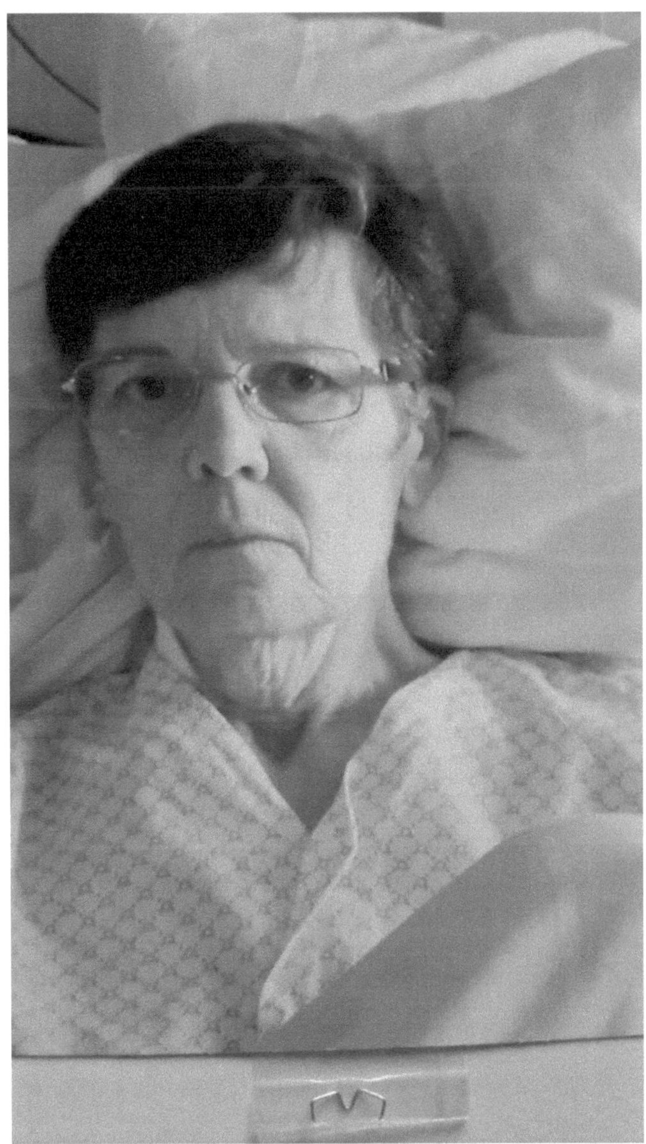

2.1.9 C.R.: Gymnastik, Nordic Walking, Radfahren, ...

Meine körperliche Betätigung im Beruf, (Krankenschwester) Haushalt, Kinder, Garten, Hühner, Hund, Katzen kam durchaus Leistungssport gleich.

Meine Erkrankung begann schleichend: Husten, Nachtschweiß, Atemnot.

Eine Arzt-Odyssee begann. (1992)

Es gab keine eindeutigen Ergebnisse. Diese Ungewissheit war stark belastend.

1998 Diagnose der Uni Klinik: Fibrose

2005 Abklärung in der Lungenfachklinik, Klinikaufenthalt 5 Tage.

Ergebnis: exogen allergische Alveolitis, gesichert durch Biopsie in der Uni-Klinik 1/2006.

Meine Leistungsfähigkeit war hier schon sehr stark eingeschränkt. - Renteneintritt

Stationäre Reha: Sauerstoff wurde verordnet, 4 Jahre lang. Im 4. Jahr zusätzliche Beatmung.

Fachärztlich teilte ma mit, der einzige Weg zur Lebensverlängerung sei eine Organtransplantation.

 Die Entscheidung musste ich treffen und diese Entscheidung fiel mir nicht leicht.

Sterben mit 54 Jahren wollte ich aber auch nicht. Wegen mir sollte aber auch niemand sterben müssen, denn ganz gestorben ist ein Mensch erst nach der Organentnahme. (wenigstens bei einer Lunge)

Die permanenten Untersuchungen bis zur LTX zogen sich über ein Jahr hin.

Ich zwang mich wie in der Reha zur sportlichen Aktivität und Atemgymnastik.

In den Wochen vor der OP, als ich in der Klinik wartete, machte ich, bzw. musste ich mich täglich eine Stunde sportlich betätigen:

Radfahren, Armkurbeln, Beinpresse, alles war sehr anstrengend und schweißtreibend.

Nach der Transplantation 2011 war ich 5 Tage auf Intensiv, konnte nach 5 Tagen aufstehen und gehen. Ich bin mir sicher, die sportlichen Aktivitäten haben sich äußerst positiv ausgewirkt.

Zwei Wochen war ich der Lungenfachklinik. Mit dem Bettfahrrad musste ich täglich 8 km radeln.

Danach 5 Wochen Reha.

Sofort volles Programm: Ich war noch sehr schwach, dennoch täglich Sporthalle, Therapien, Atemtraining.

Zuhause nahm ich die Atemgymnastik und Krankengymnastik wieder auf. Es folgten viele, verschiedene Krankheiten, die mich immer wieder in die Kliniken zwangen.

Körperlich bin ich sehr reduziert und auch kraftlos.

Daheim mach der 1. Reha ging und gehe ich seither 1x wöchentlich zur Atemgymnastik und zur Krankengymnastik. Alle zwei Wochen zur reflektorischen Atemtherapie.

Im Garten, was in gesunden Tagen meine große Freude war, kann ich jetzt, mit Sauerstoff und im Sitzen, über eine kürzere Zeit noch bei leichteren Arbeiten dabei sein. Den Großteil der Arbeiten habe ich an die Familienmitglieder delegiert. Sie werden zur Zufriedenheit erledigt.

Meine Enkelkinder, 15 und 12 Jahre, sind in den Ferien präsent. Wir stricken, nähen und schaffen es, dass wir für kürzere Zeit (1-2Stunden) einen Einkaufsbummel unternehmen. Vor 5 Jahren (2019) meldete ich mich beim Line Dance an. Das ist Sport und geht auch mit Rucksack und O^2

Täglich mache ich Sudoku und Kreuzworträtsel. Ich koche zirkeltrainingmäßig. Hole mir Gemüse und Kräuter aus dem Garten, nach kurzer Pause weitere Zutaten aus den Regalen, mal oben, mal unten, Strecken und Bücken. Kurz noch was aus dem Kühlschrank, den Herd im Auge. Kurz angebunden, denn der Sauerstoffschlauch ist manchmal zu kurz. Dazwischen die wöchentlichen Arzttermine, die sich von Zahnarzt, Augenarzt, Hausarzt, Facharzt, Klinikbesuchen da zwischen schieben.

Seit 10 Jahren bin ich 1xwöchetlich beim Lungensport. Hier Nordic Walking und dahin schlendern, sowie leichte Gymnastik angesagt. Radfahren kann ich wegen Schwindel nicht mehr.

Beim Sport und beim Tanzen habe ich seit 7 Monaten einen hinderlichen Begleiter. Den Rucksack mit dem transportablen Sauerstoffgerät, das mich auch in den Garten und im Auto begleitet.

Seit 14 Jahren bin ich nun transplantiert. Ich danke täglich dem Herrn und bete für den/die Spender/in der/die mir dieses „zweite" Leben ermöglicht hat.

1 Jahr nach der OP schrieb ich an die Angehörigen des Spenders/Spenderin einen Brief des Dankes.

 C.R.: Gymnastik, Nordic Walking, Radfahren, ...

2.1.10 Nihat: Jeder Atemzug ist ein Geschenk

Nihat saß mitten unter den Transplantierten am SHG Treffen des Burgenlands an einem warmen Sommerabend. Als er ihre Geschichten hörte, konnte er es kaum glauben. Ungläubig fragte er, wo die „versteckte Kamera" sei – so unglaublich erschien ihm das Gehörte. Doch als ihm bewusst wurde, dass all diese Lebensgeschichten real waren, erfüllte ihn pures Glück, Hoffnung und Zuversicht.

„Dann hörte ich zum ersten Mal von der Möglichkeit einer Lungentransplantation. Es klang wie ein ferner Traum, fast zu schön, um wahr zu sein. Skeptisch und unsicher folgte ich einer Einladung zu einem Selbsthilfegruppentreffen in Oberpullendorf. Was ich dort hörte, war unfassbar. Menschen, die einst in meiner Lage waren, erzählten von ihrem neuen Leben: Sie bestiegen Berge, fuhren 30 Kilometer mit dem Rad, gingen spazieren – ohne Sauerstoff, ohne Einschränkungen. Ich konnte es kaum glauben. War so etwas wirklich möglich?

Und dann kam der Tag, an dem mein eigener Traum wahr wurde. Ich bekam die Chance auf ein Spenderorgan, eine zweite Chance auf das Leben. Die Zeit danach war nicht immer einfach. Kein Tag gleicht dem anderen, jeder Atemzug ist ein Geschenk und eine Aufgabe zugleich."

2.2 Freizeitsport

2.2.1 Joachim Romes: Boule-Spiel

Wie ich zum Boule-Spiel kam

Als ich 2016 die Diagnose: „Lungenfibrose" erhielt, habe ich noch Feldhockey gespielt und bin Ski gelaufen. Mein Leben lang war ich ein Bewegungsmensch und sportlich unterwegs.

Ursache für die Untersuchung war ein regelmäßiges Räuspern und Husten, was mich zunehmend genervt hat. Da ich augenscheinlich nicht krank war und dessen Ursache daher nicht zuordnen konnte, habe ich es immer mein „unmotiviertes Husten" oder Räuspern genannt.

Auch nach der Diagnose habe ich erstmal nicht viel an meinem Leben geändert. Ich hatte nun zwar die Diagnose und wusste auch, dass Lungenfibrose nicht heilbar ist, konnte das aber nicht wirklich einschätzen.

Da ich die Auffassung vertrete, mich nicht mit Dingen bzw. Situationen zu beschäftigen, die ich nicht ändern kann, habe ich auch in dieser Situation nicht weiter über die möglichen negativen Konsequenzen dieser Krankheit nachgedacht. Ich habe weiter Feldhockey gespielt und bin Ski gelaufen, etc.

Schon als Kind hatte ich Asthma, was sich erfreulicherweise mit zunehmendem Alter herausgewachsen hat. Eine Tendenz zur Kurzatmigkeit hat mich mein Leben lang begleitet. Vermutlich unbewusst habe ich mich daher im Hockey als Stürmer aufgestellt, da mir dort meine Sprintfähigkeiten entgegenkamen und ich mir anschließend beim „Warten auf den nächsten Angriff" meine Pausen nehmen konnte.

Anfang 2019 kam es dann zu einer massiven Verschlechterung der Lungenfibrose (Exazerbation), mit der Folge, dass sich schon bei kleinster Belastung Kurzatmigkeit einstellte und ab nun alle Sportarten bei denen es um Laufen und Kondition ging ausschieden.

Ab diesem Zeitpunkt erkannte meine private Berufsunfähigkeitsversicherung meine Berufsunfähigkeit an und ich arbeite seit diesem Zeitpunkt auch nicht mehr. Für mich als Sportler war das natürlich eine massive Einschränkung, die ich jedoch nicht ändern konnte. So kaufte ich mir einen großen Fernseher und befasste mich mit dem Gedanken, ab nun mehr Zeit auf dem Sofa zu verbringen. Dafür wollte ich dann ausgerüstet sein.

Als es mir zur Mitte des Jahres 2019 wieder ein bißchen besser ging, beschäftige ich mich mit der Frage „Was kannst du jetzt eventuell als Sportart neu anfangen?"

Da kamen mir Boule und Golf spielen in den Sinn. Ich suchte mir einen öffentlichen Golfplatz, wo man einen Kurs zur Platzreife machen konnte und befasste mich damit, wo es in Köln Boule-Plätze und Vereine gibt.

Zu meinem Erstaunen gab es im Kölner Raum sogar 6-7 Boule Vereine. Ich suchte mir den nahegelegensten aus und nahm dort Kontakt auf. Es war kein Problem dort ein paar Kugel mitwerfen zu dürfen. Ziemlich schnell kaufte ich mir eigene Boule Kugeln (die Kosten hierfür sind sehr überschaubar) und ein Buch über „Petanque" aus welchem ich die wichtigsten Regeln und technischen Grundlagen entnahm. Ich wollte ja nicht als „blöder Anfänger" auf dem Platz stehen, was mir durch diese zwei Maßnahmen sowie mein sportliches Geschick auch ganz gut gelungen ist.

Parallel hierzu habe ich zusammen mit meinem Sohn einen Kurs zur Platzreife für das Golf-Spiel absolviert und wir sind danach auch noch einige Male auf eine öffentliche Golf Anlage gegangen und haben dort Bälle geschlagen.

Ich kann an dieser Stelle vorwegnehmen, dass ich beim Boule hängengeblieben bin und das dies auch gut so war. Denn mit zunehmendem Verlauf meiner Krankheit wäre ich schon bald nicht mehr in der Lage gewesen, die vielen Kilometer zu bewältigen, die man auf dem Golfplatz zurücklegt.

Beim Boule hingegen kommt es insbesondere auf den Moment des Abwurfes an. Dazwischen kann man sich seine Pausen nehmen, so wie man es braucht. Boule ist, ähnlich wie Golf, ein Mentalsport, der auf den einen Moment und dessen Auswirkung fokussiert ist.

Wenn man sich weiter und intensiver mit Boule befasst merkt man, wie facettenreich dieser Sport ist. Es geht darum das Gelände und seine Eigenschaften zu „lesen", den eigenen Abwurf zu standardisieren und dadurch reproduzierbar zu machen, den Gegner und dessen Qualitäten einzuschätzen, taktische Entscheidungen zu treffen sowie sein eigenes Spiel als „Leger" und „Schiesser" auszubauen.

Das Schöne am Boule ist, dass man an der frischen Luft spielt und mit anderen Menschen gemeinsam etwas macht. In der Regel wird man von Boule Spielern freundlich aufgenommen und auch die Spielatmosphäre ist nach meiner Erfahrung grundsätzlich wohlwollend. Besonders schöne Aktionen werden nicht selten auch vom Gegner wertschätzend kommentiert.

Die Vorbereitung zum Boule ist minimal (man braucht im Wesentlichen nur 3 Kugeln) und auch im Urlaub, besonders in Frankreich und den angrenzenden Ländern, kann man häufig Boule Plätze finden, wo man ein Spielchen machen kann. Es ist nicht zuletzt eine wunderbare Gelegenheit Einheimische auf eine ganz andere Art und Weise kennenzulernen und diesen ggf. auch näher zu kommen.

Schon von Beginn an hat mich diese Einfachheit und das wohlwollende Miteinander beeindruckt. Das liegt vermutlich auch daran, dass dies meiner Lebensphilosophie sehr entgegen kommt.

Boule spielen und der Kontakt zu wohlwollenden Menschen hat mich mit Sicherheit auch ein großes Stück weit durch mein Krankheit getragen. Sport, Bewegung und Meinungsaustausch mit anderen ist für mich Lebenselixier.

Im Januar 2022 hatte ich die nächste massive Verschlechterung meiner Krankheit, was am 18. Januar zum Totalausfall meine Lunge führte, mit der Folge: Herz-Lungenmaschine, künstliches Koma, etc. Am 4. Februar erhielt ich meine Lungentransplantation, ohne die ich diese Zeilen heute nicht mehr schreiben würde. Es ist schon ein Wunderwerk der modernen Technik, was heutzutage alles möglich ist und dafür können wir an vielen Stellen sehr dankbar sein.

„„Dankbar" ist ein gutes Stichwort um auf ein anderes meiner Hobbies aufmerksam zu machen, nämlich Liedtexte und Gedichte schreiben. Insbesondere das Gedicht schreiben habe ich in den letzten Jahren zunehmend auch als Ventil entdeckt um mit kritischen Situationen umzugehen sowie auch schöne Erlebnisse festzuhalten.

Nach meiner Operation hat es hat etwas gedauert bis ich wieder einen Stift halten und überhaupt erst schreiben konnte, aber dann musste es wieder raus und die ersten zwei Gedichte, die ich nach meiner Transplantation geschrieben habe, möchte ich an dieser Stelle gerne teilen:

Von der Schippe

Ich hatte vor Jahren einen Autounfall,
der endete mit einem großen Knall.
Mir ist jemand reingefahren,
die Engel wollten mich bewahren,
denn fuhr ich nur zwei Meter weiter,
dann schrieb ich heute nicht so heiter.
Nun habe ich es nochmal gemacht,
mit guten Wünschen und Engelsmacht,
überstand ich Koma und Transplantation,
was nun kommt, wer weiß das schon.
Ich stand schon wieder an der Klippe
und sprang dem Teufel von der Schippe.

Dankbar

Dankbar bin ich für das Leben,
was mir wiederholt gegeben,
und den Menschen die mir Nahe stehen,
sie sind ein Grund noch nicht zu gehen.
Aktuell da dient mein Streben,
mit diesen noch viel zu erleben.
Auch meinem Spender möchte ich danken,
posthum über die Himmelsschranken.
Seine Lunge lebt weiter hier auf Erden,
wird hoffentlich noch sehr alt werden.

Doch nun zurück zu meinem Boule-Elixier. Noch am 1. Januar 2022 habe ich Boule Kugeln geworfen. Wie ich das genau gemacht habe, weiß ich nicht mehr, aber ich habe es getan. Als ich gegen Ende April 2022 in der Reha wieder meine ersten Kugeln in die Hand nahm (damals wog ich gerade mal 50 KG bei 174 cm Größe) und meine Reha-

Kollegen in das Boule-Spiel einführte, ging es mir mental schon wieder besser. Ich hatte das Ziel zum Sommer hin wieder aktiv am Leben und auch am Boule in meinem Verein teilzunehmen. Die Freude an diesen beiden Dingen sowie natürlich auch meine Familie und Freunde haben mich angespornt und es ist mir damit auch gelungen, dieses Ziel zu erreichen.

Heute bin ich Mannschaftsführer der 3.ten Mannschaft und freue mich auch in anderen Bereichen für den facettenreichen Boule-Sport zu werben, u.a. mit einer von mir organisierten Schnupperstunde in einer Lungensportgruppe.

Gegen Ende 2023 habe ich im Rahmen einer Veranstaltung für Transplantierte über Transdia e.V. erfahren, dass es eine Deutsche Meisterschaft der Transplantierten und Dialysepatienten gibt, was mich sehr gefreut und angesprochen hat. Ich habe mir vorgenommen im Jahr 2024 daran teilzunehmen und es auch getan. Angemeldet habe ich mich für Petanque (Boule) und Tischtennis, da ich darin auch ganz gut bin, obwohl ich Tischtennis nicht allzu oft spiele. Erstaunlicherweise und gleichzeitig erfreulicherweise war ich beim Petanque nur im Mittefeld und habe beim Tischtennis sogar die Bronzemedaille geholt. Dort waren in meine Gruppe glücklicherweise nur vier Teilnehmer, die aber alle deutlich mehr und länger Tischtennis spielten als ich. Insofern für mich durchaus ein schönes Ergebnis.

Neben diesem persönlichen Erfolg war es der Spirit dieser Veranstaltung, der mich sehr beindruckt hat. Es ist ausgesprochen schön von Menschen umgeben zu sein, die auf der einen Seite einen schweren Schicksalsschlag hinter sich haben bzw. damit aktuell noch umzugehen haben und die auf der anderen Seite dennoch den Lebensmut und die Lebensfreude nicht verloren haben. Hier bekommt der olympische Gedanke "Dabei sein ist alles" noch einmal eine ganz neue Dimension.

Im Jahre 2025 finden in Dresden sogar die Weltmeisterschaften der Transplantierten und Dialysepatienten statt. Ich bin sehr gespannt auf die dortigen Begegnungen und freue mich darauf. Vielleicht treffen wir uns ja dort oder auf der Deutschen Meisterschaft im Mai 2025.

Bewegung sowie Singen ist für mich nach wie vor Lebenselixier. Radfahren und Wandern mit der Lebensgefährtin, Ski fahren, Karate (überwiegend Kata laufen) und Singen in verschiedenen Formationen (u.a. in einem Chor für Lungengeschädigte) bereichern mein Leben. Ich bin sehr froh, dass meine körperliche Fitness das alles wieder ermöglicht, was ohne eine Transplantation nicht möglich gewesen wäre.

Dafür bin ich sehr dankbar!

Eine gute Zeit wünscht

Joachim Romes

Köln, im Juli 2024

2.2.2 Renate Schmidt: Breitensport

ICH VERSUCH'S MAL MIT EINEM APPELL !

Treibt Sport nach TX!

Jede/Jeder wie sie/er kann!

Geht nach draußen an die Luft!

Allein oder – oft leichter – in der Gruppe!

Ich selbst komme/kam vom Leistungssport (Turnen, Schwimmen, Leichtathletik, Handball, Triathlon)

Geblieben sind mir nach u.a. 2 Hüftprothesen in 2009 bzw. nach Leber-TX in 2012 „nur" die sog. SOFTSPORTARTEN (Nordic Walking, Schwimmen, Radfahren, Gerätetraining).

Aber auch diese (ich bin inzwischen Ü70) helfen mir bzw. jeder/jedem nach Rückschlägen wie Nebenwirkungen der Medikamente und weiteren OP's wieder auf die Beine.

A propos Beine - mein Motto: Hauptsache ich komme nach jedem Krankenhausaufenthalt auf den eigenen zwei Beinen wieder raus!

Bisher hat's geklappt! Also:

Stöcke in die Hände und raus in die Natur!

Fahrrad aus dem Keller!

Badeanzug/-hose aus dem Schrank!

An die Geräte/Hanteln!

Wer mir nicht glaubt, frage seine Ärztin, seinen Physiotherapeuten oder in einer Selbsthilfegruppe!

P.S.: Alle meine körperlichen Probleme sind genetisch bedingt (Dysplasie, Antikörper etc.) und n i c h t durch das Sporttreiben entstanden.

WARUM WAR MIR DER SPORT BZW. IST MIR DIE „BEWEGUNGSTHERAPIE"
(SO NENN

 ICH DAS HEUTE) WICHTIG?

In meinen Sportarten (Training und Wettkampf) war die Belastung meist hoch, so dass ein gutes Stehvermögen, aber auch schnell eine möglichst komplette Erholungsfähigkeit oder auch Widerstandsfähigkeit trainiert wurden.

Ergänzen wir diesen rein physischen Aspekt um den psychischen, sprechen wir heutzutage auch von Resilienz. Diese Fähigkeit ist analog gesehen notwendig, um bei chronischer Erkrankung, nach Krankenhausaufenthalten und/oder OP's möglichst schnell wieder „auf die Beine" (s. auch „Stehvermögen")zu kommen, dabei die eine oder andere körperliche Einschränkung zwar zu akzeptieren, aber dennoch psychisch stabil zu werden/bleiben.

Ich wiederhole noch einmal: Alles in meinem Körper – nach 50 Jahren Gesundheit – ist genetisch bedingt bzw. als Folge notwendiger Medikamenteneinnahme (u.a. Immunsuppressiva) eingetreten.

Ich musste mir also keine „Schuld" geben!

Das „Stehaufmännchen" in mir hatte es leicht aufgrund des Ziels, SELBSTÄNDIG bleiben zu können.

Dabei waren 2 Maximen wichtig: Aus dem Krankenhaus schnellstmöglich auf den eigenen Beinen!

 (s.o.)

 Beibehalten eines „normalen" Lebens!

Ersteres ist mir eigentlich immer gelungen, ich bin aber auch eine unbequeme Patientin, die nicht alles schluckt (Essen - Pillen – Forderungen) und sich viel bewegen will und KANN!!

Zweites erreiche ich dadurch, dass ich – alleinlebend – mich selbst versorgen kann, wenig Kontakt zu TX-Patienten habe und – sehr wichtig – hier in Iserlohn alle 6 nötigen Rehas ambulant durchführen konnte (ohne Krankenhausathmosphäre mit Ärzten, Psychologen, Mitpatienten, Wartezeiten,

Essenszeiten usw.). In meinem Bekannten- und Freundeskreis ist KEIN TX-Patient; ich habe lediglich losen Kontakt zu einer (netten!) Selbsthilfegruppe in Wuppertal.

WAS WAR DENN NUN ALLES LOS AB DEM JAHR 2007 ??

Die folgende Auflistung bedarf keiner weiteren Kommentare (s.S. 1-2).

| August 2007 | Anschaffung der ersten Hörgeräte |

August 2007 — Anschaffung der ersten Hörgeräte

Januar 2009 — 1. Hüft-OP rechts (angeborene Dysplasie) - 10 Tage Krankenhaus
Entdeckung der beiden Autoimmunerkrankungen aufgrund schlechter Leberwerte und der Familienhistorie
4 Wochen Reha

August 2009 — 2. Hüft-OP links (s.o)

3 Jahre mit u.a. Ursofalk und Kontrollmagenspiegelungen, dennoch

Mai 2012 — Varizenblutung mit 4-tägigem Krankenhaus und anschließendem „Päppeln", u.a. mit Eiseninjektionen

Juli 2012 — Evaluation in UK Essen zwecks Listung (durch Chefarzt in Iserlohn vermittelt) - 12 Tage Krankenhaus (bei miesem Essen), anschließend „Päppeln" mit gesunder Ernährung und Bewegung

August 2012 — Listung bei „Eurotransplant"!

Oktober 2012 — Vorhofflimmern mit zügiger Ablation – 7 Tage Krankenhaus in Iserlohn und Dortmund (Herbstferien!): „zügig", weil man in dem Zustand auf der Warteliste als „nicht transplantierbar" geführt wird!

19./20. Dez. 2012! — Leber-TX (nach nur 4 Monaten Wartezeit!!!) - 3 Wochen Krankenhaus (über Weihnachten und Silvester!), dann 4 Wochen Reha

½ Jahr Krankschreibung, dann wieder Unterrichten bis zur Pensionierung im August 2016 (ohne Fehltage außer an den Nachsorgeterminen)

Dezember 2014 — 1. Infektionsanzeichen (nach Schw.): Abszess in der Nasennebenhöhle
OP in UK Essen – 2 Tage Krankehaus (Weihnachtsferien!)

März – Nov. 2017 — 3 ambulante OP's in UK Essen (Hautwucherungen im Perianalbereich nach Verdacht auf „carcinoma in situ")

August 2019 — 1. Hüftrevision links (Synovialzystenektomie: Metallkopf rieb Kunststoffinlay in Pfanne ab, was sich im Gewebe ansammelte) – 2 Wochen Krankenhaus in ENDO-Klinik in HH und 4 Wochen Reha

| Mai 2020 | u.a. 2 Herzklappenrekonstruktionen nach wieder aufgetretenem Vorhofflimmern im St. Johannes in Dortmund, 1/2 Woche Krankenhaus und 4 Wochen Reha |

Mai 2020 — u.a. 2 Herzklappenrekonstruktionen nach wieder aufgetretenem Vorhofflimmern im St. Johannes in Dortmund, 1/2 Woche Krankenhaus und 4 Wochen Reha

Feb./März 2021 — 2. Infektionsanzeichen: mehr als 3 Wochen „Kampf" mit dem Rota-Virus,

4 Tage Krankenhaus in DO Hörde auf Isolierstation zum „Päppeln", danach „Päppeln" zu Hause

Juni 2021 — Augen-OP's rechts und links bei nicht bestätigtem Verdacht auf Lid-basaliome (Hautwucherungen) - 3 Tage Krankenhaus n Hagen

August 2022 — 2. Hüftrevision rechts (s. August 2019)

Dez. 2022 – Apr. 2023 Insgesamt 3 Bauchgefäß-OP's in UK Münster nach zufälliger Entdeckung eines Aneurysmas durch Gynäkologen (insgesamt 5 (!) bei zusätzlicher Arterioskerose) zwischen 3 und 9 Tage Krankenhs. und anschließendem „Wiederaufbau" (z.T. mit Therapeuten)

November 2023 — 3. Infektionsanzeichen: CORONA (!): 11 Tage (5 Tage leichter Husten und Schnupfen, 6 Tage ohne Symptome)

Juni 2024 — 4. Infektionsanzeichen: 2 Wochen „Kampf" mit Salmonellen, diesmal jedoch ohne größere Probleme

P.S. Mit „Infektionsanzeichen" meine ich typisch für Immunsuppression (mal schwer mal unerwartet leicht).

Gez. Renate Schmidt

2.2.3 Harald Mixa: Laufen lernen

Wenn Träume zur Realität werden und diese übertreffen…

Mein großes Ziel nach meinem ersten Schlaganfall im Jänner 2023 war es, beim Wings for Life Run in Wien teilzunehmen. Während meiner Reha in Buchenberg (Waidhofen/Ybbs) sah ich die Übertragung des Laufs im Fernsehen und erlebte, wie Lukas Müller, der trotz inkompletter Querschnittlähmung antrat, plötzlich aus dem Rollstuhl aufstand und mit spezieller Gehvorrichtung 2,3 Kilometer zurücklegte. In diesem Moment fasste ich den Entschluss: 2024 will ich auch mit dabei sein! Man braucht Ziele!!!

Damals ahnte ich nicht, dass meine Lunge mich bald noch vor ganz andere Herausforderungen stellen würde. Nach meinem zweiten Schlaganfall im Juni 2023 war ich kurzzeitig halbseitig gelähmt. Ich bekam im Juli 2023 zunehmend Atemprobleme, brauchte sechs Liter Sauerstoff und konnte kaum noch sprechen. Nur mehr über Wats App mit meiner Gattin. Mehr als drei Meter zu gehen, war unmöglich geworden. Bin nur mehr gelegen und hatte starke Hustenanfälle. Zu dieser Zeit gab ich meinem Leben, keine Chance mehr.

Am 8. August 2023 hatte ich die Abschlussuntersuchung von einer Vielzahl an Untersuchungen im AKH Wien für die Warteliste. Noch am selben Tag wurde ich offiziell gelistet – und am nächsten Morgen um 8:30 Uhr kam mein rettender Anruf: Eine Lunge könnte für mich passend sein! Der 9. August, mein lebensrettender Tag, ich wurde transplantiert – nun ist er mein zweiter Geburtstag und gleichzeitig war es auch noch dazu mein/unser 38. Hochzeitstag!

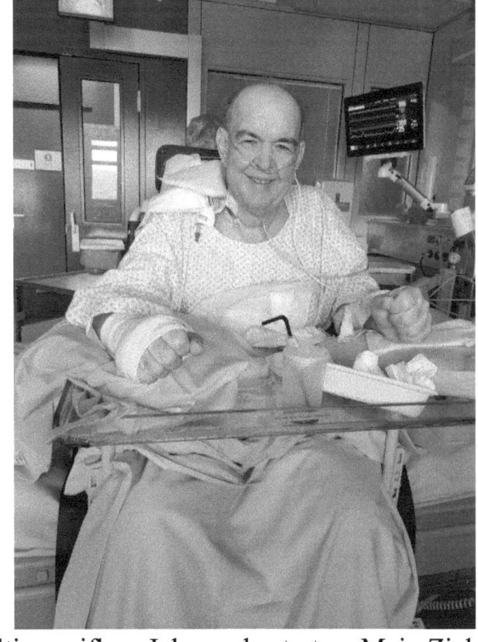

Nach der OP stand für mich fest: Ich werde alles geben, um beim Wings for Life Run, wies mein Traum war, dabei zu sein. Bereits vier Monate nach der Lungentransplantation begann ich langsam mit dem Hometrainer zu trainieren. Mit der Anmeldung wurde es endgültig greifbar: Ich werde starten. Mein Ziel war zwar bescheiden, aber klar definiert für mich: 2 Kilometer wollte ich schaffen – alles darüber wäre eine Draufgabe. Eine Influenza A hat mich im Training noch etwas zurückgeworfen.

Die Wochen vergingen, das Training wurde immer anspruchsvoller und intensiver, und meine Leistung lag bei 3 Kilometern in 41 Minuten. Also wusste ich: Das Catcher Car wird mich früh einholen – aber was solls dabei sein ist alles und ich werde mein Bestes geben und dabei sein.

Dann war es soweit: mein Date mit meinem Mut, Vertrauen und der Dankbarkeit- 5. Mai 2024, Schauplatz Wien Startblock 4 vorm Parlament, Starnummer 40 902. Die Atmosphäre am Start war überwältigend. Ich traf Manuel Feller und Henrik Kristoffersen, die mich ermutigten, weiterzumachen. In meinem Startblock spürte ich die verbindende Gemeinschaft – hier ging es nicht um Bestzeiten, sondern um den gemeinsamen Spirit. Die Emotionen überkamen mich, und ich musste vor Freude weinen. Besonders als die österreichische Fahne über die Köpfe der Teilnehmer von der Startlinie bis zum Startblock 5, Rollstuhlfahrer gereicht wurde.

Dann der Startschuss. Mein Körper kämpfte, mein Kopf sagte: Weitermachen! Du schaffst das! Zuschauer feuerten uns an, Rollstuhlfahrer, Eltern mit Kinderwägen – jeder kämpfte auf seine Weise. Bei der

Urania jubelten Cheerleader, was für ein Gefühl und dann kam das Catcher Car – begleitet von Anna Gasser und Tom Walek, die mich anfeuerten: "Nächstes Jahr wieder!" Diesen Satz hörte ich heute immer noch, wenn die Tiefen recht tief spürbar sind.

Ich hatte 2,97 Kilometer laut offizieller Messung geschafft, dies steht auch in meiner Urkunde und so mein Ziel sogar weitaus übertroffen. Ein unbeschreibliches Gefühl.

Dieser Tag hat mir bewiesen, was möglich sein kann und auch mit eisernen Willen erreichbar ist. Dies auch als Motivation, auch wenn man kein Sportler ist oder war. Mit Motivation, Kraft und Geduld ist vieles möglich. Monate nach meiner Lungentransplantation, sehe ich mich nicht als Opfer, sondern als Botschafter für jene, die noch warten, die kämpfen. Ich will helfen, tätig sein, mitwirken und Dank meiner Gattin Monika und meiner Familie, die mich immer unterstützt haben, ist mir dies nun gelungen. Ich bin im Vorstand der HLuTX um mitzuarbeiten!

Die Stufenchallenge am Klangturm in St. Pölten im September 2024 war ein unvergessliches Erlebnis für mich. Stufe für Stufe - Schritt für Schritt!

Mein Weg war nicht immer leicht und es gibt immer Momente wo ich denke, das gibt es doch nicht! Während der Teilnahme an der COP-Challenge in Innsbruck im November 2024 auf der Bergiselschanze hatte ich furchtbare Schmerzen, zuvor stürzte ich und brach mir kompliziert mein Bein, was ich nicht wusste. Die ganzen Adler des OSV habe ich treffen dürfen und viele Autogramme gesammelt. Den Sprungturm mit Marc Pircher zu erklimmen muss ich auf nächstes Jahr verschieben.

Anschließend bin ich mit dem Zug nach Hause gefahren und im KH Amstetten wurde dann der Bruch des Sprungbeins und des 5. Mittelfußknochen diagnostiziert. Für jeden verwunderlich, dass ich dies ausgehalten habe. Es hieß, dass wochenlang ein Gips zu tragen sei, 8 Wochen wurden es, aber ich kämpfte wieder, ertrug die Zeit für Heilung und Genesung. Dann durchgestanden, plötzlich Schüttelfrost, hohes Fieber eine Bronchoskopie musste im AKH Wien gemacht werden– mit Verdacht auf einen Tropenkeim. Medikamente vielfach für Wochen und noch dazu bekam ich eine Thrombose, Notaufnahme im KH Amstetten, rettete mich erneut. Der rechte Fuß schwoll auf das Dreifache an, eine 4 fach Etagenthrombose zog sich bis zur Leiste. Es war verdammt knapp vor einem Schlaganfall, Herzinfarkt oder Lungenembolie.

Jetzt bin ich wieder zu Hause, auf dem Weg der Besserung, dankbar, dass mein Bein erhalten werden konnte – und mit einem neuen Ziel: Beim nächsten Wings for Life Run wieder am 4. Mai 2025 an den Start zu gehen mit der Startnummer 38 385 mit meiner Gattin Monika. Ich habe mir aus Dankbarkeit ein Marterl im Garten schnitzen lassen, oft stehe ich davor und weiß und bin dankbar, dass Bewegung Freiheit bedeutet– und genau diese Freiheit will ich mir immer wieder zurückerobern. Ich muss zwar nun wieder meinen Rhythmus zu gehen finden und geduldig das Gehen wieder lernen.

2.2.4 Franz Leisser: Bewegung

Neuanfang mit jedem Herzschlag –

Mein Weg zurück ins Leben-

Es begann an einem lauen Spätsommertag Anfang 1990. Ich kam von einem anstrengenden Arbeitstag nach Hause und spielte noch mit meinen Kindern. Als ich zu frühzeitig zu Bett gehen wollte, da ich am nächsten Tag wieder Dienst gehabt hätte verspürte ich plötzlich Schmerzen in der Magengegend und bekam Atemnot. Ich wusste es nicht einzuschätzen, was da passierte. Nachdem ich keine Besserung verspürte, rief ich meinen Hausarzt an und schilderte meine Beschwerden. Daraufhin meinte er ich solle gleich ins Krankenhaus fahren, seine Frau, eine Kardiologin, hätte Dienst und er würde ihr Bescheid geben. Wie es halt so ist, war sie auf der Intensivstation mit einer Reanimation beschäftigt und ich kam auf die Chirurgie. Dort wurde ich stationär aufgenommen. Es mir gut ging, bis zum frühen Morgen, wo ein weiterer Atemnotsanfall, die Dienstmannschaft forderte.

Am Vormittag wurde ich zu einem Ultraschall gebracht. Der Röntgenologe meinte im Verlauf der Untersuchung, ob ich Probleme mit dem Herz hätte, was ich verneinte. Dann haben sie jetzt ein Problem war dann seine Antwort. Am Nachmittag wurde ich einem Internisten vorgestellt, der aber nichts Auffälliges feststellte. Mir ging es auch wieder gut und ich dachte nach Hause gehen zu dürfen. Doch weit gefehlt. Am nächsten Morgen wurde ein Herzecho gemacht und ein vergrößertes Herz festgestellt. Nach der Verlegung auf die Interne und weiteren Laboruntersuchungen hat sich die Diagnose Myocarditis gezeigt. Ich wurde auf die Intensivstation verlegt und war auf einmal lebensbedrohlich krank.

Ich konnte keinen klaren Gedanken fassen und es dauerte einige Tage, bis ich mich erfangen hatte und wieder positive Gedanken fand. Dieser Optimismus begleitete mich im weiteren Verlauf bis nach einem Gespräch eine mögliche Transplantation zur Sprache kam. Ich wusste zwar von meinem Beruf als Intensivpfleger, dass Transplantationen seit 10 Jahren in Wien durchgeführt werden, aber das wars auch schon.

Vor meiner Entlassung nach fünf Wochen wurde ich noch auf der Kardiologie im AKH vorgestellt. Dort wurde mir gleich gesagt, dass eine Transplantation unausweichlich sei und die vorbereitenden Untersuchungen entsprechend dem Transplantprotokoll begannen. Im weiteren Verlauf besserte sich mein Gesundheitszustand leider nicht. An eine Rückkehr ins Berufsleben war nicht zu denken und ich wurde mit 32 Jahren in Pension geschickt – für mich ein weiterer Rückschlag. Nach einiger Zeit des Grübelns fand ich wieder positive Gedanken und ich dachte meine Kinder brauchen mich ja und dies war wieder Ansporn nicht aufzugeben.

Nach einem Jahr zu Hause hatte ich mich wider Erwarten erholt und begann wieder in meinem Beruf zu arbeiten. Dies ging vier Jahre – bis Ende Mai 1995 gut, dann hatte ich bemerkt, dass meine Leistungsfähigkeit nachließ. Nach einem neuerlichen Atemnotsanfall ging ich zu meiner Kardiologin. Diese machte sofort einen Ultraschall des Herzens mit dem Ergebnis, dass die Herzleistung grade mal zehn Prozent betrug.

Dies bedeutete wieder ins AKH zu fahren. Dort erhielt ich einen zentralen Venenkatheter und daran zwei Infusionspumpen. Diese Medikation war ein Versuch, die Zeit bis zu einer Transplantation zu überbrücken. So versorgt wurde ich nach Hause entlassen und musste täglich die Infusionspumpen neu befüllen. Jeden zweiten Tag wurde ich nach Wien in das AKH gefahren, dieser Rhythmus wurde bis 18. Juli fortgesetzt, dann verschlechterte sich mein Gesundheitszustand und ich kam auf die Intensivstation im AKH Wien.

Ich hoffte, aber wagte nicht zu glauben zeitgerecht noch ein passendes Spenderorgan zu bekommen. Bei Eurotransplant wurde ich auf höchstdringlich gestuft. Das erste Mal im Laufe der Erkrankung zweifelte ich, ob ich das noch überleben würde.

Ich hatte immer eine positive Einstellung seit Beginn der Erkrankung. Ich wusste, meine Kinder brauchen mich noch und das war Motivation für mich, alles dafür zu tun.

Nach weiteren 3 Tagen sollte die Rettung Wirklichkeit werden. Gegen Mittag kam ein Transplantkoordinator und teilte mir mit, dass es eventuell eine Spenderorgan gebe und die Herzchirurgen nach Brüssel fliegen würden. Freudig rief ich meine Frau an und teilte ihr mit, dass es ev. ein Organ gebe. Sofort machte sie sich mit einem Freund auf den Weg nach Wien. Gegen 15:00 Uhr kam dann die Mitteilung – das Organ passt. Nun begannen die weiteren Vorbereitungen und um 16:30 Uhr ging es Richtung OP. Meine Frau und mein Freund durften bis zum OP Bereich mitgehen und dann kam der Abschied.

Im OP musste ich noch warten und meine Gedanken waren, dass alles gut gehen würde und wenn nicht würde ich es nicht mehr erleben.

Am nächsten Morgen erwachte ich und hörte Alarmtöne und dachte mir: das ist eine Intensivstation – du lebst. Eine nette Schwester sagte: „Sie haben es geschafft, das neue Herz arbeitet gut." Nach 3 Tagen wurde ich auf eine Überwachungsstation verlegt und nach weiteren 3 Tagen auf die Normalstation.

BERUFSRETTUNG WIEN
ZOLL
starmed
SEG-22
BERUFSRETT
Heavystar starmed

Nun begann das Aufbautraining und nach 3 Wochen kam ich ins Rehazentrum Hochegg.

Es folgte ein Neuanfang – Mein Weg zurück ins Leben.

Jede Transplantation, wie auch jede Herztransplantation einzeln ist ein Wendepunkt. Ein Schritt zwischen dem, was war und dem, was sein kann. Für mich war sie eine zweite – neue Chance – ein neues Leben, das ich mir aber erst erkämpfen musste. Der Weg zurück war lang und voller Herausforderungen, doch mit jedem Tag wurde mir bewusster, dass ich ihn nicht nur gehen, sondern aktiv gestalten wollte.

Von null zurück ins Leben – Mein erster Schritt zählte.

Nach der Transplantation fühlte sic mein Körper fremd an. Meine Muskeln waren schwach, meine Belastbarkeit gewissermaßen auf ein ganz minimales Minimum reduziert. Ich wusste aus meiner Zeit im Rettungsdienst und meiner Tätigkeit bei der Anästhesie, was mein Körper davor – mittendrin – danach durchgemacht hatte und nun auch durchmachen wird, aber da theoretische Wissen half mir nicht immer unbedingt, als ich mich das erste Mal wieder bewegen sollte, wollte, konnte, …

Jede noch so kleine Anstrengung fühlte sich riesig in beiderseitigem Hoch und Tief an. Doch genau hier begann dann mein neuer Weg, mein Lebensweg. Das erste Aufstehen, die ersten Schritte im Zimmer, dann auf dem Kranhausgang entlang waren fantastisch, aber auch mühsam, Treppenstufen wirkten vorerst unüberwindbar, Training war angesagt. Aber ich wusste: Jeder Schritt, noch so klein er auch sein mochte, brachte mich meinem Ziel immer Stück für Stück näher. Ich wollte ja nicht nur überleben – ich wollte nun wieder leben, richtig leben.

Die Angst, meinen Körper zu überfordern, war immer präsent. Wollen – können, Ursache und Wirkung, ein Balanceakt vom Feinsten. Aber ich begann auf meinen Körper – mein Herz zu hören. Ich merkte, dass er mir Signale gab - wann ich pausieren musste, wann ich weitermachen konnte. Und so kämpfte ich mich zurück. Stück für Stück, Atemzug für Atemzug.

Sport, was genau war mein Sport, mein Lebensalltag war Überlebenskampf – eine sportliche Höchstleistung, am Limit zu sein und dann Bewegung als Brücke zur Normalität zu nutzen – und noch darüber hinaus.

Mit der Zeit wurde mein Körper und ich mit ihm – er mit mir belastbarer. Ich wollte mehr als nur den Alltag irgendwie wieder bewältigen – ich wollte wieder aktiv bewegen, mich fordern, meine Grenzen neu ausloten. Doch ich wusste, dass ich nicht unvorsichtig sein durfte. Ich begann langsam: Spaziergänge, Atemübungen, vorerst leichte Gymnastik.

Jede Bewegung half mir, mein neues Herz besser kennen zu lernen. Radfahren, Nordic walking – ich probierte aus, was mir guttun könnte und dann auch kontinuierlich gut tat. Sport war für mich nicht nur Training, sondern eine Bestätigung: Ich bin zurück. Ich kann das. Es macht Sinn und Spaß.

Und so wurde Bewegung wieder fester Bestandteil meines Lebens. Ich wollte nicht nur meine körperliche Kraft zurückgewinnen, sondern auch mein Vertrauen in mich selbst. Es ging mir nicht um Höchstleistungen – sondern da

rum, mich selbst wieder zu spüren.

Die Natur als Therapiequelle, die Jahreszeiten als Leitbild und unsere familiäre Gartenarbeit und die daraus resultierende Bewegung als Kraftquelle.

Neben gezieltem Training half mir vor allem die Natur, ihre Wunder, ihre Zeiten, ihre Gesetze wieder Kraft zu schöpfen. Unser Garten wurde für mich zu einem Ort der Rehabilitation – der Heilung. Die Arbeit in Haus und Garten, welche so anfiel, in Standhalten, das Heben – all das forderte meinen Körper, ohne dass ich es irgendwann als geht nicht mehr Anstrengung empfand. Ich spürte das Leben in meinen Händen, sah wie aus kleinen Samen kräftige Pflanzen wurden, sich alles stetig veränderte, so wie ich selbst.

Wie ein Schmetterling durchläuft auch ein Transplantierter eine Verwandlung. Erst gefangen in Krankheit, dann die Zeit des Wartens – wie ein Kokon, voller Unsicherheit. Doch mit der Transplantation beginnt das neue Leben. Schritt für Schritt wächst die Kraft, die Flügel trocknen, das Vertrauen kehrt zurück und dann kommt der Moment: Der Aufbruch, der erste Flug. Nicht zurückblicken – sondern die neue Freiheit spüren, das Leben in vollen Zügen genießen.

Auch meine Spaziergänge wurden länger. Anfangs war mein Radius klein, doch mit jedem Tag wagte ich mich weiter, weiter und doppelt und dreifach so weit. Der Wind auf meiner Haut, das Rauschen der Blätter, die frische Luft in meinen Lungen – all das half

mir, mich lebendig zu fühlen. Ich atmete tiefer, mein Kreislauf kam in Schwung und mit jedem Schritt spürte ich, dass mein Körper stärker wurde.

Ich erkannte, dass ich nicht ins Fitnessstudie musste um mich fit zu halten. Die Natur bot mir alles was ich brauchte: Bewegung, Luft, Weite – und vor allem das Bewusstsein, dass Leben Veränderung bedeutet.

Ich wusste, was meine Diagnose bedeutete. Als Jahrgang 1959 hatte ich beruflich viele schwere Fälle gesehen, hatte Patientenerlebt, deren Zeit abgelaufen war. Und doch – als ich selbst an diesem Punkt stand, gab es für mich nur eine Option: ich muss kämpfen – für mich und meine Familie.

Seit 1995 lebe ich mit meinem Spenderherz. Drei Jahrzehnte, in denen ich gelernt habe, dass eine Transplantation nicht das Ende ist, sondern ein neuer Anfang. Mein Erfolgsgeheimnis? Bewegung so wie sie mich fit hält. Nicht um Rekorde zu brechen, sondern um meinem Leben Struktur zu geben.

Ich begann mit vorsichtigen Schritten, tastete mich ans Training heran – und merkte, wie mein Körper zurück ins Leben fand. Heute, fast 30 Jahre später genieße ich jede Bewegung, jede Aktivität. Ich schätze es, durch die Natur zu wandern, mich zu fordern und meinen Körper zu spüren. Meine Transplantation war kein Endpunkt, sondern der Beginn eines neuen Kapitels. Der Weg zurück war nicht leicht, aber jeder einzelne Schritt hat sich gelohnt. Mein Alltagssport und die Bewegung haben mir geholfen nicht nur körperlich, sondern auch mental wieder zu Kräften zu kommen. Und so konnte ich nach sieben Monaten wieder in mein Berufsleben einsteigen.

Ich weiß heute: Wer sich bewegen kann, der lebt und wer das Leben spürt, kann es in wunderbaren Zügen genießen.

2.2.5 Roswitha Jerusel: Schwimmen, Rad- und Skifahren

Atem beraubend: Eine himmlische Lunge – der Weg ins neue Leben!

1. Erkrankung und körperliche Fitness vor der Lungentransplantation (LTX)

Die Erkrankung begann im Sommer 2016. Als wir aus dem Familienurlaub nach Hause kommen, stand unser Keller unter Wasser. Ein Dichtungsring der Zentralheizung war undicht geworden. Zeitnah wurde der Wasserschaden von einer Fachfirma getrocknet. Etwa drei Monate später bemerke ich erste körperliche Veränderungen beim Skifahren: ich konnte das Tempo der anderen in der Skigruppe auf der Piste nicht mehr mithalten. Immer wieder musste ich anhalten und nach Luft schnappen. Zwischendurch hatte ich heftige Hustenattacken und nahm bei mir selbst (in Ruhe) „knisternde" Atemgeräusche wahr. Ein paar Wochen später - im Frühling - klappte auch das Joggen nicht mehr wie gewohnt. Immer wieder musste ich stehen bleiben, heftig husten und hatte Atembeschwerden. Mein Gedanke war, dass die Ursache vielleicht am Pollenflug liegen könnte, weil bei mir seit Jahren Pollenallergien bekannt waren. Regelmäßiger Ausdauersport im Wald, Saunabesuche und entsprechend gesunde Ernährung hatten mich bislang vor Erkältungen bewahrt. Ich fühlte mich fit und liebte es, im Wald zu joggen, zu Wandern, Ski – und Fahrradtouren zu unternehmen. Besonders gerne schwamm ich gerne lange Strecken im Meer oder in Seen. Da ich jedoch keinerlei sonstige Risikofaktoren hatte und immer gesund gelebt und sportlich aktiv war, nahm ich deshalb an, dass es sich bei meinen Symptomen lediglich um eine „ganz normale" allergische Reaktion handelte. Ich ging jedoch vorsorglich zum Lungenfacharzt und dieser stellte fest, dass ich nur noch eine Lungenfunktion (Vitalkapazität) von etwa 50% hatte. Auf meinen Wunsch hin wurde ich unverzüglich in eine Uniklinik überwiesen.

Dort wurde eine Entzündung der Lungenbläschen festgestellt (Aleveolitis), die wahrscheinlich aufgrund einer Schimmelpilzallergie im Rahmen des Wasserschadens entstanden war. Die chronischen Entzündungsprozesse der Lungenbläschen entwickelten sich dann langsam über ein paar Jahre zu einer Lungenfibrose (PPFE). Das bedeutet, dass sich das gesamte Lungengewebe nach und nach in narbiges Bindegewebe umwandelt. Ein physiologischer Sauerstoffaustausch in den Lungenbläschen ist somit nicht mehr möglich. Es ist eine Erkrankung, die bislang unheilbar ist, wenn sie nicht gestoppt wird. Und deren einzig mögliche Therapie am Ende eine Lungentransplantation ist. Obwohl ich keinerlei Risikofaktoren für eine Lungenerkrankung hatte, fand ich mich mit der Diagnose der Lungenfibrose in einer völlig neuen, schicksalhaften Realität wieder.

Ich wusste, dass ich durch regelmäßiges Ausdauer- und Krafttraining möglicherweise die Funktion und Dehnungsfähigkeit meiner Lunge positiv unterstützen konnte. Deshalb bemühte ich mich - trotz Luftnot und Hustenattacken - meinen gewohnten Sport weiterzuführen. Im Fitnessstudio konnte ich anfangs meine Atembeschwerden vor anderen Menschen noch einigermaßen verbergen, indem ich mit weniger eingestellten Kilos an den Gräten trainierte.

Dass trotz meiner Anstrengungen meine Leistungsfähigkeit immer mehr abnahm, die Walking-Runden im Wald immer kleiner und zeitlich kürzer wurden, haben eigentlich nur meine Familie und engsten Freunde im Laufe der Zeit gemerkt. Auch, dass meine Hustenanfälle im Laufe der Monate immer stärker wurden.

Im Januar 2021 benötigte für Laufstrecken, für die ich sonst in früheren Zeiten fünf Minuten gebraucht habe, teilweise über eine Stunde Zeit und zwar mit sehr vielen Pausen! Schließlich war ich so lungenkrank, dass mich mein Mann und meine Freundin an meinen Walkingstöcken (bergab) durch den Wald ziehen mussten. Ich hatte einfach keine Luft und keine Kraft mehr, selbst auf ebenen Strecken ganz langsam zu gehen. Dennoch war es mir wichtig, durch regelmäßige Bewegung im Wald die Sauerstoff-Diffusion meiner kranken Lunge so gut wie möglich zu unterstützen, um sie möglichst lange dehnungsfähig zu halten und um leichter abhusten zu können. Drei Monate vor der LTX-OP konnte ich noch etwa 290 m (6-Minuten-Geh-Test) mit Hilfe von Flüssigsauerstoff (max. Flow) zurücklegen.

Auch das Schwimmen ging nicht mehr, weil meine kranke Lunge mich im Wasser nicht mehr tragen konnte. Ich konnte nur noch ganz flach und hochfrequent atmen, so dass ich im tiefen Becken untergegangen wäre, obwohl ich immer eine gute Schwimmerin gewesen bin. Im Juli 2021 (kurz vor der Transplantation) konnte ich noch etwa 2-3 Bahnen im Kinderbecken (mit Flüssig-Sauerstoffgerät; Einstellung „High-Flow") ganz langsam „Geh-Schwimmen".

Es war für mich auch völlig klar, dass ich nie wieder meine geliebten Carving-Ski fahren würde, weil ich den Sommer 2021 nicht überleben würde, wenn nicht irgendein Wunder passiert.

2. Erkrankung und die Entscheidung zur LTX

Die Wochen vergingen. Ich konnte mir bei meinem eigenen Erstickungstod zuschauen. Für mich war aufgrund meines beruflichen Hintergrundes völlig klar, dass ich eine Lungentransplantation niemals über mich ergehen lassen würde. Jahrelang hatte ich Atmung, Atemwegerkrankungen und auch das Thema im Gesundheitswesen als Pädagogin im Gesundheitswesen unterrichtet. Ich wusste somit um die möglichen Komplikationen, die im Rahmen dieser großen OP auf mich zukommen können. Ebenso stand ich der Transplantationsmedizin aufgrund der Skandale in der Vergangenheit sehr kritisch gegenüber. Ich bezweifelte ebenfalls, dass ein Spenderorgan in einer (nie dagewesenen) Pandemie gefunden werden würde. Ich fühlte mich vom Leben reich beschenkt und wenn ich mich nun von meinem Leben verabschieden sollte, so war es wohl der Plan „des Architekten im Himmel" für mich.

Die Zustimmung zur Listung bei Eurotransplant war deshalb für mich ethisch äußerst ambivalent. Da ich selbst aufgrund meiner kritischen Einstellung keinen eigenen Organspenderausweis besaß, kam somit für mich eine Transplantation als letzte therapeutische Option überhaupt nicht in Frage.

Wie kann ich ein Organ annehmen wollen, wenn ich selbst nicht zum Spenden von Organen bereit bin? Deshalb favorisierte ich für mich selbst (aufgrund meiner beruflichen Erfahrungen) den palliativen Weg in der Finalphase meiner Erkrankung. D.h. ich wollte in einem Hospiz sterben und ließ mich dort auf die Warteliste setzen. In den vielen Gesprächen mit meiner Familie über diese innere Ambivalenz meinte mein Mann jedoch irgendwann zu mir, dass er einerseits meine Einstellung zur Transplantation respektieren würde. Andererseits aber meinte er auch: „ICH habe doch einen Organspenderausweis! Vielleicht reicht der doch vielleicht für uns BEIDE!?" Und um ihm die Hoffnung auf ein (vielleicht mögliches) Weiterleben nicht zu nehmen, willigte ich schließlich ein, mich bei Eurotransplant listen zu lassen.

Ein halbes Jahr später kam abends um 23 Uhr der Anruf. Eine „himmlische Lunge" war da! Sie wurde mir von einem mir völlig fremden Menschen geschenkt – WUNDERvoll!

3. Körperliche Fitness nach der LTX-OP

Beine körperliche Fitness unmittelbar nach der DLTX-OP lag tatsächlich „am Boden", da es nach der Transplantation zunächst einige Komplikationen gab. Die Spenderlunge konnte zunächst ihre Funktion nicht aufnehmen, weil sie vielfach gespült werden musste und somit „überwässert" war. Deshalb lag ich neun Tage an der ECMO (Herzlungenmaschine) und musste tracheotomiert (über einen Luftröhrenschnitt beatmet) werden. Neben einer Abstoßung des neuen Organs entwickelten sich schwere Thrombosen in meinem Körper. Jedoch auf wundersame Weise wurden mir jedoch immer wieder echte „menschliche Engel" vom Himmel geschickt, die mir halfen, alle diese bedrohlichen Komplikationen zu umschiffen.

Etwa zwei Monate nach der Lungentransplantation konnte ich mit der Reha-Maßnahme beginnen. Aufgrund der langen Beatmungszeit im künstlichen Koma hatte ich keinerlei Rumpfstabilität mehr - alle Muskeln waren komplett degeneriert. Ich musste wieder „Laufen lernen". Als mich die Ärzte nach der Extubation (als der Beatmungsschlauch entfernt werden konnte) bei der Visite fragten, was ich denn als nächstes „in meinem neuen Leben 2.0" am Start habe, war meine Antwort, dass ich gerne noch in dieser Saison auf die Ski-Piste möchte! Sie grinsten mich daraufhin sichtlich amüsiert und etwas ungläubig an … und 8 Monate nach der LTX war es dann soweit: ich stand tatsächlich nach intensivem Muskeltraining wieder auf meinen geliebten Carving-Skiern in den verschneiten Bergen. Ich hätte dies tatsächlich selbst niemals für möglich gehalten!

Mittlerweile werde ich immer wieder gefragt, wie es mir nach der Transplantation jetzt so geht. Ich kann dann nur antworten, dass es mir für eine lungentransplantierte Patientin wirklich sehr gut geht. Meinen gewohnten Kraft- und Ausdauersport konnte ich step-by-step wiederaufnehmen. Ich kann wieder stundenlang im Wald wandern, walken und wirklich lange Strecken mit dem Fahrrad fahren. Dank meiner himmlischen transplantierten „neuen Lunge" und durch regelmäßiges tägliches Training habe ich meine körperliche Fitness aufbauen können, um wieder ausgiebig im Schwimmbad und auch im Meer zu schwimmen (Brust-, Kraul - und Rückenschwimmen).

Vorab checke ich allerdings immer die jeweiligen Risiken: vor dem Schwimmbadbesuch erkundige ich mich beispielsweise kurz telefonisch, wie viele Badegäste sich aktuell im Bad befinden. Bei wenig Betrieb ziehe ich dann zügig meine Bahnen im Becken und dusche dann (separat) ausgiebig in der Behindertendusche, um den Dusch-Aerosolen der anderen Schwimmer aus dem Weg zu gehen. Zu Hause angekommen inhaliere ich unverzüglich prophylaktisch mit einem Antimykotikum, um einer möglichen Pilzinfektion vorzubeugen und ich dusche erneut (Keimreduktion der Haut). Wenn ich im Meer schwimme, prüfe ich vorab, ob es Algen im Wasser, Abwasserrohre im Badebereich usw. gibt. Um die Haut zu schützen (Quallen, Seeigel, UV-Strahlen etc.) trage ich einen Neoprenanzug und feste Badeschuhe.

Ähnliche hygienische Vorsichtsmaßnahmen treffe ich auch auf der Skipiste. In meinem Buff-Halstuch habe eine FFP-2 Maske integriert und fixiert, die ich in Gondel, Skilift und Warteschlangen aufsetze, um mich vor den Keimen anderer Urlauber zu schützen. Ich vermeide Menschenansammlungen in Berghütten und genieße eher die frische Bergluft im Außenbereich und esse dort meine mitgebrachte (keimarme) „Hütten-Jause".

Das Gefühl, ganz leicht, tief und frei atmen zu können, ist das größte Geschenk, welches mir jemals in meinem Leben von einer mir völlig unbekannten Person gemacht wurde. Ein Weiterleben Dank meiner Spenderlunge ist nun für mich wieder möglich!

4. Einstellung zur Lungentransplantation

Zu Beginn meiner Erkrankung waren meine Gedanken und Gefühle gegenüber der Transplantationsmedizin von Angst, Unsicherheit, Ablehnung und starken ambivalenten Emotionen geprägt. Das Schicksal hat nun anders entschieden:

Durch die Entscheidung meiner Organspender:in und ihrer Angehörigen in der schwersten Stunde ihres Lebens habe ich nun dazu die Möglichkeit bekommen, mit meiner Familie weiterleben zu dürfen, Sport treiben zu können und das ohne jegliche Atemnot. Deshalb ist für mich jeder Atemzug fast wie ein kleines Wunder! Aus diesem Grund gilt mein erster und letzter Gedanke an JEDEM neuen Tag meiner Organspender:in und ihrer Familie!

Seitdem ich von meinen behandelnden Ärzten erfahren habe, dass bereits transplantierte Menschen auch Organspender sein können (wenn die Organe gesund sind), habe ich nun - trotz meiner jahrelangen Bedenken - auch einen Organspenderausweis.

5. Was sportliche Betätigung für mich bedeutet

Ich werde immer wieder einmal gefragt, was sportliche Betätigung für mich bedeutet und was das Fazit meiner Geschichte und meines Weiterlebens mit einem Spenderorgan ist und was ich als äußerst kritischer und sportlicher Mensch auf meinem Weg dazu gelernt habe?

Die „sportlichste" Aufgabe war für mich bei all dem Erlebten zu lernen, mein Schicksal „einfach" anzunehmen und „einfach" zu vertrauen - ohne am „Architekten im Himmel", seinem Bauplan, seiner Liebe und seinem Blick auf mich zu zweifeln.

Ich habe erlebt, wie hilfreich es sein kann, wenn man am „Wasserfall" seines eigenen

Lebens steht und trotz allem Schicksalhaften Dankbarkeit wahrnehmen und empfinden kann. Denn Dankbarkeit ist für mich eine riesengroße Kraftquelle! Ich bin dankbar, dass ich auf meinem „Atem beraubenden" Weg in mein zweites Leben mittlerweile transplantierte Menschen kennengelernt habe, die zum Teil schon über 20 Jahre mit ihrer Spenderlunge leben.

Wenn ich Sport mache, dabei tief durchatmen kann, dann fühle ich mich frei und lebendig! Jeder Atemzug ist für mich wie ein kostbares Geschenk. Der Sport gibt mir nicht nur die Möglichkeit, körperlich fit zu bleiben, sondern ist für mich gleichzeitig auch die Chance, für mein inneres Gleichgewicht zu stabilisieren und für meine Gesundheit weiterhin gut zu sorgen.

Der Sport gibt mir viel Lebensfreude und ich bin wieder auf „der Piste des Lebens" unterwegs. Ich bin sehr dankbar darüber, dass ich mich wieder ohne Atemnot bewegen kann - dass ich lebe!

Deshalb genieße ich mit jeder Zelle meines Körpers JEDEN einzelnen Moment und freue mich über neue Herausforderungen, die mir anvertraut und auch (sportlich) zugemutet werden.

Vita

Roswitha Jerusel ist Pflegefachfrau (mit Fachweiterbildung Intensiv-/Anästhesie- und Palliativpflege).

Sie hat Pflegewissenschaft (Dipl.-Pflegewirtin) und Pflegepädagogik (M.A.) studiert und unterrichtet seit vielen Jahren in der Aus-, Fort- und Weiterbildung im Gesundheitswesen. Ehrenamtlich ist sie in der Notfallseelsorge unterwegs.

2016 erkrankte sie unverschuldet an einer seltenen Form der Lungenfibrose (PPFE) und ist seit Sommer 2021 beidseits lungentransplantiert (DLTX).

2.2.6 Viera Reptova: Fahrrad fahren

„Mein Leben mit LAM – nach der Lungentransplantation, das Leben geht weiter.“

Bis zu meinem 45. Lebensjahr war ich gesund und sportlich. Ich habe Skifahren und Langlaufen geliebt und in der ersten Liga Basketball gespielt, außerdem habe ich noch Tennis und Tischtennis gespielt und bin oft Rad gefahren. Allmählich hatte ich bei der Ausübung von Sport immer mehr Probleme mit dem Atmen und deshalb schon einige medizinische Untersuchungen absolviert. Die Röntgenuntersuchungen der Lunge und des Herzens haben aber nichts gebracht. Bei der Ultraschalluntersuchung des Bauches wurden mehrere Raumforderungen festgestellt, in der rechten Flanke hatte ich Schmerzen und ein Angiomyolipom, ein gutartiger Tumor, der im rechten Nierenbereich diagnostiziert wurde. Der Tumor wurde chirurgisch entfernt und ein CT mit hoher Auflösung vom Brustkorb durchgeführt. Dabei wurde die Lymphangioleiomyomatose diagnostiziert, nach 2 Jahren!

Der Oberarzt sagte: ich weiß jetzt, was die Sache ist, aber ich weiß noch nicht, was das bedeutet. Wenn Sie im Internet suchen, können sie mehr dazu erfahren. Heute, 24 Jahre später, weiß man viel mehr über LAM, da sich das Wissen über so seltene Krankheiten deutlich verbessert hat.

Lymphangioleiomyomatose (LAM) ist eine fortschreitende sehr seltene Lungenerkrankung, bei der sich glatte Muskelzellen in Lymphgefäßen und Bronchialwegen übermäßig stark vermehren und so das gesunde Lungengewebe – der Lunge einschließlich der Atemwege, Blut- und Lymphgefäße zerstören. Obgleich es sich nicht um Krebszellen handelt, wachsen diese unkontrollierbar in der Lunge. Mit der Zeit bilden die Zellen Bündel in den Gefäßwänden der Luftwege und des Blut- und Lymphsystems, wodurch sich diese verstopfen. Die Zellen produzieren Stoffe, die das Gewebe durchbrechen und somit die Bildung von Zysten (= Hohlräume, gefüllt mit Luft, Lymphe oder Blut) verursachen. Der verästelte Aufbau der Lunge vernarbt und der Luftfluss wird dadurch blockiert, wodurch die Versorgung des restlichen Körpers mit Sauerstoff verhindert wird. Betroffen sind fast nur Frauen, meist im gebärfähigen Alter. Vorkommen 2-6/ Million. Der Begriff Lymphangioleiomyomatose (LAM) setzt sich aus mehreren Wortbestandteilen zusammen:

- „Lymph" bezieht sich auf das lymphatische System,

- „angio" verweist auf die Beteiligung von Blutgefäßen,

- „leiomy" steht für glatte Muskelzellen, die unkontrolliert wachsen,

- „oma" bezeichnet eine tumorartige Gewebeneubildung,

- „tose" weist auf einen krankhaften Prozess oder Zustand hin.

Da „LAM" auch in vielen verschiedenen Erscheinungsformen auftreten kann, ist die Erkrankung manchmal schwer zu diagnostizieren. Die Erarbeitung der Diagnose erschwert, dass die Symptome von LAM auch für andere Krankheiten wie Asthma, Emphysem und Bronchitis typisch sind. Ein Röntgen des Brustkorbs reicht für gewöhnlich nicht aus, um LAM zu diagnostizieren, aber ein CT des Brustkorbs mit hoher Auflösung, welches die typische zystische Struktur von LAM zeigt , kann die medizinische Beurteilung gezielter erfolgen, wenn auch weitere Hinweise der Krankheit vorliegen , wie z.B. ein gutartiger Nierentumor, Lungenkollaps oder Flüssigkeit in der Lunge.

Welche Symptome hat LAM?

Viele Frauen mit LAM leiden vor allem an Atemproblemen wie Kurzatmigkeit, Schmerzen in der Brust, chronischem Husten und Pneumothorax (=Ansammlung von Luft zwischen Lunge und Brustraum). Einige Patientinnen haben gutartige Nierentumore, die Angiomyolipome genannt werden oder Ansammlungen von milchiger Flüssigkeit genannt Chylus (=fetthaltige Lymphe aus dem Verdauungstrakt) im Brustkorb (=Chylothorax) oder Bauchbereich. Die Lungenfunktion verschlechtert sich mit der Zeit und viele LAM Patientinnen benötigen früher oder später eine Sauerstofftherapie. Eine Lungentransplantation wird oft als letzte Möglichkeit betrachtet. Obwohl viele Frauen mit LAM durch eine Lungentransplantation ihre Lebenserwartung verlängern können, stellt sie keine Heilung dar.

Ich habe im Internet viele Informationen gefunden, auf der Webseite der französischen SHG-FLAM war zu lesen, dass die Lebenserwartung bei LAM bei zwei Jahren liegt. Nach meiner zweiten Operation im Alter von 51 Jahren wurde ich im Jahr 2002 in Berufsunfähigkeitspension geschickt. Natürlich war das ein großer Schock! Ich hatte noch so viele Pläne – ich wollte bis 60 als Physiotherapeutin arbeiten und anschließend dann für Physiotherapeuten/innen in der Slowakei Kurse zu machen, zu reisen… Als bei mir LAM festgestellt wurde, gab es für diese chronische unheilbare Krankheit keine kausale Therapie. Heute gibt es schon bestimmte Medikamente, z.B. Rapamycin = Sirolimus.

Leben mit LAM

Nach 2 Jahren falscher Therapie mit Interferon B (bekannt bei Therapie der MS) benötigte ich schon einen Sauerstofftank zu Hause, es ging mir immer schlechter. Nach dem Absetzen des Medikamentes Interferon hat sich mein Zustand wieder gebessert, ich konnte sogar die Sauerstofftherapie beenden. Zum Glück ist „meine" LAM langsamer als bei Frauen mit 1-2 Kindern verlaufen.

Dank Internet begann ich umfassende Informationen zu sammeln. Im April 2003 habe ich in Leipzig bei der Gründung der deutschen SHG mit 11 LAM Patientinnen aus Deutschland teilgenommen. Im Oktober 2003 war ich auf der Konferenz in Paris, welche die FLAM – LAM SHG in Frankreich organisierte. Neben 6 Ärzten aus Frankreich, England und der Schweiz sind LAM Patientinnen aus Frankreich, England, Italien, Türkei und ich als Vertretung der deutschen LAM SHG anwesend.

Mit der Erfahrung aus weiteren Konferenzen und der Arbeit der FLAM und LAM Selbsthilfe Deutschland gründete ich 2006 mit zwei LAM Patientinnen die SHG LAM Austria und wurde außerordentliches Mitglied des Österreichischen Verbandes der Herz- und Lungentransplantierten.

Meine Sportaktivität hat sich deutlich eingeschränkt. Bis 2016 konnte ich noch Skifahren (das war für mich leichter als laufen), nur für meine Ski benötigte ich Hilfe, die musste mir immer jemand zur Seilbahn tragen. Ich mochte es auf Skihütten eine Pause zu machen, allerdings musste ich, wenn die Toilette im Untergeschoss war, meine Skischuhe ausziehen, da ich es nicht schaffte mit ihnen an meinen Beinen erst die Stufen hinunter zur Toilette zu gehen und dann auch wieder die Treppen hinaufzusteigen. Die Skischuhe waren für mich schon zu schwer. Rad fahren war auch noch möglich, später mit E-Bike und dem tragbaren Sauerstoffkonzentrator.

Weil Wanderungen nicht möglich waren, aufgrund der Lungenerkrankung konnte ich keine Flugreisen machen, dann ist mir als einzige „Sportart " die Autotouristik geblieben. Sport? Na ja, ich bin sehr lange Strecken gefahren, wie zum Beispiel nach Südfrankreich, Italien, Spanien (Baskenland), England, Schweden und Deutschland. Manche fragen sich sicher warum so viel und soweit? Weil ich aus der Slowakei komme und wegen dem Eisernen Vorhang solche Reisen nicht möglich waren! Diesen Autotourismus habe ich alleine gemacht, weil ich mein langsames und eigenes Tempo brauchte, das wäre zu zweit nicht so gut möglich gewesen. Ich fühlte mich niemals einsam auf Reisen, dieser Entschluss es alleine zu tun, war ein Gewinn für mich, denn ich bin kontaktfreudig, ich kann mich auf französisch, englisch und teilweise italienisch verständigen. Meine Muttersprache ist slowakisch, ich bin vor 30 Jahren nach Österreich gekommen.

Die Lungentransplantation

In den nächsten Jahren wurde mein Zustand immer schlechter, ab 2018 konnte ich nur noch mit dem Sauerstoffkonzentrator ausgehen, für die Lungentransplantation wurde ich 2020 gelistet und am 30. August 2021 als 71- jährige transplantiert. Mit dem E-Bike fahren begann ich mit großer Freude im April 2022. Anfangs Dezember habe ich mir eine neue Langlaufausrüstung gekauft und eine Woche später habe ich mir leider beim Aussteigen aus dem Auto den Oberschenkel gebrochen. Ein Jahr nach dem Beinbruch konnte ich wieder E-Bike fahren, aber nach Long Covid und Problemen mit dem Gleichgewicht und Osteoporose, ist mir Radfahren nun zu riskant.

Nun, war`s das mit dem Sport? Nein, ich mache Wirbelsäulengymnastik, Krafttraining mit den Hanteln und fahre auf dem Ergometer. Ohne diesem Übungsprogramm würde ich nicht nur die Beweglichkeit sondern auch meine Selbständigkeit verlieren.

2.2.7 Thomas Zoth: Golf und Beruf

Volle Aktion, kluge Strategie und der richtige Atemzug – Polizei, Golf und meine Lungentransplantation im perfekten Zusammenspiel.

Ein Polizeieinsatz ist wie eine Golfrunde mit gewissen Handicap: Man weiß nie, welche Herausforderungen auf einen warten, aber mit Ruhe, Präzision und der richtigen Strategie kann man jedes Hindernis überwinden. Nach meiner Lungentransplantation habe ich gelernt, dass es nicht darum geht, perfekte Bedingungen zu haben, sondern das Beste aus jeder Situation zu machen. Ob auf dem Golfplatz, im Dienst oder im Leben – entscheidend ist, den Fokus zu behalten, geduldig zu bleiben und immer den nächsten Schritt zu wagen. Ein Einsatz bei der Polizei ist oft wie ein Hürdenlauf: Unvorhersehbare Herausforderungen, schnelles Reagieren, Durchhaltevermögen. Man weiß nie genau, was kommt, aber man bleibt fokussiert, gibt nicht auf und überwindet jede Hürde. Genau das habe ich auch auf meinem Weg zur Transplantation erlebt. Warten, hoffen, kämpfen – immer mit dem Ziel vor Augen, es zu schaffen. Jeder Rückschlag war eine neue Hürde, aber ich habe gelernt, mich nicht aus dem Gleichgewicht bringen zu lassen.

Heute bin ich wieder bereit für neue Herausforderungen. Denn egal ob im Leben, im Sport oder im Einsatz: Es geht nicht darum, ob Hürden kommen – sondern darum, wie man sie überwindet.

Mein Name ist Thomas, ich bin 58 Jahre alt und lebe im schönen niederösterreichischen Mostviertel. Mein Leben war schon immer geprägt von Herausforderungen, doch die größte Hürde kam mit 39 Jahren. Meine Lunge begann zu versagten, mein Körper wurde schwächer, und mir blieb leider nur noch wenig Zeit. Die Ärzte der Universitätsklinik AKH Wien setzten mich im Oktober 2019 als hochdringlich auf die Warteliste für eine Lungentransplantation – und dann begann das Warten. Wochen voller Hoffnung, Angst und der Frage, ob es rechtzeitig ein passendes Organ geben würde. Während dieser Zeit stand meine Frau Christa und Familie fest an meiner Seite, hielt meine Hand, wenn die Unsicherheit zu groß wurde, und gab mir Kraft, wenn meine eigene nachließ. Besonders meine Frau war in jedem Moment da davor, danach und jetzt, hat mich begleitet, getröstet und mit mir gehofft. Ebenso meine beiden Kinder und unser Enkel.

Am 14, Jänner 2020 gegen 21:00 Uhr kam dann endlich der erlösende Anruf. Die Transplantation im Universitätsklinikum AKH Wien – Universitätsklinik für Thoraxchirurgie rettete am 15. Jänner 2020 mein Leben. Doch damit war der Weg nicht zu Ende – im Gegenteil. Die Reha forderte mich heraus, Rückschläge blieben auch nicht aus, doch ich kämpfte mich Schritt für Schritt zurück ins Leben. Heute blicke ich mit Dankbarkeit auf diese Zeit zurück, denn sie hat mich stärker gemacht.

Auf den ersten Blick haben Golf und eine Transplantation wenig gemeinsam. Doch wenn man genauer hinsieht, gibt es erstaunliche Parallelen.

Golf ist kein schneller Sport. Jeder Schlag erfordert Ruhe, Planung und die richtige Technik. Genau wie nach einer Transplantation geht es nicht darum, möglichst schnell ans Ziel zu kommen, sondern Schritt für Schritt den richtigen Weg zu finden. Heilung braucht Zeit – genauso wie das perfekte Golfspiel.

Ein guter Golfschlag entsteht nicht aus bloßer Kraft, sondern aus Feingefühl und Kontrolle. Nach einer Transplantation muss man lernen, auf seinen Körper zu hören, die eigenen Grenzen wahrzunehmen und sich langsam heranzutasten. Jeder Fortschritt ist wie ein gelungener Schlag – das Ergebnis von Geduld und präziser Abstimmung.

Im Golf zählt nicht nur die körperliche Technik, sondern auch der mentale Fokus. Ein einziger schlechter Schlag darf dich nicht aus dem Konzept bringen. Nach einer Transplantation ist es genauso: Es gibt Höhen und Tiefen, aber entscheidend ist, wie man mit Rückschlägen umgeht. Wer mental stark bleibt und sich nicht entmutigen lässt, hat die besten Chancen auf Erfolg – auf dem Platz und im Leben.

Golf spielt man draußen, in der Natur, mit viel Zeit zum Nachdenken. Es erinnert daran, dass es nicht nur um das Ziel geht, sondern auch um den Weg dorthin. Nach einer Transplantation ist es ähnlich.

Jeder Tag, jede Bewegung und jeder Atemzug sind ein Geschenk.

Thomas ZOTH

2.2.8 Sabine Schmieder: Tanzen

Mein Name ist Sabine Schmieder. Ich wurde 1979 mit Mukoviszidose geboren.

Sport war ja schon immer empfohlen und Ende der 80er/Anfang der 90er habe ich Tennis gespielt, da ich ein großer Fan von Stefanie Graf und Michael Stich war. Aber das habe ich nach 2 Bänderanrissen aufgegeben.

Sport, bei dem ich alleine bin, darauf hatte ich nie so wirklich Lust und ich habe mit 15 Tanzkurs im Gesellschaftstanz gemacht und seitdem liebte ich Discofox.

Allerdings muss man sich beim Discofox immer die Tanzpartner suchen, was mir aber egal war, denn ich liebte es zu tanzen, je schneller, desto besser. Ich habe es auch immer als "Lungenfunktionstest" bezeichnet und war immer glücklich, wenn ich ohne Probleme tanzen konnte und selbst wenn ich etwas außer Atem war, habe ich nie darum gebeten, aufzuhören, denn meine Krankheit hatte nicht komplett über mein Leben zu bestimme, sondern ICH bestimme über mein Leben und wenn ich tanzen möchte, dann möchte ich tanzen.

Es war auch immer interessant und spannend, dass ich auf der Tanzfläche nie husten musste und es mir schlecht ging. Sobald ich allerdings von der Tanzfläche unten war, habe ich mir fast die Lunge aus dem Leib gehustet. Der Spaß und die Freude auf der Tanzfläche war es mir aber auf jeden Fall Wert.

2009 lernte ich Salsa und Bachata und auch das gefiel mir sehr gut und der Vorteil daran ist, dass man schon im Tanzkurs beigebracht bekommt, dass man immer wieder der Partner gewechselt wird, somit kann man auch ohne Tanzpartner zum Tanz gehen, ohne dass einem langweilig wird.

Seit April 2013 war ich sauerstoffpflichtig und somit war das mit dem Tanzen leider auf Eis, denn mit einem Sauerstoffschlauch in der Nase und dem mobilen Gerät ist es wirklich sehr schwer, allerdings war ich 1x in dem Club, in dem ich es gelernt habe und da forderte mich ein Mann auf und wir haben auf ein langsames Salsa-Lied getanzt und ohne Drehungen. Aber dennoch war es extrem anstrengend.

Am Tag vor meiner Transplantation war ich bei der kirchlichen Hochzeit meines Cousins Sebastian und da wagte ich ein Minitänzchen mit dem damaligen Freund und jetzigen Mann meiner großen Cousine Nadine, wobei "Tänzchen" eigentlich übertrieben ist, denn es war nur ein Tick schneller als Stehblues und es war eine Kraftanstrengung, aber ich war glücklich.

Am nächsten Tag, dem 22.10.20.17 kam DER ANRUF und es war danach keine leichte Zeit, weil sich mein Körper mehr Zeit gelassen hat, als ich es wollte und es einige Komplikationen gab.

Im Juni 2018 ging ich das erste Mal wieder Salsa tanzen und merkte, dass mein Gleichgewicht nicht mehr mit Tanzschuhen mit 10cm Absatz klar kam, also tanzte ich barfuß. Es war wunderschön, endlich wieder tanzen zu können. Ich tanzte 2018 und 2019 jeweils von Mai/Juni bis Oktober. Da ja dann die Erkältungszeit beginnt und ich unmöglich mit einer Maske tanzen wollte.

Im November brach ich mir bei meinem Minijob den Schienbeinkopf und nachdem ich im Februar 2020 aus der Reha kam, da kam ja COVID. Selbst wenn es keinen Lockdown gegeben hätte, wäre ich nicht tanzen gegangen.

Ich bin erst letzten Sommer wieder tanzen gegangen und es war wunderschön. Ich habe sowohl Discofox als auch Salsa und Bachata getanzt und da ich ja einige Jahre "weg vom Fenster" war, kannten mich viele nicht und somit kam auch nicht der Satz. "Sag, wenn es dir zu viel wird." Der kam von einem Mann, den ich seit 2009 kenne und meine Antwort war: "Thomas, diese Lunge funktioniert." Im Juni ging ich alleine zu einer Discofox Veranstaltung und niemand kannte mich, da war ich nur die Sabine, die gerne tanzt und ich habe die Geschichte niemandem erzählt. Ich forderte einen Mann auf und er konnte sehr gut tanzen und erst nach dem 3. sehr schnellen Discofox fragte er. "Noch ein Lied?" Natürlich sagte ich ja und nach dem 4. Lied waren wir beide platt und ich erst einmal dehydriert und habe mir ein Wasser bestellt. Ich liebe es, dass ich nach dem Tanzen nicht mehr husten muss und nicht platter bin, als meine Tanzpartner, sondern dass 5x tief durchatmen reicht und dann kann es weiter gehen.

Meine Tabletten sind immer dabei und um 22Uhr +/- 10 Minuten werden die Hände desinfiziert und dann nehme ich die Tabletten. Ich verstecke mich dafür nicht, ich nehme die da, wo ich gerade bin. Wenn es jemand mitbekommt, ist es mir egal, ich habe da nichts zu verbergen und ich muss mich auch nicht schämen, dass ich eine neue Lunge gebraucht habe. Ich habe eine Erbkrankheit und nicht 3 Packungen Zigaretten pro Tag geraucht.

Ich liebe mein Leben, es ist schöner, als ich es mir erhofft hatte und ich bin jeden Tag dankbar, dass die Familie meiner Spenderin in dieser schweren Zeit diese Entscheidung getroffen hat.

2.2.9 Doris G.: Radfahren, Schwimmen, Skilanglauf

Mein Name ist Doris. Ich bin 66 Jahre alt und habe vor ca. einem Jahr, genau genommen von Ostersamstag auf den Ostersonntag, eine neue Niere geschenkt bekommen. Es war das schönste Ostergeschenk für mich. Als um sechs Uhr in der Frühe das Telefon klingelte, sagte eine nette Stimme zu mir: „Wir haben eine Niere für Sie". Ich war außer mir vor Freude, packte meine Tasche und die Fahrt ins Krankenhaus konnte losgehen. Würde ich am Ostersonntagmorgen mit einer neuen Niere aufwachen und die ganzen Qualen der Dialyse wären dann vorbei?

Meine Gedanken kreisten um Jesus, der ja am Karfreitag für uns gestorben ist und am Ostersonntag wieder auferstanden ist. Wie waren wohl die letzten Tag des Spenders/der Spenderin und der Angehörigen gewesen?

Seit ich ca. 20 Jahre alt bin, wusste ich, dass ich Zystennieren habe. Diese habe ich von meinem Vater vererbt bekommen. Festgestellt wurde dies in einer Uniklinik, in der mein Vater damals zur Behandlung war.

Zu diesem Zeitpunkt hatte ich gerade das Abitur hinter mir und ein Duales Studium angefangen. Was das bedeutete, war mir zunächst unklar. Der Arzt, der mich damals untersuchte, erklärte mir, dass ich mir im Moment überhaupt keine Sorgen machen muss. Die Blutwerte und der Blutdruck waren in Ordnung.

In der 3. Klasse der Grundschule kam Marie, eine neue Schülerin, in unsere Klasse, mit der ich mich anfreundete. Wir liebten es in dem kleinen Dorf, wo wir wohnten, mit Rad, Rollschuhen und im Winter mit dem Schlitten durch die Straßen zu düsen und die Hügel hinunter zu schlittern.

Als wir beide auf weiterführende Schulen gingen (jede auf eine andere), schlug der Vater von Marie vor, ob wir nicht gerne Leichtathletik machen wollten. In unserem Dorf gab es keinen Sportverein. Er wollte uns mit dem Auto abends auch vom Sport abholen, die Hinfahrt fuhren wir mit dem Bus. Voller Begeisterung über zahlreiche verschiedene Übungsformen nahmen wir am Training teil und bald auch an Wettkämpfen des Kreises, Bezirkes und auf Landesebene.

Nach ca. 4-5 Jahren hatte Marie keine Lust mehr und ging nicht mehr ins Training. Ich machte jedoch weiter. Da wir kein Auto hatten, war für mich das Zurückkommen sehr schwierig. Es fuhr kein Bus mehr nach 19 Uhr. Bei gutem Wetter fuhr ich die fünf Kilometer (fast alles bergauf) mit dem Rad nach Hause und im Winter in der Dunkelheit ging ich zu Fuß. Manchmal kam mir meine Mutter auf halber Strecke entgegen. Zu Hause war ich dann ziemlich k.o., erst Training und dann noch der Nachhauseweg.

Als ich mit 18 Jahren den Führerschein machte und mir ein kleines Auto kaufte, war die Situation für mich wesentlich bequemer. Dreimal in der Woche ging ich ins Training. Nebenbei machte ich die Übungsleiterlizenz und trainierte bereits die jüngeren Schüler/innen, was mir sehr viel Freude bereitete. In meiner Freizeit fuhr ich Fahrrad, ging schwimmen und im Winter Langlauf und Abfahrt.

Nach dem Abitur und Beginn des Studiums wohnte ich zunächst noch zu Hause und konnte mein Training fortsetzen, sowie die Schüler/innen trainieren. Zusätzlich nahm ich an Fortbildungen teil, nicht nur in der Leichtathletik, sondern auch in Gymnastik. In dieser Zeit schwappte die Aerobic-Welle von Amerika nach Deutschland und ich war eine begeisterte Anhängerin davon. Nach wenigen Wochen gründete meine Abteilung eine Aerobic-Gruppe mit jungen Erwachsenen, in der auch ältere Personen teilnahmen. Ich hielt die Übungsstunden ab.

Nach drei Jahren war ich mit dem Studium fertig und mein neuer Arbeitsplatz war über 100 Kilometer entfernt. Einmal in der Woche fuhr ich noch zum Schülertraining nach Hause und am Wochenende war ich zu Hause, wo ich am Freitagabend weiterhin meiner „Gymnastik mit Musik-Gruppe" (vormals Aerobic) die Treue hielt. An den Abenden unter der Woche trainierte ich weiterhin Leichtathletik in der neuen Umgebung bis der Achillessehnenriss das nicht mehr zuließ.

Ich merkte schnell, dass mir das Laufen, Springen usw. fehlte. Schon während der Schulzeit war ich sehr gerne Schwimmen und so kaufte ich mir für die Sommermonate eine Dauerkarte ins Freibad und schwamm täglich meine Runden. Das Gefühl der Schwerelosigkeit im Wasser war für mich sehr schön und ich konnte auch den Ballast des Alltags ablegen.

In der neuen Stadt lernte ich einen jungen Mann kennen mit dem ich große Radtouren machte in die unterschiedlichsten Regionen in Deutschland und den angrenzenden EU-Ländern sowie Wanderungen durch die Alpen und im Winter gingen wir Skifahren und machten Langlauf. Das Training in meinem Heimatort für die Schüler/innen gab ich auf, weil ich es beruflich nicht mehr schaffte noch zusätzlich ins Training so weit zu fahren.

Wir nahmen uns eine Wohnung in der Umgebung des Arbeitsplatzes und nach vier Monaten lernte ich beim Lauftreff den Abteilungsleiter der Leichtathletik kennen. Ich trug zu diesem Zeitpunkt mein T-Shirt mit dem Aufdruck meines alten Vereins. Er fragte mich, ob ich nicht das Kindertraining übernehmen könnte, da seine Frau, die dieses bisher geleitet hat, beruflich und zeitlich es nicht mehr bewältigen konnte. Ich sagte zu.

Über 25 Jahren trainierte ich 1-2 mal die Woche die Kinder für 2 Stunden und betreute sie bei Wettkämpfen. Ein Teil der Schüler/innen konnte ich in den letzten Jahren sogar in der Leichtathletik bei Deutschen Meisterschaften, Europa- und Weltmeisterschaften erleben. Der letzte Schüler nahm letztes Jahr bei Olympia in Paris teil. Irgendwie war ich darauf stolz.

2011 beendete ich meine Trainiertätigkeit, da ich beruflich nochmals Vollzeit arbeiten wollte bzw. musste. Meine Tochter war mit der Schule fertig und studierte in einer anderen Stadt. Parallel dazu wurde meine Mutter langsam zu einem Pflegefall. Einmal in der Woche fuhr ich die 100 Kilometer nach Hause, kaufte für sie ein und unterstützte sie bei der Haus- und Gartenarbeit.

Während den Trainingseinheiten mit den Kindern schaufelte ich mir jeden 2. Tag Zeit frei für meine Bewegungseinheiten. Ich nahm an einem Gymnastikkurs der VHS einmal wöchentlich teil, machte Nordic Walking zweimal in der Woche und ging Schwimmen und am Wochenende waren mein Mann und ich mit dem Rad unterwegs, teilweise bis zu 80 Kilometer.

Die Bewegung war für mich das Abschalten von der Arbeit im Geschäft und von den Sorgen um meine Mutter. Allerdings verschlechterten sich ab 2011 auch meine Blutwerte und mir hatte der Hausarzt erstmals eine kleine Dosis Blutdrucktabletten verschrieben. Trotz Bewegung war dieser zu hoch, was bei meiner Nierenerkrankung (ich habe Zystennieren) normal ist. So um das Jahr 2012 schickte der Hausarzt mich zu einem Nephrologen, weil die Krankheit sich nun verschlimmerte, was ich aber nicht bemerkte. Ich hatte ja keine Schmerzen, mein Blutdruck war mit den Tabletten soweit in Ordnung. Nun erhöhten sich auch die Blutfettwerte. Teilweise konnte ich diese mir erklären. Durch die Vollzeitarbeit, den Haushalt und die immer zeitaufwendigere Pflege meiner Mutter, aß ich gerne auch mal Kekse, am liebsten mit Schokolade überzogen und bei Schokolade konnte ich fast nie widerstehen. In dieser Zeit musste ich „sportlich" etwas nachgeben, weil ich es zeitlich nicht mehr auf die Reihe bekam. Schweren Herzens musste ich nach einer Beinamputation meiner Mutter diese in ein Heim zur Pflege geben, weil ihr Haus nicht behindertenfreundlich war und ein Umbau war finanziell nicht zu stemmen. Ich verkaufte das Haus und besuchte meine Mutter mindestens ein- bis zweimal pro Woche im Heim nach der Arbeit (zu fahren waren es immer 90 Kilometer pro Strecke).

Trotz allem schaffte ich es zur Gymnastik, zum Nordic Walking und Schwimmen im Sommer. Im Schwimmbad war ich beim Badepersonal schon bekannt und auch mit einigen Badegästen unterhielt ich mich hin und wieder. Diese wollten immer wissen, wieviel ich denn schwimme, weil sie mich, so ihre Meinung, mindestens eine Stunde im Wasser sahen. All die Jahre im Freibad bin ich immer 2000 m geschwommen (eine Bahn Brust/eine Bahn Kraul und ab und zu, wenn der Badebetrieb es zu ließ auch Rücken). Das Wetter war mir egal. Am schönsten war es, wenn die Außentemperatur keine 20 Grad betrug, das Wasser aber 23 Grad hatte.

Im Jahr 2018 erklärte mit dann der Nephrologe, dass es Zeit wäre sich für ein Dialyseverfahren zu entscheiden bzw. ob ich in meiner Familie einen Nierenspender/in hätte. Mein Mann wollte mir keine Niere spenden, da er zur Organspende eine sonderbare Einstellung hat und meine anderen Verwandten wollte ich nicht fragen. Ich entschied mich für die Hämodialyse. Diese ermöglichte mir weiterhin das Schwimmen im Freibad, was bei der Bauchfelldialyse wohl nicht geht (was ich bis heute nicht begreife). 2018 wurde mir der Dialyseshunt gelegt, jedoch es ging noch nicht los. Es war eine Vorsichtsmaßnahme, weil man nicht genau wusste, wie schnell sich die Werte veränderten.

Im 2. Halbjahr 2019 war ich dann alle 3-4 Wochen beim Nephrologen und die Blutwerte wurden immer schlechter. Zu Weihnachten 2019 wollte er mir die Weihnachtszeit mit der Familie nicht vermiesen und ich durfte mir einen Termin für den Februar 2020 aussuchen für den Beginn der Dialyse. Ich entschied mich für den 25.2.2020. Zu diesem Zeitpunkt wurde in der Presse verstärkt von der Krankheit Corona berichtet und plötzlich hatte ich Angst um mich. Krank wegen Dialyse und dann noch Corona. Die Bilder aus Bergamo schreckten mich ab. Man musste die Kontakte einschränken, 4-5 Stunden mindestens Maske tragen während der Dialyse und das Fitness-Studio, das ich seit ca. 2015 zweimal in der Woche für Kräftigungseinheiten der Muskeln aufsuchte, musste schließen.

Außer Spazierengehen und Radfahren und das möglichst alleine, machte mich traurig und unzufrieden. Der Arzt ermunterte mich jedoch, dass ich im Sommer zum Schwimmen gehen sollte an den dialysefreien Tagen, wenn die Freibäder dann aufmachen würden. Irgendwann im Juni 2020 öffneten die Freibäder in der Stadt und man konnte sich online in einen Zeitslot einbuchen. Das Zeitportal ging um sechs Uhr in der Frühe auf. In der Zwischenzeit hatte meine passive Altersteilzeit begonnen und ich buchte mich für die Tage, an denen ich keine Dialyse hatte, auf den 1. Zeitslot von 7 bis 10 Uhr ein.

Wahrscheinlich dachten viele Leute wegen Corona, dass man sich im Freibad anstecken könnte. Ob das stimmte oder nicht, wusste ich nicht. Ich hielt die Hygienemaßnahmen, die überall veröffentlicht wurden, ein und genoss unbeschwertes Schwimmen mit sehr wenigen Leuten und erstmals abgetrennten Bahnen. Endlich konnte ich auch vermehrt Rückenschwimmen. Manchmal schwamm ich bis zu 2500 Meter und genoss die Stille und die Leichtigkeit des Wassers um mich herum. Mein Mann und ich gingen in dieser Zeit viel Spazieren und fuhren Rad.

Für den Ruhestand wollten wir aufs „Land" ziehen. Dies hatten wir auch bereits 2018 „vorbereitet", indem wir uns eine Wohnung in einem 8000 Einwohnerort gekauft hatten. Im Oktober 2020 fand nach dem Verkauf der Doppelhaushälfte der Umzug mit Masken und unter Coronabedingungen statt. Am 1. November 2020 begann der große Lockdown und ich fühlte mich in dieser neuen Umgebung total fremd, einsam und auch nicht willkommen. Durch die Medien bekam ich langsam Angst vor dieser Krankheit und als in der neuen Dialyseeinrichtung mich die Ärztin und Ärzte anschnauzten, dass ich nicht mehr mit dem Zug fahren sollte wegen Corona und der Ansteckung, war ich psychisch am Ende. Allerdings konterte ich mit der Bemerkung, dass ich es merkwürdig finde, dass der Taxifahrer und die Patienten im gleichen Auto ohne Maske fuhren. Das hatte ich nämlich morgens und mittags beobachtet. Da die Leute Angst hatten, fuhren diese ja in dieser Zeit auch nicht mit dem Zug. Ich nahm weiter den Zug mit FFP2-Maske und war meist alleine im gesamten Wagen. Ab und zu kam ein Zugbegleiter vorbei zur Fahrscheinkontrolle. Häufig waren im gesamten Zug (4 Wagen) nur 10 Personen. Ich fühlte mich hier wesentlich sicherer vor Ansteckung. Die Ärzte dachten auch nicht mehr daran mich deswegen zu isolieren, weil zwischenzeitlich die Taxipatienten einer nach dem anderen an Corona erkrankte.

In all dieser Zeit dachte ich, dass ich vielleicht doch das Richtige tue. Ich gehe spazieren, fahre Rad, bin dann zum Skilanglauf im Winter und im Sommer wieder ins Freibad und habe meine Bahnen gezogen. Der Sport bzw. die Bewegung hielt mich fit und zu Hause sorgte ich selber für meine Beweglichkeit durch Gymnastik (ich hatte ja selber Fortbildungen gemacht dazu).

Nach der 2. und 3. Coronaimpfung bekam ich Schwierigkeiten mit dem Kreislauf und dem Blutdruck. Den Blutdruck hatte ich bis Januar 22 im Griff und genau ca. 4-6 Wochen nach der Coronaimpfung schnellte dieser in die Höhe und keiner der Ärzte glaubte mir, dass es mir von Tag zu Tag schlechter ging und unternahmen auch nichts außer weitere Rezepte für Blutdruckmedikamente auszustellen, die allerdings nicht halfen. Ende Januar war der Blutdruck so hoch und plötzlich bekam ich beim Skilanglauf auch keine Luft mehr.

Da keiner der Ärzte mich für voll nahm und es mir am Freitagabend so schlecht ging, alarmierten wir das DRK und den Notarzt. Ich wurde ins Krankenhaus eingeliefert, zunächst in die Notaufnahme. Aufgrund des hohen Blutdrucks entschied man sich mich zu behalten, obwohl das wegen Corona nicht gern gesehen war.

Irgendwann am Sonntag kam dann ein Arzt und machte einen Herzultraschall. Er fand angeblich nichts Auffälliges, wollte aber, dass am Dienstag eine Herzkatheter-Untersuchung gemacht werden sollte. In der Zwischenzeit stellte er aber auch fest, dass bei mir weitere Blutdruckmittel nicht halfen. Die Herzkatheteruntersuchung am Dienstag bescherte mir dann vier Stents.

Der Herzspezialist empfahl mir Bewegung, Bewegung, gesunde Ernährung, kein Rauchen, kein Alkohol. Innerlich musste ich Lachen. Mein Leben war bisher genau von dieser Vorgehensweise gezeichnet gewesen (vielleicht bis auf die Keks- und Schokoladenzeiten, wo ich zu sehr mit der Pflege meiner Mutter konfrontiert war).

Mein Bewegungsprogamm machte ich weiter wie bisher, entweder allein (mein Mann ist einfach kein Schwimmer) oder mit meinem Mann zusammen. Leider blieb der Blutdruck so hoch und dies vor allem während der Dialyse, wo sich kein Arzt um mich kümmerte. Irgendwann kam ein Vertreter eines Arztes, der mich rund machte und mir die Gefahr für Herzinfarkt und Schlaganfall verdeutlichte und er zwang mich Lonolox zu nehmen. Dies begann ich aber nicht wie gewünscht schon mittwochs, sondern erst zum Wochenende, was ihn auf die Palme brachte. Ich musste aber dieses Medikament erst testen wie es bei mir wirkt, weil ich fuhr ja mit dem Zug zur Dialyse und musste dieses Medikament zwei Stunden vorher einnehmen.

Am Samstag tat ich so, als ob Dialysetag wäre. Um 9 Uhr hatte ich plötzlich einen Puls von 120 (üblich bei mir um die 65), mir war schlecht, jedoch ist der Blutdruck etwas gesunken von 200/100 auf 160/90. Wir fuhren Rad tagsüber und am Abend nahm ich die 2. Dosis wie angeordnet. Essen konnte ich fast nichts, mir war übel. Am Sonntagmorgen zeigte die Waage vier Kilogramm mehr und ich fühlte mich wie eine Litfaßsäule, die sich nicht mehr bewegen konnte und ich bekam keine Luft mehr. Ich nahm morgens noch die Dosis ein. Am Sonntagabend verzichtete ich auf dieses Medikament.

Am Montagmorgen war wie häufig in dieser Dialysepraxis kein Arzt anwesend. Mir ging es aber so schlecht und ich konnte kaum Atmen. Die Nacht über hatte ich mehr oder weniger durchgehustet. Die Pflegerinnen wollten einen Notarzt rufen und mich zur Notaufnahme bringen lassen, was im Vorfeld bereits zweimal erfolgt ist. Ich bin aber kein Fall für die Notaufnahme, weil der Facharzt, und in meinem Fall der Nephrologe für meinen Blutdruck zuständig ist.

Als ich nach Hause kam, weiterhin mit hohem Blutdruck, schimpfte mein Mann, dass ich endlich zum Arzt sollte. Was sollte das nun? Ich war 3-mal in der Woche in einer ärztlichen Einrichtung (es war keine LC Dialyse), doch der Facharzt war die meiste Zeit nicht da.

Trotz allem dachte ich, Bewegung hat mir immer geholfen und so ging ich nun langsam spazieren. Ich bekam aber meine Gedanken nicht mehr in den Griff und dachte nur noch daran, wenn nicht bald der Anruf vom Transplantationszentrum kommt, gebe ich auf.

Im September 2023 entschied ich mich zur Gastdialyse bei meinem früheren Nephrologen zu gehen in der Hoffnung, dass er wusste, was zu tun war. Alle freuten sich auf ein Wiedersehen mit mir und ich konnte nach langer Zeit erstmals wieder lachen.

Ich unterbreitete ihm meinen Vorschlag: ich wollte nochmals auf die Medikamente zurückgehen, wie ich seine Praxis verlassen hatte. Nach einer Woche fiel der Blutdruck aber nicht. Mein Wunsch war dann, dass er mich in ein Bluthochdruckzentrum einweist. Dieses war auch identisch mit dem Transplantationszentrum, in dem ich angemeldet war.

Vom Chefarzt über die Oberärzte und Assistenzärzte kümmerte man sich um mich und nach vier Tagen hatte man mit einem neuen Medikament meinen Blutdruck soweit im Griff, dass ich nach Hause konnte. Ich war so glücklich und auch zufrieden. Die Ärzte im Zentrum, behandelten mich nicht bzw. sehr unfreundlich. Aber mein Kommentar: Sie waren nicht da und haben mich nicht behandelt, als es mir schlecht ging. Ich hatte nämlich viele Perikardergüsse durch das Lonolox und man hat mir viel Wasser entzogen.

Warum habe ich eigentlich fast zwei Jahre diesen Zustand ertragen? Im kommenden Winter war ich viel Spazieren, Langlaufen, habe die Natur genossen und immer wieder gehofft und auch gebetet, dass bald der Anruf kommt.

Im Januar 2024 wurde ich 65 und am Tag nach dem Geburtstag rief man mich an, dass ich nun auf der „Senior-Liste" stehe. Zwischenzeitlich konnte ich den Wintersport wieder genießen und die Spaziergänge mit meinem Mann sowie eine Stunde Gymnastik in einer privaten Gruppe.

Dann kam der Ostersamstagmorgen 2024. Wir wollten unsere Tochter besuchen und waren um sechs Uhr schon fast startklar, als das Telefon klingelte.

Ich wurde dann in der Osternacht transplantiert und bereits am nächsten Tag stand gegen Mittag ein Physiotherapeut neben mir, der mir das Aufstehen zeigte und nachdem ich ihm zugesichert hatte, dass es mir gut geht, durfte ich die ersten kleinen Gymnastikübungen mit Füßen, Beinen und Armen machen. Am nächsten Tag kam ich auf die Normalstation und ich durfte, nachdem die Therapeutin eine gewisse Zeit mich beobachtet hat, alleine im Flur gehen und auch Treppensteigen im Treppenhaus. Nach drei Tagen bin ich im Freien die ersten 1000 Meter spazieren gegangen und täglich habe ich dann das 3-4 mal gemacht, natürlich habe ich nach 1000 Meter immer wieder im Bett sitzend eine Pause eingelegt.

Nach 6 Tagen meinte der Arzt, dass ich fit für zu Hause bin. Er fragte mich, ob ich im Vorfeld auch etwas Sport gemacht habe.

Ja, der Sport und die jahrelange Bewegung haben sicherlich dazu beigetragen, dass ich nach der OP ziemlich schnell fit war. Die Heilung der Wunde verlief problemlos.

Ca. drei Monate nach der OP, war ich für drei Wochen in der Anschluss-Reha, wo ich weitere Tipps für Bewegung und Ernährung erhalten habe. im Mai 24 bin ich wieder Rad gefahren bis in den November, durchschnittlich 50 Kilometer mit dem E-Bike (die

Gegend, wo ich wohne, ist sehr hügelig). Obwohl laut Richtlinien erst wohl nach sechs Monaten Schwimmen erlaubt ist, erhielt ich von ärztlicher Seite unter bestimmten Bedingungen ab August 24 die Zusage für das Schwimmen im Freibad. Ich war überglücklich. Zunächst startete ich mit 300 Meter und fühlte mich danach gut. Am übernächsten Tag waren es schon 500 Meter. Es ging mir gut wie vor der OP. Heimlich probierte ich die 1000 Meter aus (20 Längen). Ich brauchte zwar etwas länger als früher, aber ich schaffte es. Bis Ende August war ich dann bei 1500 Meter und diese genoss ich bis zur Schließung des Freibades jeden Tag. Als ich im Spätherbst mein Rad zur Inspektion brauchte, meinte der Fahrradhändler: Sie sind dieses Jahr aber viele Kilometer gefahren. Ich hatte den Tacho gar nicht so beobachtet, der den Gesamtkilometerstand angezeigt hat. Tatsächlich waren es fast 1900 Kilometer gewesen. Auch Strecken um die 50 Kilometer pro Tag oder mal etwas mehr, ergeben irgendwann eine entsprechende Gesamtkilometerzahl.

Allerdings gab es dann im Januar 25 einen kleinen Zwischenfall. Beim Skilanglauf und kaltem östlichen Wind erlitt ich einen Angina-Pectoris-Anfall. Der Kardiologe schickte mich zum Herzkatheter und leider erhielt ich nun den 5. Stent. Angeblich soll man bei kaltem Wetter und Herzerkrankungen nicht unbedingt sich körperlich anstrengen. Dies hatte mir bis zu diesem Zeitpunkt keiner gesagt. Bewegung war für mein Leben wichtig, vor allem für die Psyche der letzten Jahre.

Bei der Kontrolluntersuchung Ende März 25 war soweit alles ok mit der Transplantatniere. Durch die Immunsuppressiva steigen bei mir die Blutfettwerte trotz Bewegung und gesunder Ernährung. Wäre ich nicht nierentransplantiert, wär der Wert in Ordnung. So muss ich halt aus diesem Grund Medikamente nehmen gegen Blutfettwerte und eine absolut kleine Dosis Blutdruckmedikamente. Der Professor tröstete mich und meinte, dass es bezüglich Blutfettwerte wesentlich schlimmere Fälle gibt als meiner. Kaum ein Nierentransplantierter hat einen LDL-Wert von 70 und darunter ohne Medikamente. Allerdings vertrage ich die Statine nicht und darf nun eine kleine Pause einlegen und dann wird mit einer anderen Therapieform begonnen. Ich hoffe, dass ich die neuen Medikamente besser vertrage und die Blutfettwerte keine Probleme mehr für mich sind.

Nun freue ich mich auf den Frühling und Sommer. Ich bin gerne draußen und so steht Nordic Walking auf dem Programm, Rad fahren und das Freibad öffnet am 9. Mai 25. Dieses Jahr werde ich mir eine Dauerkarte kaufen und morgens meine Bahnen ziehen. In dem kleinen Fitness-Studio nebenan werde ich versuchen gegen Abend 2 x pro Woche für die Kräftigung meiner Muskulatur entsprechende Übungen zu machen.

Ich hoffe, dass es mir weiterhin so gut geht und die Spenderniere mich für den Rest meines Lebens begleitet. Es gibt natürlich auch Momente in meinem Leben, wo es mir schwerfällt mich selbst zu motivieren, z.B. alleine Rad zu fahren oder zum Nordic Walking zu gehen. Mein größter Wunsch ist es immer noch eine Gruppe zu finden für „Gymnastik mit Musik" bzw. eine Tanzgruppe. Es ist eben auf dem Land nicht so einfach, so etwas zu finden. Viele Kilometer dafür zu fahren, fällt mir schwer. Die frühere Gruppe gibt es so nicht mehr.

Allen Menschen möchte ich aber sagen, dass es sich lohnt in Bewegung zu bleiben. Krankheiten lassen sich oft vermeiden bzw. hinaus zögern und ist man tatsächlich krank geworden, hilft Sport/Bewegung danach im Leben weiter und bringt Lebensfreude zurück.

Mein Motto lautet: „**Bewegung ist Leben und Lebensfreude**".

2.2.10 Siegfried Meschnig: Fußball, Badminton, Tischtennis

Ich habe gerade gelernt zu stehen. Um mich befindet sich stets dieses eine Runde Ding. Ich trage es mit voller Euphorie stolz in meinen Händen und lächle alle rund um meine Person an, mein Vater aber versucht mir geduldig begreiflich zu machen, dass es sich um einen Fußball handelt, und dabei die Hände außen vorgelassen werden sollten. Es sollte ihm sehr schnell gelingen, mir das Grundprinzip dieses schönen Sports beizubringen… Fußball. Ich liebe es einfach. Und ich gebe jeden Tag mein Bestes, um irgendwann in einer der besten Ligen zu spielen.

Wenn mal kein Fußballtraining am Programm steht, warte ich, bis mein Papa von der Arbeit nach Hause kommt, dann gehen wir auf die gegenüberliegende Wiese, stellen uns als Torstangen zwei Skistecken auf, und wechseln uns gegenseitig als Tormann ab. Wobei mein Papa, mein größtes Vorbild, meistens zwischen den „Pfosten" steht, ich will ja schließlich Stürmer werden, ich will so viele Tore schießen wie niemand anderer sonst. Und wenn mein Papa keine Zeit hat, dann spiele ich mit meinem Nachbarn. Welcher jugendliche verfolgt nicht diesen Traum, den Traum irgendwann mal ein Fußballprofi zu werden?

In der Nachbargemeinde gibt es diesen einen unglaublichen, riesigen Sportverein, WIR sind gerade in die höchste österreichische Bundesliga aufgestiegen. Mit fünf Jahren darf ich das erste Mal bei diesem Club bei der U5 trainieren. Und ich bin mir ganz sicher, mich wird und kann niemand stoppen…

Winter 1997/98

Ich habe mich mittlerweile im Verein etabliert. Ich spiele nun bereits seit über vier Jahren als Stürmer bei meiner Lieblingsmannschaft. Es macht mir unendlichen Spaß, in diesem Club Fußball spielen zu dürfen. Schwarz Grün sind meine Lieblingsfarben. SV Ried 1912. Wir trainieren in der Woche drei Mal, und jedes Wochenende haben wir ein Spiel. Heute hatten wir ein ziemlich anstrengendes Training. Na gut, es soll ja irgendwann mal auch ein Fortschritt zu sehen sein, wir haben selbsterklärend auch die Trainer, die es benötigt, um uns auf genau dieses Level zu hieven, um irgendwann die Lorbeeren ernten zu können. Die kommenden Tage wird es sicherlich wieder besser laufen.

Es sind nun 3 Wochen vergangen, und mein Wohlfühlsein beim Sport bringt mich zum Nachdenken. Ich merke, dass ich schnell außer Atem bin, obwohl kein Unterschied zu den vorherigen Wochen im Training stattgefunden hat. Womöglich muss ich einfach mehr laufen, um meine vorwinterliche Form wieder zu erhalten. Außerdem lebe ich meinen Traum, eines Tages für die SV Ried spielen zu dürfen.

April 1998

Die Frühjahrsmonate haben begonnen, und mein Körper verhält sich seltsam. Ich mache bei den Trainingseinheiten kurze Sprintübungen, um festzustellen, ob ich mich konditionell wieder verbessert habe. Jedoch nehme ich genau das Gegenteil wahr. Ich wollte bereits des Öfteren mit meinem Vater über meine Beschwerden sprechen, jedoch hatte ich das Gefühl, dass er mir keinen Glauben schenkte. Er machte mir sehr deutlich klar indem er sagte "wenn du keine Lust mehr hast Fußball zu spielen, dann sag es doch und weine nicht herum!" Als Neunjährigem fällt es einem natürlich schwer, sich so auszudrücken, dass auch die Eltern verstehen, wie es in einem vorgeht.

Nachdem ich jedoch nicht locker lies, haben meine Eltern sich dazu entschlossen, einen Allergietest im Krankenhaus zu machen -> Positiv auf alle Arten von Milben, Tiere und einer Gräser-Allergie. Für mich war klar, das läutet den Wendepunkt meiner kleinen sportlichen Talfahrt ein. Wir entfernten sämtliche Teppiche im Haus, kauften neue Bettutensilien usw., es ändert sich sicherlich bald alles wieder zum Guten, ich stehe gewiss sehr bald wieder am Platz.… Im September 1998, als die Schule wiederbegann, haben wir im Turnunterricht zum Aufwärmen fünf Runden laufen müssen. Mit aller letzter Kraft konnte ich diese Runden völlig ausgepowert fertiglaufen. Mit den Händen an den Knien vor lauter Erschöpfung nach Luft ringend, sah ich plötzlich Sterne vor mir.

Als ich wieder zu mir kam, merkte ich, dass ich am Boden lag. Sofort standen alle Mitschüler um mich herum, um mir aufzuhelfen. Die Lehrerin setzte mich auf die Bank, damit ich mich ausruhen konnte. Nach diesem Zwischenfall wurden meine Eltern umgehend von der Schule informiert, sodass wir am selben Tag einen Termin mit dem Krankenhaus vereinbarten. Die ersten Zweifel kamen hoch, dass die sämtlich festgestellten Allergien nicht der ganzen Wahrheit entsprochen haben könnten…

Oktober 1998

Die Ärzte im Rieder Krankenhaus untersuchten mich nur „oberflächlich", da sie sehr schnell bemerkten, dass in meinem Brustkorb sich seltsame Dinge abspielten. Die Überstellung ins Linzer AKH dauerte nicht lange. Ich lag auf einem Krankenbett, vor mir ein kleiner Fernseher, wo ich mich mit einem Disneyfilm ablenkte, auf meiner Brust dieses kalte, zähflüssige Gel, mit dem der Arzt mich untersuchte. Der Ultraschall dauerte mehr als zwei Stunden. Gleichzeitig dachte ich an meine Lieblingsbeschäftigung…. FußBALL.

Die Ärzte konnten nicht genau sagen, was sich in meinem Oberkörper abspielte. Ein Herzkatheter sollte daher die genaue Diagnose bestimmen. Auf diesen musste ich jedoch bis Ende November warten, ein früherer Termin war nicht möglich. Meine Mutter versuchte, nachdem sich während dieser Wartezeit meine körperlichen Beschwerden drastisch verschlechterten, einen früheren Termin zu erhalten. Mit der Rückmeldung „sofern ihr Sohn todkrank ist, dann ja" wurde der vorhergesehene Termin belassen. Am besagten Tag ging es mit mir zum Herzkatheter. Nach einer Weile musste dieser abgebrochen werden, da ich ansonsten den Eingriff nicht überlebt hätte. Mir ging es zu diesem Zeitpunkt bereits so schlecht, dass ich nur mehr mit Sauerstoff leben konnte. Und an Sport war überhaupt kein Gedanke mehr verschwendet worden.

Bei diesem Eingriff - eine Kamera wird mit Hilfe eines dünnen Kunststoffschlauches über die Leiste zum Herzen geführt, konnte jedoch festgestellt werden, dass ich Lungenhochdruck habe, primäre pulmonale Hypertonie. Die einzige Überlebenschance, die meinen Eltern übermittelt wurde, hieß – Transplantation – Austausch von Herz und Lunge!

Unendlich viele Fragen, sämtliche nicht zu Beantwortende, jedoch alles nicht meine Gedanken, sondern jene meiner Eltern. Was ist schiefgelaufen? Warum unser Sohn? Was bedeutet neues Herz/neue Lunge? Warum nicht schon früher? Warum haben wir unseren Sohn nicht ernst genommen, als er sagte, dass er keine Luft mehr beim Fußball bekomme.

Am 17.01.1999 wurde ich nach München ins Uniklinikum Großhadern gebracht, um für vier Tage diverse Testungen durchzuführen. Blutabnahme, Röntgen, Lungenfunktion, Herzecho, Inhalationen, … All dies und noch mehr ist geplant für die kommenden Tage. Erst in dieser Woche habe dann auch ich erfahren, dass mir diese schwere Operation bevorstehen wird. Nur was bedeutet es, dass man neue Organe bekommt? Mir wurde von allen Beteiligten erklärt, dass viele Medikamente meinen Alltag begleiten werden, dass ich einen Mundschutz in öffentlichen Bereichen tragen muss, dass ich vieles nicht Essen darf, dass viele ärztliche Kontrollen folgen. Und, dass die Wartezeit für Herz und Lunge im Durchschnitt 2 Jahre dauert! Eine Wartezeit, die ich niemals überleben werde.

Gleichzeitig wurde ich auf die Warteliste für Organtransplantationen, welche in Leiden/Niederlande geführt wird, aufgenommen. Ich habe erfahren, dass ich auf der Warteliste auf Position 1 gesetzt war. Ich war schon immer gerne die Nummer 1… Nach den diversen Testungen wurde festgestellt, dass es mir bereits viel schlechter ging als die Ärzte angenommen hatten. Aus diesem Grund hatte sich das Münchner Ärzteteam dazu entschieden, mich noch länger im Krankenhaus behalten zu wollen.

Am 24.01., es war ein Samstag, bekam ich Besuch von meiner ganzen Familie. Es war ein Tag, an dem es mir, je länger der Tag dauerte, immer schlechter und schlechter ging. Meine Familie beschloss, sich etwas früher auf den Heimweg zu machen, meine Erschöpfungslevel war an diesem Tag einfach zu groß um etwas gemeinsames machen zu können. Auch sitzend war mir die Anstrengung ins Gesicht geschrieben, als meine Mama und ich das Abendessen zu uns nahmen. Als ich den letzten Bissen hinuntergezwungen hatte, wurde die Tür zu meinem Zimmer von der Chefärztinaufgerissen, sie trat mit Schwung an uns heran und mit der schönsten Botschaft, die ich bis heute erfahren durfte: Die Organe sind da! Meine Mutter und ich fielen uns in die Arme, die Freude drückte meiner Mutter Tränen in die Augen.

Die Vorbereitungen für die Transplantation, welche mit Aufklärungen begannen, bei denen mir unter anderem vermittelt wurde, dass eine Herz- und Lungentransplantation zwischen 5 und 24 Stunden dauert, wurden schnellstmöglich erledigt, wobei der zur Magenentleerung vorbereitete Einlauf aus meiner Sicht mir erspart bleiben hätte können. Zur Prime Time lief Wetten, Dass…? Eine tolle Sendung.

Ich konnte diese jedoch nur bis 20:45 Uhr ansehen, da ich anschließend in den OP Saal gebracht wurde. Um ehrlich zu sein, ich habe die Show geliebt. An diesem Tag war die Vorfreude fokussiert auf schönere Dinge, wie zum Beispiel, ich werde schon bald keinen Sauerstoff mehr mit mir tragen UND, ich stehe bald wieder auf dem Fußballplatz. Anschließend wurde ich in den Operationssaal gebracht und das Narkosemittel versetzte mich in einen tiefen Schlaf… Ich bekomme mit, wie mir Irgendetwas aus meinem Mund gezogen wird. Ein extrem ekliges Gefühl. Im Nachhinein habe ich erfahren, dass es der Beatmungsschlauch war, der nach der OP entfernt wurde.

Mein neues Herz schlägt nach dem fünfstündigen Eingriff mit 25 Schlägen pro Minute. Meine Mama saß neben mir und ich nahm im Unterbewusstsein war, dass sie mir das Einatmen sowie Ausatmen vorsagte. Die Krankenhaus-Lehrerin, welche mich 1x pro Woche besuchte, löste meine Mutter für einige Minuten ab, wo ich auch im Unterbewusstsein mitbekam, dass sie nicht das zärtliche Tempo meiner Mutter verfolgte, sondern, so war es Ihre Art, den Rhythmus antrieb. Mit plötzlich 26 Schlägen pro Minute, einem heute noch gefühlten Stress, ging der Puls um einen Schlag in die Höhe. Ich war froh, als meine Mutter das Kommando wieder übernommen hatte.

Ich erwachte 24h nach der Transplantation aus dem Tiefschlaf. Ich habe in meinem ganzen Leben noch nie einen so emotionalen Moment wie diesen erleben dürfen. Dieses Gefühl werde ich bis heute nicht los, und ich hoffe, dass ich diesen Moment nie wieder vergessen werde. Es fühlt sich an, wie wenn man frisch gewaschen Luft nach einem Sommergewitter ganz tief einatmet. Die Luft in meinen Lungenflügen breitet sich bis auf den allerletzten Winkel aus.

Mir wird von der Intensivstationsärztin der Beatmungsschlauch für eine Weile entfernt. Ich hole ganz tief Luft – ich kann unbeschwert Atmen. Am dritten Tag nach der Transplantation mache ich die ersten Schritte mit meinen neuen Organen. Zwanzig Meter ging ich am Flur entlang. Zwanzig Meter, welche nur gestützt und mit vollster Anstrengung machbar waren. Es war mir zu diesem Zeitpunkt klar, dass es ein langer Weg zurück auf die sportliche Bühne werden wird. Jedoch beginne ich wieder zu träumen. Zum ersten Mal kam mir ein unglaublicher Wunschgedanke, der sich tatsächlich viele Jahre später realisieren sollte. Wie fantastisch wäre es, wenn es für transplantierte Menschen Weltmeisterschaften geben würde? Ich traute mich diese Vision jedoch mit niemanden zu teilen, da ich mich in diesem Alter für diesen Gedanken schämte und Angst hatte, dass mich meine Familie und Freunde dafür auslachen würden.

Nach sieben Wochen Krankenhausaufenthalt durfte ich bereits wieder nach Hause. Da es mir zu diesem Zeitpunkt schon so gut ging, hatten die Klinikums Ärzte beschlossen, mich nicht auf Reha, sondern in meine Heimat zu verabschieden. Und langsam begann ich wieder mit dem Fußballspielen, natürlich mit meinem Papa auf der gegenüberliegenden Wiese. Selbstverständlich gibt es Tage, wo es mir gesundheitlich nicht so gut geht. In den ersten sechs Jahren musste ich mindestens 1x im Jahr stationär aufgenommen werden, da ich mir etwas eingefangen hatte. Glücklicherweise hielten sich die München-Besuche im Rahmen, einen Besuch der Lehrerin sowie das Essen waren einen langen Aufenthalt nicht wert.

6 Monate nach der Transplantation begann ich wieder mit dem Fußballspielen, jedoch nicht mehr bei meinem Lieblingsverein, sondern in meinem Heimatort. Ich konnte nach wenigen Tagen wieder derart mitspielen, dass ich es in kurzer Zeit in die Stammelf schaffte. Als die Jahre vergingen, merkte ich jedoch, dass ich aufgrund der Lungentransplantation konditionell nicht mehr mithalten konnte. So kam es, dass ich mich mit meinen engsten Freunden auf Beachvolleyball konzentrierte. Dies begleitet mich bis zum heutigen Tag. Doch es war immer noch der eine große Wunsch in meinem Kopf, der sich bislang nicht erfüllt hatte.

2012

Ich bin auf der Suche nach einer Statistik in Österreich, ob es denn andere Herz- und Lungentransplantierte gebe. Zu meiner großen Überraschung finde ich eine ganz andere Website. Offenbar gibt es einen österreichischen Transplantierten-Verband. Ich klicke auf die Seite, und plötzlich steigt in mir ein Gefühl auf, welches ich seit vielen Jahren nicht mehr erlebt hatte. Ich wusste anfangs nicht, ob ich mich ärgern soll oder ob die Vorfreude doch überwiegen darf.

Ich las 14. European Transplant Games in Apeldoorn/Niederlande. Hier dürfen alle Transplantierten, welche ein neues Herz, neue Lunge oder eine kombinierte Transplantation hatten, teilnehmen. Was zum Teufel habe ich alles verpasst? Wie unmöglich kann es sein, dass ich noch nie etwas davon mitbekommen habe, dass es Transplantierte Menschen gibt, die gegeneinander konkurrieren? Ich muss bei diesen Spielen teilnehmen! Und eines ist sicher, und ich bin mir ganz sicher, mich wird und kann niemand stoppen.

Ich konnte jedoch bei diesen Meisterschaften nicht teilnehmen, da diese eine Woche später bereits stattgefunden haben. Die Anmeldefrist war längst abgelaufen. Jedoch konnte ich mich bei einer anderen, größeren Europameisterschaft, wo alle Personen mitmachen dürfen, die eine neue Niere, Leber, Bauchspeicheldrüse, Herz und Lunge erhalten haben, nachmelden. Bereits bei meiner ersten Teilnahme, die EM fand im kroatischen Zagreb statt, konnte ich im Badminton, Tischtennis Einzel und Mixed 3 Medaillen für Österreich ergattern.

Diese Glückgefühle, endlich dort angelangt zu sein, wovon ich jahrelang geträumt hatte, war nicht in Worten zu fassen. Dies war der Startschuss einer hochmotivierenden Sportkarriere. Die Europa- sowie Weltmeisterschaft findet jährlich im abwechselnden Rhythmus statt. Bereits ein Jahr später nahm ich bei meiner ersten Weltmeisterschaft teil. Die Reise ging nach Durban/Südafrika, wo ich im Tischtennis Einzel sowie Mixed jeweils die Bronzemedaille gewinnen konnte. Meine ersten Medaillen bei Weltmeisterschaften! Ich konnte mein Glück nicht in Worte fassen, ich bin an meinem Ziel aller Träume angelangt. Fast…

Bei den europäischen Spielen in Krakau/Polen 2014 wurde ich zum ersten Mal Europameister im Beachvolleyball. Gemeinsam mit meinem Partner konnten wir alle unsere Spiele in souveräner Manier gewinnen, und sicherten uns die überhaupt erste Medaille eines österreichischen Teams in dieser Sportart.

Aufgrund meiner Sprungkraft wurde ich von einem deutschen Sportler angesprochen, ich müsste doch unbedingt im Hochsprung teilnehmen, bei dieser Sprungkraft würde ich den Bewerb so richtig rocken. Diese Aussage ist 10 Jahre her, Nun ja, was soll ich sagen, er sollte recht behalten… Nachdem ich einen Sportathleten kennen lernte, der Zehnkampf ausübte, habe ich über die Jahre hinweg einen Trainer, der gemeinsam mit mir Hochsprung trainierte. 2017 nahm ich bei der Weltmeisterschaft in Malaga in meiner neuen Disziplin Hochsprung teil. Ich durfte mich zum ersten und bislang auch letzten Mal als Weltmeister bezeichnen. Ich bin am Ziel meiner Träume angelangt!

Jedoch durfte ich in den Genuss von weiteren Medaillen kommen. Im Tischtennis Doppel und Bowling konnte ich jeweils die Silbermedaille gewinnen. Viele hochemotionales Gefühle, welche ich tief in meinem Herzen behalten werde.

Nach 10 Jahren Transplantierten-Sport sowie 25 Jahren mit einem neuen Herz und einer neuen Lunge darf ich auf eine sehr erfreuliche Medaillenbilanz von 40x Edelmetall zurückblicken. Und ich bin mir ganz sicher, mich wird und kann niemand stoppen denn ich habe noch lange nicht genug.

Ich möchte andere Leute motivieren. Viele wissen vielleicht gar nicht, dass man mit einer positiven Einstellung auch als Transplantierter normal leben und sportliche Ziele erreichen kann.

2.2.11 Gerhard Fürstler: 779 Stufen hinauf auf den Donauturm

Mein Weg zurück ins Leben – Dank an alle, die mich begleitet haben

„Dein Zustand ist weiterhin sehr kritisch, und sie kämpfen von Stunde zu Stunde. Sie haben ein paar Mal versucht, Dich langsam aus dem Tiefschlaf zu holen, aber Du hast jedes Mal Panik bekommen."

Mit diesen Worten eröffneten meine beiden Töchter das „Intensivtagebuch", das sie gemeinsam anlegten. Am Mittwoch, dem 30. Jänner 2019, notierten sie weiter: „Wir wurden am Vormittag informiert, dass Du um 04:15 Uhr früh intubiert wurdest, weil Deine Werte so schlecht waren und Du beim Versuch zu atmen, jedes Mal Panikattacken hattest!"

Damit begann für mich ein Leidensweg, der kaum zu ertragen war. Ich wurde mitten aus meiner für mich so wichtigen Lehrtätigkeit herausgerissen und mit einer schweren Lungenentzündung auf die Pulmologie des Wilhelminenspitals eingeliefert. Während die Ärzt*innen die Lungenentzündung relativ schnell in den Griff bekamen, traten „nicht mehr beherrschbare" Panikattacken auf. Infolgedessen wurde ich auf die toxikologische Intensivstation verlegt und dort aufgrund einer respiratorischen Globalinsuffizienz sofort intubiert. Zuvor hatte man bei mir noch eine Infektexazerbation diagnostiziert – das bekam ich noch mit, aber an die Panikattacken habe ich keinerlei Erinnerung. Insgesamt lag ich acht Wochen im künstlichen Tiefschlaf, wurde schließlich tracheotomiert und erst Ende März 2019 aus dem Tiefschlaf geholt. Danach konnte ich praktisch nichts mehr: nicht atmen, nicht husten, nicht schlucken, nicht gehen – gar nichts. Aber ich hatte überlebt.

Es folgten fast drei Monate Behandlung auf der Respiratory-Monitoring-Unit (RMU) des Otto-Wagner-Spitals, wo ich das selbstständige Atmen, Husten, Schlucken und Gehen mühsam neu erlernen musste. Ich war auf eine Sauerstofftherapie und – aufgrund der diagnostizierten Hyperkapnie – auch auf Heimbeatmung angewiesen. Nach etwa einem halben Jahr wurde ich nach Hause entlassen. Betreuungskräfte und meine Familie halfen mir, eine neue Tagesstruktur aufzubauen. Vor allem aber halfen sie mir, diesen eigentlich furchtbaren Zustand zu akzeptieren, zu ertragen und letztlich zu verarbeiten.

Eine Rückkehr in die Schule war unmöglich, ich wurde pensioniert, hatte keinerlei Perspektiven und auch kein Ziel mehr. Doch an den Tod habe ich nie – auch nicht ein einziges Mal – gedacht, obwohl ich nur äußerst knapp daran vorbeigeschrammt war.

Im Herbst 2019 wurde ich zur Reha nach Hochegg geschickt. Dort wurde mir schnell klargemacht, dass eine Rehabilitation so lange nicht möglich sei, solange die Tracheotomie offen war. Diese war bereits im März 2019 gesetzt worden – aber erst neun Monate später, im Dezember 2019, wurde sie chirurgisch geschlossen. Diese Zeit war wohl die schwierigste Phase meiner Erkrankung. Ich konnte kaum damit umgehen, so stark auf fremde Hilfe angewiesen zu sein und meine Stimme zu verlieren. Der Grund dafür war übermäßiges Sekret in der Lunge.

Im April 2020 war ich zum dritten Mal in Hochegg. Dort redete die Oberärztin, Frau Dr. Domnanovits, bei einer Visite zum ersten Mal Tacheles mit mir: „Herr Dr. Fürstler, Sie haben nur mehr eine einzige Chance, und das ist eine Lungentransplantation, denn Ihre Lunge ist völlig kaputt!" Auf meine Frage, ob es eine Alternative gebe, kam nur ein knappes: „Es gibt keinen Plan B. Wir werden einen Termin an der LuTX-Ambulanz im Universitätsklinikum AKH Wien für Sie vereinbaren – und ich traue Ihnen eine Lungentransplantation zu!" Diese klaren Worte haben mir letztlich das Leben gerettet.

Am 20. Mai 2020 begab ich mich – Gott sei Dank bereits als Nichtraucher – erstmals in die Transplantationsambulanz des Universitätsklinikums AKH Wien. Dort wurde mir mitgeteilt, dass ich grundsätzlich als Kandidat für eine Lungentransplantation geeignet sei. Damit eröffnete sich mir erstmals wieder eine Perspektive und ein Ziel, auf das ich hinarbeiten konnte. Mein Lungenfacharzt erhielt den Auftrag der LuTX-Ambulanz, mich bis zur Transplantation „konservativ gut zu führen", und bereitete mich perfekt darauf vor.

Bis Mitte August 2020 mussten sämtliche Voruntersuchungen abgeschlossen und die Befunde der Ambulanz vorgelegt werden. Ich kann gar nicht sagen, wie viel Angst ich in dieser Zeit hatte – denn mir war klar, dass jede gröbere Zusatzerkrankung das Aus für die Lungentransplantation hätte bedeuten können. Doch am 25. August 2020 wurde im AKH entschieden, dass ich auf die Warteliste gesetzt werde – und das sogar „dringlich".

Am 17. Oktober 2020 war es dann so weit: Die geplante Doppel-Lungentransplantation im Universitätsklinikum AKH Wien wurde durchgeführt. Den Anruf aus dem AKH – „Herr Dr. Fürstler, wir haben eine neue Lunge für Sie! In 30 Minuten holt Sie die Rettung ab!" – werde ich niemals vergessen. Diesen Anruf zu erleben, das war ein unbeschreiblicher Moment!

Zwei Stunden später lag ich im OP, sechs Stunden später hatte Univ.-Prof. Dr. Konrad Hötzenecker mit seinem Team die neue Lunge transplantiert. Am nächsten Tag wachte ich auf der Intensivstation auf – ein unbeschreiblich schöner Moment. Meinem Spender werde ich lebenslang dankbar sein! Mit diesem Tag begann buchstäblich ein neues Leben für mich. Ich habe höchsten Respekt vor der kaum zu ermessenden Leistung und Verantwortung des gesamten Transplantationsteams im Universitätsklinikum AKH Wien. Besonders dankbar bin ich auch für den stets patient*innenorientierten und überaus freundlichen Umgang, den ich dort erleben durfte.

Von Anfang an war mir klar, dass ich meinen Beitrag zur Rehabilitation leisten musste: Kraft und Muskeln aufbauen, trainieren, mich mit den neuen Medikamenten vertraut machen, diese diszipliniert einnehmen, Termine einhalten, Infektionen so gut wie möglich vermeiden und eine Tagesstruktur aufbauen. Dieser Herausforderung habe ich mich gestellt.

2021 stellte ich mir die Frage: Was nun? Ich hatte Luft, meine körperliche Verfassung war wunderbar, ich schwamm, trainierte und betrieb Sport – aber was kam als Nächstes? Schließlich entschied ich mich für ein weiteres Studium an der Universität Wien. Ich begann ein Geschichtsstudium, baute kommunikative Beziehungen zu Mitstudierenden auf und schloss die Studieneingangsphase erfolgreich ab. Latein nachzuholen war eine große Herausforderung, aber ich meisterte auch diese. Nun, im Juni 2025, stehe ich kurz vor dem Abschluss meines Bachelorstudiums in Geschichte und werde im Wintersemester 2025/26 das Masterstudium aufnehmen.

Ich habe heute vielen Menschen und Einrichtungen zu danken: Meinen beiden Töchtern Ursula und Signe Fürstler, die mich mit so viel Liebe und Hingabe begleitet haben, sowie allen Ärzten*innen, Pflegekräften*innen und Therapeuten*innen des Otto-Wagner-Spitals, des Rehabilitationszentrums Hochegg und des Universitätsklinikums AKH Wien, die mir geholfen haben, wieder ins Leben zurückzufinden.

Mein Dank gilt aber auch all jenen, die mich zu Hause betreut, gepflegt und unterstützt haben. Sie haben mir Mut zugesprochen, mich getröstet, wenn Rückschläge zu verkraften waren, und nie das Interesse an mir verloren. Ihnen allen verdanke ich es, dass ich diesen Weg gehen konnte – Danke!

Ich bin nun seit fast fünf Jahren doppellungentransplantiert, und es geht mir eigentlich recht gut – abgesehen davon, dass einmal mein Blutwert Kreatinin erhöht war oder die Lungenfunktion geringfügig schwankt. Doch was sich nie ändert, ist der freundliche, stets an den Patienten*innen orientierte und so menschliche Umgang in der Blutabnahmeambulanz der Leitstelle 7B der Thoraxchirurgie an der Universitätsklinik AKH Wien.

Manchmal fühlt es sich fast wie ein Nachhausekommen an, wenn ich die Blutabnahmeambulanz auf 7B betrete. Durch die jahrelange Betreuung kennt man sich bestens. und es wird einem bewusst, dass ohne die wertvolle Arbeit der zahlreichen Berufsgruppen der Gesundheits- und Krankenpflege – auch im AKH – kaum etwas nahtlos ablaufen könnte oder würde. Meinem Empfinden in meinen besonderen Fall gilt meine Dankbarkait insbesondere den diplomierten Pflegepersonen sowie die Pflege(fach)assistentinnen der Leitstelle 7B. In der Blutabnahmeambulanz auf 7B wird Tag für Tag Großartiges - Menschliches - Übermenschliches geleistet. Denn hier wird nicht nur Blut abgenommen – was für sich genommen schon eine wichtige Aufgabe ist –, sondern das Team fängt die Patientinnen auch psychisch auf Augenhöhe auf, insbesondere wenn die Dinge nicht so laufen, wie man sie sich wünscht und oder erhofft. Sie führen Gespräche, spenden Trost und zeigen mit oft nur einer kleinen Geste eine persönliche Zuwendung, die unglaublich guttut und Kraft gibt. Dabei bleibt meist nur ein kurzer Moment, denn der/die nächste Patientin wartet bereits an der Tür.

(M)ein besonderer Dank gebührt hier stellvertretend für das gesamte Team Schwester Agnes, die sich mit ihrer fast mütterlichen, aber stets hochprofessionellen Art den herztransplantierten Patient*innen widmet, sowie Schwester Emmy, die sich mit derselben Hingabe und Expertise um uns Lungentransplantierte kümmert. Dass ihnen diese außergewöhnliche Betreuung möglich ist, liegt zweifellos nicht nur an ihrer hohen fachlichen Kompetenz, sondern auch in ihrer personellen und emotionalen Kompetenz - Herzensaufgabe

Im Namen vieler – oft schwer kranker – Patientinnen, die auf 7B ein- und ausgehen und sicherlich aufgrund ihrer Krankengeschichte nicht immer positiv und gut gelaunt gestimmt sind, möchte ich hiermit den beiden, aber auch dem gesamten Team auf 7B, meinen tiefsten Dank aussprechen. In diesen Dank eingeschlossen sind selbstverständlich auch alle weiteren dort tätigen diplomierten Pflegepersonen sowie die Pflege(fach)assistenten*innen, die gemeinsam mit unermüdlichem Engagement eine herausragende Arbeit leisten.

Abschließend möchte ich Schwester Emmy ganz persönlich für die Betreuung danken, den vier Direktionen des AKH Wien möchte ich herzlich zu diesem außergewöhnlichen Team gratulieren – sie gehören zur größten Berufsgruppe des Hauses und leisten täglich Großartiges. Mein Dank gilt selbstverständlich auch meinen Ärzt*innen. Doch in der Blutabnahmeambulanz der Leitstelle 7B liegt viel Verantwortung, daher gebührt ihnen hier meine besondere Anerkennung.

Dr. Gerhard Fürstler

Doppellungentransplantiert am 17.10.2020 an der Universitätsklinik AKH Wien

Ich bereite mich derzeit mit größter Sorgfalt auf eine besondere Herausforderung vor. Am 24. April 2025 werde ich gemeinsam mit meinem Freund, Mag. Johannes Ebenhöch, den Donauturm über seine STUFEN erklimmen – inspiriert von der COPD-Challenge und den beeindruckenden Leistungen ihres Gründers, Eberhard Jordan (1962–2024). Herr Jordan litt an COPD im Endstadium (GOLD IV) und bewies am Welt-COPD-Tag 2019, dass trotz schwerster Lungenerkrankung Unglaubliches möglich ist. Mit der Unterstützung seiner Ärztinnen und Therapeutinnen gelang ihm etwas, das für ihn bis dahin unerreichbar schien: 779 Stufen in nur 50 Minuten! Er setzte damit ein starkes Zeichen für Bewegung, Mut, Lebensfreude und die Kraft, niemals aufzugeben. Er schaffte es sogar, die Medien auf das Thema COPD aufmerksam zu machen – ein wunderbarer ORF-Fernsehbericht dokumentiert seine Leistung.

Nun trete ich, doppellungentransplantiert seit dem 17.10.2020, als ehemaliger COPD-Patient im Endstadium in seine Fußstapfen – in ehrendem Gedenken an diesen großartigen Menschen. Stufe für Stufe möchte ich das Ziel erreichen, das einst Eberhard Jordan diese unglaubliche Kraft gab. Damit will ich nicht nur meine gewonnene Lebensqualität sichtbar machen, sondern auch zeigen, was nach einer Lungentransplantation alles möglich ist. Vor allem aber möchte ich anderen Betroffenen auch Mut machen. Jede bewältigte Stufe ist ein Symbol für den Weg zurück ins Leben – ein Zeichen der Dankbarkeit, dass jeder einzelne Schritt zählt.

Bewegung und Sport sind so vielfältig wie wir Menschen selbst. Ob Spazierengehen, Treppensteigen oder gezieltes Training – es geht nicht um Höchstleistungen, sondern darum, aktiv zu bleiben, seinen Körper zu fordern und das Leben in Bewegung zu halten. Und dennoch: Wenn außergewöhnliche Leistungen erbracht werden – gerade von Menschen mit einer schweren Lungenerkrankung oder nach einer Transplantation – dann dürfen sie auch in die Öffentlichkeit getragen werden!

2.2.12 Michael Ferstl: Brennholz machen, ...

Mein Name ist Michael, ich bin 67 Jahre alt und hatte 9/2020 eine Doppellungentransplantation.

Es begann 2008 als bei mir wegen eines Räusperhusten bei den Untersuchungen Lungenfibrose und EAA (Exogen allergische Alveolitis) auf Vogelfedern diagnostiziert wurde. Wir hatten 30 Jahre einen Nymphensittich, der dann zu einem Vogelzüchter in Altenpflege gegeben wurde. Mit Medikamenten konnten wir den Krankheitsverlauf bis 2017 stabil halten. Im Laufe der Jahre und Untersuchungen stellte sich heraus, dass es in der Verwandtschaft mütterlicherseits mehrere Fälle von Lungenerkrankungen gab.

Ein sportlicher Typ war ich nie, mein Spruch war immer „ Sport ist Mord". Mein Sport war Arbeiten, Hausbauen, Autos reparieren und als Hobby hatte ich die Feuerwehr. Als ich bei der Gemeinde als Gerätewart für die Feuerwehr zu arbeiten anfing, fuhr ich jeden Tag mit dem Rad zur Arbeit.

2017 wurde die Luft immer dünner und ich brauchte bei all meinen Tätigkeiten mehr und mehr Sauerstoff. Durch den Lungenfacharzt wurde ich zum Lungenfachzentrum nach Donaustauf überwiesen. Nach gründlichen Untersuchungen wurde mir geraten, eine Lungentransplantation ins Auge zu fassen und ich solle mich in der Klinik Großhadern vorstellen, für eine eventuelle Transplantation. Das war für meine Familie und mich zunächst ein Schock, da wir große Bedenken hatten, ob ich diese schwere Operation überleben würde. Die kompetenten Ärzte in Großhadern haben durch ihr Wissen und Erfahrung meine Bedenken weitgehend ausgeräumt. Etwas schockierend war die Aussage, das von 10 Transplantierten 5 die ersten 10 Jahre nicht überleben. Mittlerweile hat sich dieses Verhältnis aber etwas verbessert. Nach vielen Untersuchungen bei allen möglichen Ärzten und in Großhadern, sagte man mir ich wäre eventuell ein Kandidat für eine Transplantation. Dem Expertengremium der Ärzte werde mein Fall vorgestellt und diese würden entscheiden, ob ich auf die Warteliste komme.

Vor der Transplantation wollte ich noch gerne nach Australien reisen. Der Hausarzt meinte auf meine Frage, was er dazu sagen würde, um Gotteswillen machen sie das nicht, das Risiko ist viel zu hoch. Der Lungenfacharzt meinte, er würde mir Raten es nicht zu tun. Der Arzt in Großhadern sagte, wenn sie glauben sie schaffen das, tun sie es. Nach der Transplantation würden wir ihnen eine solche Reise verbieten. Ein halbes Jahr habe ich mit der Planung und Vorbereitung unserer Australienreise verbracht. Zur Sicherheit brauchte ich ein Sauerstoffgerät, das mit in Flugzeuge genommen werden durfte. Dann mussten viele Formulare der Fluggesellschaft ausgefüllt werden. Gesundheitscheck durchgeführt, welches Sauerstoffgerät ich habe, genügend Akkus für die 1,5 fache Flugzeit waren vorgeschrieben, Medikamentenliste usw. Im Oktober 2018 war es dann soweit. Den 24 stündigen Flug überstand ich ohne Probleme und Sauerstoff. Auch die Besichtigungen von Sehenswürdigkeiten in Australien schaffte ich bis auf 3-4 Ausnahmen ohne Sauerstoffgerät. Die Mitglieder unserer Reisegruppe waren sehr zuvorkommend und haben auf mich gewartet wenn ich mal wegen Sauerstoffmangel langsamer gehen musste. Nachdem die Australienreise ein Erfolg war, planten wir 2019 eine Amerikareise nach New York, Niagarafälle, Washington und noch ein paar Stationen. Hier musste ich allerdings feststellen, dass ich schon mehr Sauerstoff benötige. Bis auf die nervigen Einlasskontrollen bei den Sehenswürdigkeiten, wo mein Sauerstoffgerät jedes Mal auf Sprengstoff getestet wurde, war es eine sehr schöne Reise.

Im Lauf des Jahres 2019 bis ins Jahr 2020 merkte ich, dass ich bei verschiedenen Arbeiten, ich restauriere einen alten Unimog, das erfordert viel Bücken und Aufstehen, schon öfter eine Pause machen musste. Sauerstoff hatte ich zwar und weil das Gerät bei den Arbeiten ewig im Weg war, nutzte ich ihn aber so wenig wie möglich.

Mitte Juli 2020 bekam ich den ersehnten Anruf, dass ich gelistet bin. Das hat mich sehr gefreut. Vom Hörensagen wusste ich, dass es bis zu 3 Jahre und länger dauern konnte, bis man ein passendes Organ bekommt. Der Arzt in Großhadern war aber zuversichtlich, bezüglich meiner seltenen Blutgruppe bis zum Jahresende ein Organ zu bekommen. Ein paar Tage nach dem Anruf war der Koffer gepackt, in die Ecke gestellt und das Telefon mein ständiger Begleiter. Für den Fall der Fälle habe ich meinen Nachlass geregelt und alles auf einen USB-Stick kopiert mit Anweisungen für die Familie.

Am 31. August 2020, ich habe gerade das Getriebe des Unimog zerlegt, kam der Anruf. Wir haben eine Lunge für sie, haben sie Zeit. Meine Antwort war, für so etwas Wichtiges nehme ich mir die Zeit. Ich hatte gerade noch Zeit zum Waschen und den Koffer zu holen, dann stand der RTW schon vor der Haustür. Einsteigen und los ging es nach München. Dass nach 6 Wochen ein Organ für mich da war, war ein großer Glücksfall für mich. Ich bin dem Menschen, der das Organ gespendet hat, und seiner Familie für die Zustimmung jeden Tag dankbar. Es ist ja so, ein Mensch gibt sein Leben und mein Leben konnte besser weiter gehen.

In der Klinik wurde ich vorbereitet für die OP. Am Dienstag den 1. September ca. 4:00 Uhr ging es los. Die OP dauerte etwa 9 Stunden. Auf der Intensivstation wurde ich ins künstliche Koma versetzt, weil ich sehr unruhig war. Nach 10 Tagen wurde ich aus dem Koma geweckt und lag noch weitere 2 Wochen auf der Intensivstation bevor ich auf die Normalstation kam. Bei mir ging die Genesung sehr langsam voran. Durch einen Luftröhrenschnitt konnte ich nicht sprechen und den Pflegekräften mitteilen, was ich möchte bzw. brauche. Ich möchte noch erwähnen, dass alle Ärzte, Ärztinnen, Pflegerinnen und Pfleger in der Klinik Großhadern sehr kompetent, engagiert, freundlich und hilfsbereit sind. Da zu dieser Zeit Corona sehr aktuell war, waren Besuche meiner

Frau und Kinder nur eingeschränkt möglich. Nach weiteren 4 Wochen auf der Station ging es dann zur Anschlussheilbehandlung nach Schönau am Königssee. Als ich dort ankam, konnte ich gerade mal 200 m am Stück gehen. Mit täglichem Gehtraining und den anderen Anwendungen in der Rehaklinik schaffte ich nach vielen Tagen sogar die 2,5 km bis zum Königssee. Zum Ende der AHB ging ich jeden 2ten oder 3ten Tag über 3 km am Stück.

Nach 4 Wochen AHB musste ich wieder nach Großhadern zur Abschlußuntersuchung. Dort wurde beim Röntgen etwas in der Lunge entdeckt und mit Lungenspiegelungen , Probeentnahmen aus Lunge und Knochenmark nach der Ursache gesucht. Nach 2 Wochen stand die Diagnose fest, PTLD (Posttransplantationslymphom) . Nach Auskunft der Ärzte wisse man nicht genau woher die Krankeit kommt, aber nicht von der neuen Lunge. PTLD kommt meistens nach Transplantationen. Weil sie bei mir sehr früh entdeckt wurde, konnte die Krankheit mit einer Antikörpertherapie behandelt werden. Dazu musste ich einmal die Woche in die Klinik für eine Infusion. Nach 4 Behandlungen stellte man mittels PET-CT fest, dass die Therapie angeschlagen hat aber leider nicht ausreichend. Also wurde jetzt eine Chemo gemacht. Die erste Chemo hat mir alle weißen Blutkörperchen geklaut. Ich hatte Fieber, Frösteln Schwindel und Schwäche. In der UNI-Klinik Regensburg wurde ich wieder einigermaßen aufgepäppelt. Nach der Entlassung aus der UNI-Klinik konnte ich max. 50 m weit gehen. Bei den weiteren Chemos wurde der Wirkstoff reduziert und ich habe das gut vertragen. Leider musste ich nun wieder jeden Tag gehen, jeden Tag ein Stück weiter. Meine Frau hat mich hierbei sehr stark unterstützt. Nach Wochen schaffte ich auch wieder meine 3 km am Stück.

Arbeiten musste ich nicht mehr, weil es in der Gemeinde eine Altersteilzeitregelung gab. Aber ich bin wieder meinem Hobby Feuerwehr nachgegangen und als Maschinist sogar ausgerückt. Leider hat die Altersregelung, mit 65 Jahren ist Schluss, nach ein paar Monaten mein Engagement beendet. Ich bin fast täglich in meiner Werkstatt und restauriere an meinem Unimog weiter. Mache unser Brennholz so ca. 25 Ster im Jahr. Fahre mit dem E-Bike 20-40 km weit, gehe Spazieren und gehe zur Physiotherapie Atemmuskelaufbau sowie Krankengymnastik am Gerät. Ich bin auch schon von der Bergstation zum Jenner Gipfel hochgegangen. Auch bei uns gibt's kleine Berge, die meine Frau und ich ab und zu hochgehen. Am liebsten aber bin ich in meiner Werkstatt und repariere Sachen.

Ich denke, man sollte jeden Tag etwas tun und wenn es geht jedes Mal ein klein bisschen mehr.

Zum Schluss möchte ich noch sagen. So schlecht wie es mir nach der Operation gegangen ist, so gut geht es mir jetzt.

Ich danke allen, als erstes meinem Spender und seiner Familie für die Bereitschaft zur Organspende und verspreche, sehr gut auf meine „neue" Lunge aufzupassen. Den Ärzten, Ärztinnen, Pflegern, Pflegerinnen sowie dem Klinikpersonal Großhadern für die Arbeit und Mühe die sie mit mir hatten. Meiner Familie sowie allen Verwandten, Freunden und Bekannten die zu mir gestanden haben und sich über meine Genesungserfolge freuten.

2.2.13 Stefan Schurz: Laufen, Krafttraining

13. Dezember 2023, ich sitze nach zwei Stunden Unterricht in meinem Büro, um mit Korrekturarbeiten zu beginnen. 10:26 Uhr, mein Handy klingelt, eine Würzburger Nummer. Kurz, nur ganz kurz, denke ich, dass es ein Anruf der Uniklinik sein könnte, der Anruf. Aber der Gedanke verfliegt schnell zwischen dem ersten Klingeln und meinem Abheben, denn schließlich bin ich seit neun Jahren an der Dialyse und habe vor zwei Tagen erst einer Kollegin gesagt, dass ich angesichts der niedrigen Organspendezahlen in Deutschland innerhalb der nächsten drei Jahre nicht mit einer Transplantation rechne. Dennoch steht die Entscheidung zu einer Transplantation fest. Zum einen merke ich in der letzten Zeit die Auswirkungen der Dialyse auf den Körper immer stärker, zum anderen gilt eine Transplantation als beste Nierenersatztherapie. Ich wollte diese Möglichkeit, irgendwann wieder ein Leben ohne Dialyse führen zu können, einfach nicht vorüberziehen lassen.

An die Dialyse kam ich im Alter von 41 Jahren. Ich hatte eine angeborene Nierenerkrankung, so dass mir im Kindesalter eine Niere entfernt werden musste und die andere nicht voll funktionsfähig war. Sie leistete aber eben über 40 Jahre lang gut und zuverlässig ihre Arbeit, ich konnte ein normales Leben führen.

„Hier spricht H. von der Uniklinik Würzburg. Wir haben ein Organangebot für Sie, ein Organ, das sehr gut zu Ihnen passt. Sind Sie momentan gesund?" Es ist der Anruf.

Auf dem Weg zum Ausgang treffe ich zufällig noch meinen Sohn, der auf dieselbe Schule geht. Was für ein Glück, ihn in diesem Moment zu sehen. Wir sehen uns in die Augen, umarmen uns, brauchen keine Worte. Er informiert in der Pause natürlich auch gleich seine Schwester.

Da ich gerne auch mal Witze mache, hatte ich mit meiner Frau vereinbart, dass sie, wenn der Anruf kommt und ich sie darüber informiere, darauf vertrauen kann, dass es ernst ist. Sie kann es kaum glauben, wir sind auf dem Weg in die Klinik, beide fassungslos. Jetzt ist es soweit. Unsere Gefühlslage lässt sich mit einer Mischung aus Ungläubigkeit, aber auch konzentrierter Gespanntheit beschreiben. Und natürlich Aufregung.

Nach einer Umarmung und kurzen Verabschiedung gehe ich nun alleine meinen Weg zur Anmeldung und auf Station. Während der Checks, Voruntersuchungen und schließlich der letzten Dialyse, der 1385. seit der ersten am 17. Dezember 2014, bin ich ganz ruhig. Der OP-Termin ist auf die frühen Morgenstunden des nächsten Tages angesetzt, da die Niere anscheinend einen längeren Weg hat, vermutlich aus dem Ausland. Nach der Dialyse geht es dann doch schneller und ich werde kurz nach Mitternacht durch die dunklen Gänge des Krankenhauses in den Operationsbereich gebracht. Trotz einer gewissen Anspannung sind meine Gedanken klar – ich lege mein Vertrauen voll und ganz in die Hände der Ärzte und in das, was jetzt kommen mag.

Ca. sechs Uhr morgens, ich spüre irgendwie, dass ich aufwache, aber doch sofort wieder in den Schlaf falle. Dazu Stimmen, leichtes Rütteln, „Herr Schurz!" Ich öffne die Augen und höre: „Es ist alles gut gegangen. Sie hatten so ein Glück mit dieser Niere." Tränen laufen mir über die Wangen, jetzt sehe ich auch die Ärztinnen und Ärzte und die Intensivpflegerin um mich herumstehen. Das Organ hat sofort seine Arbeit aufgenommen. Die Niere läuft, wie es so schön heißt. Ich kann die Gefühle dieses Moments des Aufwachens kaum in Worte fassen.

Der Verlauf des Vormittags ist optimal. Mir geht es einfach gut, so dass ich sogar kurz nach Mittag schon auf die Normalstation verlegt werde. Die nächsten Tage verlaufen nahezu ohne Komplikationen und die Nierenwerte haben schnell den Normalbereich erreicht, so dass ich genau an Heiligabend entlassen werde und mit meiner lieben Familie Weihnachten feiern kann. Voller Staunen und Dankbarkeit genießen wir diese Tage.

Die beschriebenen Erfahrungen leben für mich auch in folgenden Zeilen von Hilde Domin:

Nicht müde werden,

sondern dem Wunder

    leise

wie einem Vogel

die Hand hinhalten.

Während der Jahre an der Dialyse war es immer mein Ziel gewesen, so fit wie möglich in die Transplantation zu gehen. Regelmäßiges Wandern, Walking und Spazierengehen waren daher während jener Zeit fester Bestandteil meines Lebens. Laufen, also Jogging, erwies sich dagegen mit der Zeit als zu belastend für den Körper: Jogging vor der Dialyse hat diese und die anschließende Erholung stark beeinträchtigt, Jogging am Tag nach der Dialyse war ebenso überaus anstrengend und nicht förderlich, zumal ich auch während der gesamten Dialysejahre in Vollzeit arbeitete. Aber mehrmaliges Walking pro Woche hat mir eine grundlegende Fitness bereitet, so gut es eben ging – was an sportlicher Tätigkeit und Bewegung möglich war, habe ich versucht zu tun.

Glücklicherweise konnte ich die meiste Zeit der neun Jahre Nachtdialyse betreiben, was wesentlich zu einem einigermaßen fitten Zustand beitrug. Ich betrachtete das Dialyseverfahren auch kein einziges Mal als einen „Feind", sondern durchgehend als meinen Freund. Vom Legen des Shunts und der ersten Dialysebehandlung an nahm ich die Situation an und war einfach dankbar. Die Dialyse hat mir das Leben gerettet, sie war die Brücke zur Transplantation. Bridge over troubled water. Sie hat mir ermöglicht, das Leben mit meiner wunderbaren Familie weiterzuleben, auch auf einigen Urlaubsreisen dank Feriendialyse in den jeweiligen Zentren vor Ort: Kroatien, Kreta, Sizilien, Schweiz, Gran Canaria.

Es gibt keine Reset-Taste für Lebensphasen. Die Kinder werden nur einmal groß. Den jetzigen Tag gibt es nur heute. Die Wartelistenzeit war wertvolle Zeit, in der ich mein Leben nicht pausierte. So tätschelte ich die Dialysemaschine auch immer wieder mal und sagte zu ihr: „Das schaffen wir heute auch wieder."

Flashforward: April 2025. Inzwischen sind ein Jahr und drei Monate seit der Transplantation vergangen. Mit meinem Zustand ging es stetig bergauf. Mir geht es gut.

Die ersten Tage nach der Transplantation nahm ich sofort meinen Bewegungstrieb wieder auf, beginnend mit kurzen Strecken über den Gang zum Untersuchungszimmer. Diese Strecken wurden immer länger und steigerten sich von Umrundungen der Station über Erkundungsausflüge in der gesamten Klinik bis hin zu Spaziergängen auf der Krankenhausterrasse.

Zuhause wagte ich am 2. Weihnachtsfeiertag einen ersten längeren Spaziergang mit meiner Tochter. Nach einem kurzen Anstieg war ich völlig außer Atem. Allerdings war es absolut erstaunlich, wie mit jedem Tag auch hier sowohl Strecke als auch Dauer der Ausflüge länger wurden. Die nächsten Schritte im wahrsten Sinne des Wortes waren Walking, Nordic Walking und schließlich: Jogging. Aufgrund des Transplantatschutzes – es dauert einige Monate, bis die transplantierte Niere den stärkeren Erschütterungen des Joggens im Vergleich zum Laufen ausgesetzt werden kann – begann ich damit erst ca. ein dreiviertel Jahr nach der Transplantation. Inzwischen bin ich Mitglied bei Transdia Sport Deutschland und trainiere aktuell für die Deutschen Meisterschaften für Transplantierte und Dialysepatienten Anfang Mai 2025 und für die World Transplant Games im August 2025 in Dresden.

Währende der Dialysezeit hatte ich gehofft, durch eine Transplantation körperlich wieder fitter und sportlich aktiver werden zu können. Diese Hoffnung ist in Erfüllung gegangen und darüber hinaus noch viel mehr. Ich hätte nicht gedacht, wieder in diesem Maße, wie es mir nun möglich ist, Sport zu treiben und richtiges Lauftraining nach Laufplan aufnehmen zu können. Auch Krafttraining zum Muskelaufbau – die Muskeln haben unter der Dialysebehandlung schon auch gelitten – ist möglich. Ich betreibe also Kraft-Ausdauer-Training. Dabei haben sich auch Blutdruck und Puls verbessert. Kurz: Meine Leistungsfähigkeit ist durch die Transplantation enorm gestiegen, und das auch im Vergleich zu den Jahren, die zur Dialyse hinführten. Diese sportliche Betätigung bedeutet mir extrem viel – sie ist aus meinem Leben nicht mehr weg zu denken. Durch Sport fühle ich mich gut und lebendig. Sport macht Spaß. Sport ist Lebensqualität.

Für diese gewonnene Lebensqualität bin ich meinem Spender zutiefst dankbar – er läuft immer mit. Seit dem 13. Dezember 2023.

2.2.14 Corinne Aeschbacher: Bergwandern

Es war vor Ostern 2018, als ich eine schockierende Diagnose des untersuchenden Spitals erhielt: bösartiger, unheilbarer Leberkrebs (intrahepatisches cholangiozelluläres Karzinom).

Diese Nachricht musste ich zuerst sacken lassen. Ich fühlte mich total erschlagen und wie in einem Film, der hoffentlich wieder vorüber ging. Konnte es tatsächlich sein, dass ich jetzt zu diesen Patienten gehörte, die sich mit Krebs auseinandersetzen mussten? Sonst waren es immer «die Anderen», von denen man hörte, dass sie erkrankt waren. Auf einmal macht das eigene Leben eine Kehrtwende, worauf man einfach nicht vorbereitet ist. Von einer Minute auf die andere ist man schwer krank.

Ich erinnere mich: An diesem Morgen, als ich für die Entgegennahme der Untersuchungsberichte und das Gespräch zum Spital fuhr, entschied ich mich, das Fahrrad zu nehmen. Damals wohnten wir in einem Nachbardorf. Es war, als hätte ich schon gespürt, dass etwas nicht im Lot sein würde. Es war mir ein Bedürfnis, mich zu bewegen und etwas für meine Fitness zu tun. Nach dem Gespräch mit der Ärztin, stand ich dann am Fahrradständer vor dem Spital und innerlich stellte ich auf «Kampfmodus», als ob ich einen Schalter umgelegt hätte.

«Nein, so einfach geht das nicht, mein «Kerlchen»! Ich lasse mich nicht unterkriegen und ich werde wieder gesund!» Nachdem ich meine Angehörigen über die Diagnose informiert hatte, schwang ich mich auf den Sattel und trat auf dem Weg nach Hause kräftig in die Pedalen. Es gingen mir viele Fragen durch den Kopf: Muss ich jetzt eine Chemotherapie machen? Was heisst das für meine Gesundheit generell? Werde ich mit Müdigkeit zu kämpfen haben und die Haare verlieren? Und was wird mein Arbeitgeber dazu sagen…?

Die Diagnose war ein Zufall. Ich hatte vor den Wintersportferien Magenschmerzen, die ein-fach nicht abklingen wollten, und da entschied ich mich, zum Hausarzt zu gehen. Dieser verordnete mir, eine Magenspiegelung und einen Ultraschall des Bauches im Spital machen zu lassen. Bei der Magenspiegelung fand man ein Magengeschwür, welches die Schmerzen verursachte und leicht behandelt werden konnte. So wäre ja eigentlich der Übeltäter der Schmerzen gefunden gewesen. Doch mein Arzt hatte wohl einen siebten Sinn: Auf dem zusätzlich verordneten Ultraschall war ersichtlich, dass auf der Leber etwas war, was nicht da sein sollte. Eine Leberbiopsie brachte dann die Krebsdiagnose hervor.

Seit meiner Kindheit bin ich sportlich unterwegs. Leichtathletik bestimmte meine Freizeit, bis ich etwa zwanzig Jahre alt war; es war meine Passion. Wandern mit meiner Familie, Fahrradfahren, Schwimmen und im Winter Langlaufen mit Wettkämpfen gehörten zu meinem Leben. Gerne engagierte ich mich auch in der reformierten Kirche. Gitarre-spielen und Singen in einem Chor bereicherten meine musische Seite.

Der Wunsch, einmal in meinem Leben einen Marathon zu laufen, ging zuerst am Wiener Marathon in Erfüllung. Dann schenkte ich mir zu meinem vierzigsten Geburtstag noch den New Yorker Marathon. Mich in der Natur zu bewegen und diese zu genießen, erfüllte mich und gab mir ein gutes Gefühl. Vor fünfzehn Jahren fand ich durchs Klettern mit einer ehemaligen Arbeitskollegin zum Schweizer Alpen Club SAC und ich meldete mich in einer nahen Sektion an. Wanderungen, Hochtouren, Klettern und Schneeschuhlaufen begann ich intensiver zu betreiben und ich durfte mich zur Tourenleiterin beim SAC ausbilden lassen.

Es war für mich immer wichtig, mich gesund zu ernähren und fit zu bleiben. So nutzte ich beispielsweise den Arbeitsweg an wärmeren Tagen von Frühjahr bis Herbst als Training und radelte mit dem Rennrad ins Büro. Manchmal machte ich mir einen Sport daraus, etwas schneller zu sein als das letzte Mal. Für mich war das eine wichtige Komponente: Einerseits bewegte ich mich schon vor der Arbeit, konnte den Kopf lüften und mir die Zeit nehmen, die Natur am frühen Morgen zu genießen Rehe und Füchse kreuzten oft meinen Weg. Andererseits freute ich mich auf den Feierabend, wieder mit dem Velo nach Hause fahren zu können und gleich noch eine erfrischende Schwimmrunde im See zu machen. Mir gab das Kraft und Motivation für den ganzen Tag, um auch bei der Arbeit gute Leistungen zu bringen. Regelmässig ging ich mit meinen ArbeitskollegInnen über Mittag joggen, auch das war immer ein toller Moment. Mit anderen Worten: Nichts deutete darauf hin, dass ich unheilbar krank hätte sein können.

Der Tumor musste ja schon länger in meinem Körper geschlummert haben, nur schon der Größe wegen. Dies spürte ich jedoch körperlich in keiner Art und Weise. Ich war voll leistungsfähig und erfuhr keine Einschränkungen. Nach der Diagnose kam dann einiges auf mich zu. Das Ziel des behandelnden Professors war, den Leberteil, wo der Tumor sind befand, zu entfernen. Dazu musste ich zuerst eine Chemotherapie durchlaufen. Dafür wurde in einer OP in meinen Bauch eine Metallpumpe eingenäht und ein feines Schläuchlein direkt in den Tumor gezogen. Diese Pumpe wurde dann in regelmäßigen Abständen mit Chemotherapie und zum Spülen dann mit Salzlösung gefüllt. Durch den Herzschlag wurden die Flüssigkeiten in den Tumor gepumpt. Gleichzeitig erhielt ich auch eine Therapie über den Port. Damit wollte man erreichen, dass sich der Tumor verkleinerte und man dann bei der großen Operation mehr Platz hatte. Lange ging es mir mit der Therapie gut. Doch plötzlich spürte ich dann, dass ich schneller müde wurde, und es gab auch Schmerzepisoden.

Dann kam der Moment, als ich mich wieder ins Spital begab und die Operation zur Entfernung des kranken Leberteils geplant war. Viele Vorbereitungsschritte und Gespräche gingen diesem Schritt voraus. Ich fühlte mich sehr gut aufgehoben und hatte keine Angst davor. Geplant war, dass ich zwei Wochen im Spital sein würde und danach mein Leben wie gewohnt weiterleben konnte. Es kam alles anders.

Die Operation erwies sich als alles andere als einfach. Infolge eines Gallenlecks folgten viele schwierige Komplikationen. Es würde zu weit führen, hier im Detail darüber zu berichten. Aber ich wurde schwer krank, meine Leber wurde schwächer und es kam soweit, dass ich nichts mehr essen konnte. Künstliche Ernährung war die Folge, ich verlor viel Gewicht, war irgendwann so schwach, dass ich nicht mehr gehen konnte. Ich war auch nicht mehr in der Lage, mein Natel zu benützen, um Nachrichten zu schreiben oder lesen. Besuche wurden mir zu anstrengend. Trotzdem war ich immer davon überzeugt, dass alles gut wird. Bilder von Berggipfeln hängten meine Angehörigen im Zimmer auf. Auch Bilder von Touren, bei denen ich mit dabei war, und Bilder von unseren vier Meerschweinchen durften nicht fehlen. Viele Briefe und Karten mit ermutigenden Worten und Gebeten erreichten mein Bett. «Es kommt alles gut».

Das habe ich mir immer und immer wieder gesagt und ich war mir dessen sicher. Selber habe ich mir nie Gedanken darüber gemacht, dass ich sterben könnte. Das war für mich gar keine Option. «Es gibt noch viele Gipfelbücher, in denen mein Eintrag fehlt». Daran habe ich mich festgehalten wieder Gipfel in den Bergen besteigen zu können und noch so manches Gipfelkreuz berühren zu dürfen. Mir sind auch neue Ideen gekommen. Im Spitalbett entstand der Wunsch, ein neues Instrument zu lernen, wenn ich wieder zu Hause war. Schwyzerörgeli zu spielen, das wär's doch. Schon immer hatte ich Freude an Schweizer Volksmusik.

«Frau Aeschbacher, wir haben eine Leber für Sie!» Diese Worte klingen noch heute in meinen Ohren, als wäre es gestern gewesen. Mein operierender Professor kam in mein Zimmer und verkündete diese frohe Botschaft. Ich war in diesem Moment gar nicht in der Lage, wirklich zu erfassen, was gerade passiert war. Wie in Trance rief ich meine Angehörigen an, sie sollen sofort ins Spital kommen, es gäbe eine Besprechung wegen der Transplantation. Eine Transplantation? Soweit ich mich erinnere, konnte ich dies gar nicht wirklich einordnen. Die Gedanken daran sind diffus. Was ich noch weiß, ist, dass ich plötzlich erkältet war, was ja einer Transplantation nicht zuträglich ist. Ich musste noch zur universitären Zahnklinik. Man musste sicherstellen, dass die Zähne gesund waren und es keine Infektion gab. Das war so anstrengend, dass ich mich kaum im Rollstuhl sitzend aufrecht halten konnte.

Das Gespräch wegen der Transplantation fand dann in meinem Spitalzimmer statt. Alle involvierten Ärzte waren dabei. Ich bekam nichts mehr davon mit, irgendwie war ich mental weg-getreten. Das Einzige, was ich noch weiß, ist, als mich mein Vater fragte: «Möchtest du transplantiert werden?». «Ja» war meine Antwort, mehr brauchte ich nicht zu sagen. Denn es war mir klar, dass dies die einzige Möglichkeit war, zu überleben – und es war «fünf vor Zwölf».

Im Nachhinein bin ich froh, dass ich nicht früher von der Option einer Transplantation wusste. Zwar hat mich einmal ein Arzt gefragt, ob ich mir schon Gedanken über eine Lebertransplantation gemacht hätte. Allerdings war ich damals so vor den Kopf gestoßen, dass ich dies für unmöglich hielt. Den Gedanken schob ich weg und in einem Gespräch wurde mir dann auch gesagt, dies sei noch kein Thema. Dann wars für mich erledigt. Also musste ich mir keine Gedanken machen und war somit für mein Empfinden auch nicht in der schwierigen Lage, auf ein Organ warten zu müssen. Ich kann mir vorstellen, das wäre eine zusätzliche Belastung gewesen. Schließlich ging alles so schnell, wie es wohl nur in seltenen Fällen geht. Die Transplantation war eine der schwierigsten und es kam der Punkt, wo die Ärzte und meine Angehörigen einfach nur noch hoffen konnten, dass ich das überlebte. Dies erfuhr ich natürlich erst im Nachhinein.

Aus zwei geplanten Spitalwochen wurde ein halbes Jahr. Nach der Transplantation war ich noch lange auf der Intensivstation, erlebte dort ein schlimmes Delir mit Todesängsten, sodass ich mich bis heute sehr detailliert daran erinnern kann, was ich durchlebt habe. Der erste Löffel Suppe, den ich dann essen konnte, war ein Kraftakt und eine Freude zugleich. Später wurde ich in die IMC (Intermediate Care) verlegt und schließlich durfte ich in ein normales Zimmer. Von da an gings aufwärts. Die verlorenen zwölf Kilogramm Körpergewicht mussten wieder her. Stark eiweisshaltige Spezialgetränke über Wochen im Spital, in der Reha und zu Hause halfen, den Körper wieder aufzubauen. Der Umgang mit den Medikamenten musste ich erlernen und in die neuen Lebensumstände Vertrauen gewinnen. Ich musste wieder lernen zu gehen. Jede erklommene Treppenstufe war ein Erfolg. Jeder Meter, den ich weiter gehen konnte, habe ich innerlich gefeiert. Mir war bewusst, es wird kein Spaziergang, sondern ein Marathon, wieder auf die Beine zu kommen.

In der Rehaklinik lernte ich dann wieder längere Strecken am Stück zu gehen. Aber was hieß «länger»? 10 Meter, 20 Meter, 30 Meter etc. und dann war ich wieder erschöpft. Fahrradfahren auf dem Ergometer, Krafttraining an den Geräten…immer mit der nötigen Vorsicht, ich meinen arg geschundenen Bauch von den vielen Operationen und Schläuchen nicht überlastete. Es war ein großer Kraftakt, über Wochen und Monate wieder auf die Beine zu kommen.

Mein Fokus war allein auf die Wiedererlangung meiner Kräfte gerichtet. Dazu kam, dass ich über lange Zeit einen offenen Bauch hatte. Ich war so abgemagert, dass man nach der Transplantation die Bauchdecke nicht zunähen konnte. Mit einem Vakuum-Verband verschlossen, sollte sich der Bauch schließen können. Leider funktionierte dies nicht und nach weiteren Monaten musste ich nochmals ins Spital, wo der ganze Bauch revidiert wurde. Davor hatte ich großen Respekt, denn ich wusste nicht, ob ich in der Zwischenzeit wirklich genug «Stoff» angegessen habe und die OP gelingen würde. Letztlich konnten die Ärzte die große Wunde in zwei Schritten verschließen und mir fiel ein «Fels» von den Schultern!

Ich war so dankbar, auch diese Hürde geschafft zu haben. Was dann folgte, musste ja folgen: Als ich wieder zu Hause war, überfiel mich plötzlich, ohne Vorankündigung, ein seelischer Zusammenbruch. Meine Psyche hinkte in der ganzen Heilungsgeschichte hinterher und fand keine Beachtung in der ganzen Genesungszeit. Auf einmal zog es mir den Boden unter den Füssen weg und ich konnte nichts mehr mit mir anfangen. Tränen flossen und mir war klar, jetzt brauchte ich professionelle Hilfe. Meine Partnerin organisierte einen Arzttermin und gemeinsam wurden wir dort vorstellig. Nach einer Wartefrist konnte ich dann nochmals in die Rehaklinik nach Davos. Dort konnte ich mich psychisch wieder aufbauen, und dass ich die Reha schon kannte, machte es viel einfacher. Zwischen den Therapien ging ich viel in die Natur, in den Schnee und ich durfte mir Schneeschuhe ausleihen. Dort entstanden auch wunderbare Freundschaften, die bis heute Bestand haben und auch bleiben werden – ein weiteres Geschenk. Das Ganze fiel in die Zeit, als Cortona in der Schweiz eintraf, und ich verbrachte bis nach Weihnachten in der Rehaklinik. Besuche waren keine möglich und es herrschte Maskenpflicht. Dass es mich dann dennoch mit diesem Virus erwischte, erfuhr ich erst, als ich nach sechs Wochen wieder zu Hause war und als Erstes einen Test machte. Damals gab es noch keine Impfung. Meine Gesundheit wurde erneut auf die Probe gestellt. Als immunsupprimierte Person war dies nicht ungefährlich. Aber ich hatte Glück.

Sechs Jahre nach der Transplantation

Heute geht's mir körperlich sehr gut und ich versuche mich möglichst fit zu halten und gesund zu ernähren. Mit großem Willen und Fleiß habe ich es geschafft, mich körperlich und seelisch wieder aufzubauen. So ist es heute wieder möglich, im Bergsport aktiv zu sein und auch sonst Sport zu treiben. Mein Wunsch, wieder einmal einen 4000-er zu besteigen, ging zusammen mit einem Bergführer mit der Besteigung des Weissmies im Wallis in Erfüllung. Noch im gleichen Jahr nach der Transplantation machte ich am Greifenseelauf wieder mit, diesmal als Nordic-Walkerin und nicht als Halbmarathon-Läuferin.

Ich bin mir sicher, dass der Kampfgeist, den ich durch den Sport erlangt und gelernt habe, mir auch beim Überleben der ganzen Krankengeschichte wesentlich geholfen hat: Durchzubeißen und nicht aufzugeben, an den «Sieg» zu glauben, entfacht Kräfte, über die man im Nach-hinein nur staunen kann.

Dennoch hat sich in meinem Leben einiges verändert. Es ist für mich nicht mehr wichtig, wie schnell ich auf den Berg steige oder mit dem Fahrrad irgendwohin fahre. Jedoch ist es für mich weiterhin ein großes Bedürfnis, mich regelmäßig aktiv sportlich zu bewegen. Krafttraining beispielsweise ist sehr wichtig geworden und mittlerweile habe ich sogar Spaß daran. Es war nie mein Ding, mich drinnen an Geräten abzumühen. Heute sehe und spüre ich aber, wie mir dies im Alltag hilft. Wenn es Tage gibt, an denen ich mich eher müde fühle, dann habe ich heute die Muße, einfach zu Hause zu bleiben keine Sporteinheit zu erzwingen allerlei zu erledigen. Stattdessen schlafe ich halt zwischendurch auf dem Sofa oder gönne mir einen gemütlichen Spaziergang, lese etwas oder schaue mir einen Film an. Genuss war mir schon immer wichtig, aber heute genieße ich anders. Diesbezüglich hatte ich ein Schlüsselerlebnis als ich nach der ganzen Spital- und Reha-Zeit wieder zu Hause war: Ich machte im Wald einen gemütlichen Spaziergang. Es war Frühling und alles wurde grün und die Blumen öffneten ihre Blüten. Ich sog förmlich die Szenerie ein, fühlte mich frei wie ein Vogel, spürte mein zweites, geschenktes Leben. Mir erschien das Grün der Wiesen und Blätter grüner und die Farben der Blumen kräftiger, die Gerüche intensiver als je zuvor. Das löste in mir Glücksgefühle aus und öffnete mir die Augen auf eine neue Weise. In diesem Moment fühlte ich auch Gott ganz nah bei mir! Ich blieb einen Moment stehen und eine innere Stimme sagte mir:

«Freue dich an dem, was geht und dir geschenkt wird, und halte dich nicht an Dingen auf, die nicht oder nicht mehr gehen und dir nicht guttun».

Gedanken zur Transplantation

Mir ist klar geworden, dass mein Leben nun eine andere Bestimmung hat. Es war ein längerer Prozess, dies zu akzeptieren und den Fokus neu auszurichten. In alledem gilt der große Dank allen, die mich dabei unterstützt und mir ein zweites Leben geschenkt haben: Dem Organspender, meinen Liebsten, den Ärzten, Pflegenden und Therapeuten, den Seelsorgern, dem ehemaligen Arbeitgeber, den Freunden und allen, denen ich auf meinem Weg neu begegnen durfte.

Dass ich eines Tages von einer Transplantation betroffen sein würde, war undenkbar und ich habe mir – wie wohl viele Menschen - darüber nie Gedanken gemacht. Es ist ein Geschenk, das sich nicht mit Worten beschreiben lässt! Heute muss ich sagen: Jeder und jede sollte sich mit diesem Thema befassen und seinen Entscheid den Angehörigen mitteilen. Einerseits, ob man selber transplantiert werden will und andererseits, ob man seine Organe spenden möchte. Selber darf ich meine Organe auch spenden. Neueste medizinische Erkenntnisse ergaben, dass nur in wenigen Fällen eine Organspende nicht möglich ist. Für mich ist der Entscheid klar: Wenn ich eines Tages jemandem das Leben retten kann, dann soll dies geschehen.

«Wenn dir etwas unmöglich erscheint, kämpfe dafür

und glaube daran, dass es möglich werden kann.»

Wer noch etwas mehr über meine Geschichte erfahren möchte:

www.telezueri.ch/gottesdienst/mit-dem-leben-weiterwandern-151631625

2.2.15 Peter Schlauderer: Fitnessstudio, Organspendelauf

Mein Weg zum Sport nach drei geschenkten Organen

Am ersten Hochzeitstag meiner Eltern, im August 1966, wurde ich als „augenscheinlich" gesundes Kind geboren. Da war die Welt für unsere Familie noch in Ordnung.

Im Frühjahr 1977 verlor ich an Gewicht und war sehr matt, weshalb meine Mutter mit mir zum Hausarzt ging, welcher Diabetes feststellte. Am nächsten Tag kam ich ins Kreiskrankenhaus, wo mir, nicht unbedingt kindgerecht, das Insulinspritzen beigebracht wurde. Mit einem 10-jährigen Diabetiker waren sie dort überfordert. So ging es in die städtische Kinderklinik nach Regensburg. Man stellte fest, dass der Diabetes durch Pfeiffersches Drüsenfieber ausgelöst wurde, die Leberwerte viel zu hoch waren und ich eine vergrößerte Milz hatte.

Der Diabetes war trotz aller Bemühungen schwer in den Griff zu bekommen. Die Werte gingen, aufgrund der damals bescheidenen Mittel ständig auf und ab. Mit 20 Jahren bekam ich im Schwabinger Krankenhaus eine Insulinpumpe, wodurch sich der Diabetes wesentlich verbesserte. Im Zuge dieses Klinikaufenthalts stellte man durch eine Biopsie der Leber einen angeborenen Schaden fest. Der Fokus lag auf dem Diabetes und den hoffentlich zu vermeidenden Spätschäden.

Als ich noch keine 30 Jahre war, stieg mein Kreatininwert an. Ich war Vater von drei Söhnen und als Schreiner im Fahrzeugmodellbau tätig. Die Nierenwerte verschlechterten sich und ich musste am Augenhintergrund gelasert werden. Mein Blutdruck stieg und ich war mittendrin in der Spirale der diabetischen Folgeschäden. Mit 32 Jahren legte man mir die Dialyse nahe. Erst als ich ständig kotzen musste, sah ich ein, dass ich ohne Dialyse nicht überleben konnte und wählte schweren Herzens die Bauchfelldialyse.

Meine Ärzte meldeten mich mit Beginn der Dialyse bei Eurotransplant für eine Nieren- und Bauchspeicheldrüsen- Transplantation an. Nachts hing ich 7-8 Stunden am Gerät zur Dialyse und tagsüber ging ich zur Arbeit. Unser Schlafzimmer glich einem medizinischen Kranken- und Lagerraum. Ein 30 cm Schlauch hing aus meiner linken Bauchhälfte und rechts lag der dünne Schlauch der Insulinpumpe unter der Haut.

Am 28. Oktober 1999 kam der Anruf, es wären Organe für mich da. Meine Frau war mit dem fünften Kind hoch schwanger und ich wollte bei der Geburt, wie bei unseren Söhnen auch, dabei sein. Wir entschieden uns zur Transplantation.

Ich bekam genetisch sehr gut passende Organe geschenkt, die Niere nahm die Urinproduktion während der Operation auf und die Bauchspeicheldrüse sorgte dafür, dass ich keinen Diabetes mehr hatte. Der Blutdruck normalisierte sich und die Blutungen im Augenhintergrund lösten sich auf. Ich kam zurück in ein normales Leben, konnte für meine Familie da sein und stieg im Sommer 2000 wieder in meinen Beruf ein. Ich war meinem unbekannten Organspender unendlich dankbar für mein Geschenk des Lebens.

Fünf Jahre später geschah das Absehbare, unsere Ehe war leider gescheitert, verschlechterten sich meine Leberwerte so, dass mir die Ärzte rieten, mich für eine Lebertransplantation listen zu lassen. Ich ging weiter zur Arbeit, mehr schlecht als recht, und kämpfte mit allen Auswirkungen eines Leberpatienten, wie Zittern, Juckreiz, und Vergiftungserscheinungen. Ich war ein Schatten meiner selbst.

Am 04.04.2007, als ich schon sehr früh wegen der ständigen Müdigkeit mit der man als Leberpatient zu kämpfen hat, zu Bett war, kam der Anruf, es sei eine Leber für mich da. Ab ins Uniklinikum Regensburg. Nach der Transplantation, auf der Intensivstation ging es mir schlecht, ich hatte unbeschreibliche Wahnvorstellungen. Auf der Normalstation verschlechterte sich mein Zustand und ich brach beim Frühstück zusammen. Durch ein CT stellte man ein Frontalhirnsyndrom (Hirnentzündung), ausgelöst von den Immunsuppressiva, fest.

Die Medikamente wurden umgestellt, aber ich war nicht mehr der Mensch der ich vorher war. Alles verlangsamte sich. Ich konnte nicht mehr sprechen, meine Motorik war kaputt, mein Gleichgewicht nicht mehr halten, schlicht ich hatte, in meinen Worten, meinen Verstand verloren. Der Kampf zurück ins Leben war brutal für mich und meine Angehörigen. Ich lernte wieder sprechen, gehen und am Leben wieder teilzunehmen. Eine psychosomatische Reha, ein Jahr nach der Transplantation, pushte mich vorwärts.

Dann 10 Jahre später, im August 2017 wurde in meiner Gegend für ein neues Fitnessstudio geworben. Ich dachte mir: Mit 51 Jahren ist es höchste Zeit, etwas für die Gesundheit zu tun. Und wenn ich dafür bezahle, ziehe ich es sicher auch durch. Gesagt, getan. Im Oktober eröffnete das Studio, und seitdem trainiere ich dort regelmäßig mehrmals pro Woche.

Da ich nie ein großer Sportfan war, gönne ich mir nach dem Training oft eine kleine Belohnung in Form von Sauna und Ruhebereich. Hin und wieder nehme ich auch an Kursen teil, um meine Fitness zu erhalten – und dabei ergeben sich immer wieder nette Gespräche mit anderen Mitgliedern, was ich auch sehr schätze.

Im Jahr 2021 bereitete ich mich auf den Organspendelauf in München vor, der im Englischen Garten stattfand. Laufen war eigentlich nie mein Ding – vor allem nicht nach dem Hirnschaden, den ich infolge meiner Lebertransplantation erlitten hatte. Meine Motorik war lange beeinträchtigt. Trotzdem wollte ich in München eine ordentliche Zeit schaffen. Also trainierte ich fleißig, sowohl im Studio als auch draußen in der wunderschönen Natur direkt vor meiner Haustür.

Peter
MEIN LAUF RETTET LEBEN!

In München angekommen, traf ich viele bekannte Gesichter: Ärzte, Transplantierte, Pflegepersonal, Mitarbeitende aus Kliniken und Rehazentren. Ich war überwältigt von der großen Teilnehmerzahl – und auch von der Prominenz, die sich für den guten Zweck engagierte. Als der Startschuss fiel, gab ich mein Bestes. Doch schon bald überholten mich Familien mit Grundschulkindern – und plötzlich überkam mich eine Welle der Emotionen. Ich hatte Tränen der Freude und Dankbarkeit in den Augen, überhaupt bei diesem Lauf dabei sein zu können.

Zwei Organspender haben mir dieses Leben geschenkt – dafür bin ich ihnen unendlich und ewig dankbar. Für meine Altersklasse und als dreifach Organtransplantierter erreichte ich eine respektable Zeit – die am Ende aber für mich keine Rolle spielte.

So durfte ich im November 2024 mit großer Unterstützung von Pater Klaus Schäfer und einigen lieben Freunden einen schönen Dankgottesdienst, zu meinem 25-Jährigen Transplantationsjubiläum, in der Klinikkapelle des Universitätsklinikums Regensburg feiern. An dem Ort, an dem wir alle, Spenderangehörige und Empfänger, Hoffnungen und Ängste miteinander teilten. Hier, inmitten der intensiven medizinischen Bemühungen, wollte ich meine tiefe Dankbarkeit zum Ausdruck bringen.

Bis heute trainiere ich im Studio und nehme jedes Jahr am Organspendelauf teil – ob virtuell oder vor Ort. Sport ist für mich nach wie vor anstrengend, denn er bedeutet, die Komfortzone zu verlassen. Aber er macht mir Freude, hält mich fit – und genau das ist der Sinn der Sache. Raus aus dem Sessel, den inneren Schweinehund besiegen – und hinterher das gute Gefühl genießen, etwas für mich und meine Gesundheit getan zu haben.

Peter Schlauderer

2.3 Leistungssport

2.3.1 Beate Bea: Tischtennis

Mein Name ist Beate Bea, und ich wurde 1961 geboren. Meine Kindheit und Jugend verliefen weitgehend unauffällig, abgesehen von ein paar kleinen Zwischenfällen, die meine Eltern und ich damals nicht so ernst nahmen.

Schon als Kind und Jugendliche bin ich öfter zusammengebrochen und hatte als junge Frau hin und wieder einen "Blackout". In meinen Dreißigern wurde bei mir eine Glomerulonephritis diagnostiziert, eine Entzündung der Nierenkörperchen. Diese Autoimmunerkrankung bedeutet, dass mein eigener Körper sich selbst angreift.

1993 heiratete ich und brachte eine gesunde Tochter zur Welt. Drei Jahre später, 1996, musste meine linke Niere entfernt werden. 2002 begann ich mit der Dialyse, einem Verfahren zur Reinigung des Blutes.

Knapp vier Jahre lang machte ich eine Bauchfelldialyse. In dieser Zeit lernte ich viel über die Funktionen und Aufgaben der Nieren. Doch nach viereinhalb Jahren war das Bauchfell erschöpft, und ein Infekt beendete die Möglichkeit der Bauchfelldialyse. Danach musste ich ein halbes Jahr lang die Hämodialyse über mich ergehen lassen. Diese Prozedur war extrem anstrengend für mich; mein Körper akzeptierte sie nicht, und mein Gewicht sank auf beängstigende 45 Kilo.

Die strengen Diäten, die ich zuvor bei der Bauchfelldialyse nicht einhalten musste, weil ich noch ausscheiden konnte, sowie das ständige Liegen während der viereinhalb Stunden Dialysezeit, zerrten sehr an meinem Körper. Zudem schlich sich langsam, aber immer heftiger das Restless-Legs-Syndrom ein. Manchmal waren die Bewegungen so stark, dass die Dialysenadeln in meinen Venen verrutschten und ich die Prozedur abbrechen musste.

Trotz dieser Herausforderungen blieb ich, wann immer es meine Gesundheit zuließ, aktiv. Tischtennis zu spielen, war und ist meine Leidenschaft. Ich habe eine staatlich anerkannte Trainerlizenz und trainiere Kinder im Alter von 8 bis 17 Jahren im Tischtennis.

Radfahren ist eine weitere große Leidenschaft von mir, sei es zusammen mit meinem Mann oder auch alleine. Wandern in der wunderschönen Natur des Südschwarzwaldes erfüllt mich mit Freude. Ich habe mich nie davon abhalten lassen, mich zu bewegen.

2006 verschlechterte sich mein Zustand leider so sehr, dass ich nur noch 45 Kilo wog und nur noch an der Hand meines Mannes gehen konnte. Schon 200 Meter waren eine große Herausforderung.

Doch wie die Bedeutung meines Namens – Beate, was aus dem Griechischen stammt und "die Glückliche" oder "die Glücksbringende" bedeutet – andeutet, kam dann am 20. Oktober 2006 der lang ersehnte Anruf aus der Uniklinik Freiburg.

Ich werde diesen Moment nie vergessen. Ich packte gerade die Sportsachen meiner Tochter, um sie zu einem überregionalen Tischtennisturnier zu begleiten, als um 23:52 Uhr mein Nephrologe aus dem Nierenzentrum Villingen-Schwenningen anrief und sagte: "Es liegt eine Niere für Sie in Freiburg bereit!"

Meine Gedanken überschlugen sich. Mein Mann war auf Montage, und viele Fragen schwirrten mir durch den Kopf: Wie kommt meine Tochter zu ihrem wichtigen Turnier? Meine Tochter war damals 13 Jahre alt, und es war mir ein großes Anliegen, ihr ein normales Leben zu ermöglichen. Bei einer schweren Erkrankung geht es oft nur um den Patienten – man vergisst leicht die Familienmitglieder, die das Leid miterleben und oft ebenfalls am Ende ihrer Kräfte sind.

Der zweite Gedanke war: Wie komme ich nach Freiburg? Gibt es dort Langzeitparkplätze? (Bitte nicht lachen, ich habe ein Talent fürs Falschparken)

Um mich zu beruhigen, trank ich zuerst einen Williams-Christ-Birnenschnaps. Das musste sein – wenig Flüssigkeit, wenig Kalium – so etwas muss gefeiert werden.

Dann rief ich den Trainer meiner Tochter an, es war mitten in der Nacht um 1 Uhr. Am nächsten Morgen um 7:00 Uhr übergab ich meine Tochter dem Trainer und seiner Frau, die sich liebevoll um sie kümmerten. Übrigens: Das Turnier war ein voller Erfolg, sie qualifizierte sich.

Nun war es an der Zeit, meinen Mann zu informieren. Mit zittriger Stimme erzählte ich ihm von meinem Glück. Zusammen mit seinen Arbeitskollegen organisierte er seine Heimfahrt von Berlin in den Südschwarzwald.

Am darauf folgenden Sonntag, dem 22. Oktober 2006, fuhr mich ein Freund meines Mannes nach Freiburg. Ich war voller Aufregung und Glück, mein Mund stand nicht mehr still. In Freiburg angekommen, erwartete mich das komplette Transplantationsteam. Ich konnte es kaum fassen – so viel Freundlichkeit – da brauchte ich keine Angst zu haben. Die Ärzte klärten mich in meiner Sprache sehr gut über die bevorstehende OP auf. Ich unterzog mich nochmals einer letzten Blutwäsche, damit mein Körper für den Eingriff stabil blieb.

Am 22. Oktober 2006 wurde ich gegen 22:00 Uhr in den OP geschoben. Aufgewacht bin ich am 23. Oktober 2006 gegen 13:00 Uhr. Ich erinnere mich sehr gut daran, denn die Sonne kitzelte meine Nase und das Transplantationsteam stand um mein Bett herum und strahlte mich an. Sie sagten, ich hätte 13 Liter Urin produziert, was auf eine hervorragende Leistung der Niere zurückzuführen war.

Man kann es nicht in Worte fassen, es war eine sogenannte Full-House-Niere. Ein Sechser im Lotto ist dagegen ein Trostpreis. So eine Niere ist ein Geschenk zwischen Himmel und Erde, für das der liebe Gott keine Worte gemacht hat.

Es ist beeindruckend, wie schnell die Genesung voranging. Zwölf Stunden nach der OP war mein Blutdruck fast im normalen Bereich. Nach zwei Tagen setzte meine Regel wieder ein, die ich die letzten vier Jahre aufgrund der fehlenden Hormonbildung durch die kranke Niere nicht hatte. Es war ein Wunder. Nach zehn Tagen wurde ich entlassen.

Nach drei Monaten war ich das erste Mal wieder im Schwarzwald wandern, und zwar auf dem Feldberg. Nach drei Monaten stand ich auch zum ersten Mal wieder in der Turnhalle am Tischtennistisch und habe versucht, meinen Gegner zu ärgern.

Seit 2008 bin ich Mitglied im Sportverein TransDia – Sport für Transplantierte und Dialysepatienten. Was für eine tolle Sportgemeinschaft.

In den letzten 16 Jahren habe ich für diesen Sportverein und für Deutschland an vier Weltmeisterschaften, drei Europameisterschaften sowie vielen Deutschen Meisterschaften teilgenommen.

Die Radtour pro Organspende von TransDia habe ich mehrmals zusammen mit meinem Mann geradelt. Auch die Neckar-Bodensee-Radtour, die vom Uniklinikum Tübingen initiiert wurde, stand fest in meinem Kalender.

Dieser Verein ermutigt dazu, nach einer gelungenen Organtransplantation wieder Sport zu machen. Vielleicht klingt das für einen Laien erst einmal befremdlich – man ist doch krank, man ist transplantiert – sollte man sich nicht schonen? Alle unsere Wettkämpfe werden mit einem ärztlichen Attest abgesegnet. Keine Sportlerin und kein Sportler setzt die Gesundheit und die Funktion des transplantierten Organs aufs Spiel.

Von allen Medikamenten, die ich nehmen muss, ist der Sport das angenehmste. Ausdauersport setzt Endorphine frei, vermittelt Glück und senkt den Blutdruck in den normalen Bereich. Das ist nur ein kleiner Nebeneffekt. Ein weiterer Nebeneffekt von Ausdauersport oder Sport generell ist, dass das transplantierte Organ besser durchblutet wird, weil der Körper arbeitet.

Meine Niere und ich leben jetzt seit 18 Jahren ein zufriedenes und erfolgreiches Leben. Wenn ich merke, dass ich mal wieder über meinen Zenit hinausgegangen bin, dann lege ich einfach die Hand auf meine Niere und beruhige sie. Das hat den gleichen Effekt für mich, als wenn eine Mutter ihre Hand auf ihren Bauch legt und das Kind im Bauch während der Schwangerschaft beruhigt. Bis jetzt hat es immer gewirkt.

Inzwischen sind 18 Jahre vergangen, meine Niere ist erwachsen geworden. Ab und zu merke ich meine Gelenke und Knochen – das ist wohl auch etwas altersbedingt. Ich betrachte mich als ein repariertes Auto, das aus einer Werkstatt kommt. Ein repariertes Auto wird nie ein neues Auto sein und hat danach eventuell kleine Defizite. Die Defizite von Transplantierten werden zum einen durch die Immunsuppression hervorgerufen und zum anderen leider auch durch die langen Wartezeiten auf das lebensrettende Organ. Oftmals sind diese Schäden, die in dieser Zeit am Körper entstehen, irreparabel.

Dennoch überwiegt die Dankbarkeit jeden Tag. Der 22. Oktober ist mein zweiter Geburtstag und besonders an diesem Tag schicke ich gute Gedanken an die Familie des Spenders. Danke!

Vielen Dank für die Aufmerksamkeit!

EM der Transplantierten- und Dialysepatienten 2016 in Vantaa/Finnland

2.3.2 Monika Bäcker: Tennis

Meine Nierenerkrankung Glomerulonephritis (Schrumpfnieren) wurde durch einen Zufallsbefund mit erhöhten Nierenwerten bei einer Routine-Blutkontrolle im Jahr 1983 entdeckt, was mich natürlich total unvorbereitet getroffen hat. Durch eine strenge Diät konnte ich den Beginn der Dialyse hinausschieben bis zum 20.04.1984. Es war ein Karfreitag und das hatte dann zur Folge, dass der Klinikspfarrer vorbeischaute und gleich sagte: „Erschrecken Sie nicht, ich gehe heute zu allen Patienten, weil Karfreitag ist".

Von nun an verlief mein Leben im Dialysetakt: jeden 2. Tag für 3 ½ Stunden an die Dialyse, egal ob Geburtstag, Feiertag oder Urlaub. Soziale Kontakte konnten auch nicht mehr in dem Maße gepflegt werden, Essen gehen war wegen der Beschränkung verschiedener Lebensmittel und der Trinkmenge schwierig. Der Durst war das schlimmste - man hatte eigentlich immer Durst.

Ich stand zu der Zeit mit meinen 26 Jahren voll im Berufsleben und habe meinen Beruf als Notarfachangestellte geliebt. Die Erkrankung hat meinen Berufsweg dann leider über den Haufen geworfen. Die Familienplanung nahm dann auch einen anderen Weg.

Nach anfänglichen Schwierigkeiten, verliefen die Dialysen aber ganz gut und so bin ich ca. 6 Wochen später zu meiner ersten Feriendialyse nach Damp aufgebrochen. Die Ärzte hielten es für zu früh, aber ich hab mich durchgesetzt. In Damp traf ich dann auf einen Professor, der mich 2 Stunden nach Beendigung der Dialyse an die Kraftmaschine schickte. Ich bin fast gestorben vor Angst und hab ständig auf meine Punktionsstellen geschaut, ob es nicht nachblutete.

Durch dieses Krafttraining wurde ich dann mutig und hab mir eine Stunde Tennistraining gebucht. Diese Stunde hat mich allerdings wieder auf den Boden der Tatsachen gebracht, denn ich war bedingt durch die schlechten HB-Werte natürlich nicht so belastbar, kam ständig zu spät an die Bälle und habe so viele Bälle in der Hecke rund um den Tennisplatz gesucht, wie nie wieder in meinem Leben. So wurde Tennis dann erstmal ad acta gelegt.

Nach nur 8 Monaten Dialyse - heute warten die Patienten 8 - 10 Jahre - wurde ich am 14.12.1984 im Klinikum Marburg transplantiert. Mit der Transplantation wurde mir das zuteil, was das DankMal, das am 20. Mai 2022 in der Charité in der Mittelallee des Campus Virchow in Berlin enthüllt wurde, aussagt:

„Organspende ist ein IMPULS: Kurz wie ein Flügelschlag eines Schmetterlings berühren sich die Lebensspiralen von Spenderinnen und Spendern sowie Empfängerinnen und Empfängern, greifen für einen kurzen Moment ineinander, um in verschiedene Richtungen wieder auseinander zu schweifen und damit Leben zu verändern“.

Ich erhielt das großherzige letzte Geschenk eines jungen Mannes in Form einer Spenderniere, auf die ich während meines Aufenthaltes in der Intensivstation immer meine Hand aufgelegt und mit ihr gesprochen habe. Am Anfang dachte ich immer, es wäre schön, wenn ich doch nur mal ein Jahr ohne Dialyse bleiben kann.

Diese Niere erwies sich dann aber als die beste Begleiterin, die ich mir nur vorstellen kann und die seit nunmehr 40 Jahren ihren Dienst tut, alle Höhen und Tiefen mit mir teilt und ich dank ihr und natürlich auch dank des großherzigen Geschenks meines Organspenders wieder ein weitestgehend normales Leben führen kann.

Aber so normal blieb mein Leben dann nicht. In meiner Heimatstadt gab es mittlerweile einen Tennisclub und ich versuchte es dort nochmal mit dem Tennistraining. Weil ich vorher niemals eine Ballsportart betrieben hatte, hat es wirklich Jahre gedauert, bis der Ball dann endlich dahingeflogen ist, wo ich ihn hinhaben wollte.

In den einschlägigen Fachzeitschriften hatte ich immer mal wieder von Deutschen Meisterschaften für Transplantierte und Dialysepatienten gelesen, konnte aber nicht einschätzen ob ich dort mithalten konnte. Ich nahm dann all meinen Mut zusammen und fuhr im Jahr 1995 (11 Jahre nach meiner Transplantation) erstmals zu einer DM nach Hofgeismar. Leider nahm außer mir keine weitere Frau an den Tenniswettbewerben teil und so musste ich nur gegen Männer spielen und die haben mich so richtig, richtig laufen lassen und natürlich immer gewonnen.

Der Sportwart meinte jedoch, ich hätte bei den Frauen international auf jeden Fall eine Chance und hat mich überredet, doch mal an den Weltspielen für Transplantierte, die in 1997 in Sydney (Australien) stattfinden würden, teilzunehmen. Für die Teilnahme benötigte ich ein ärztliches Attest und der Oberarzt im Klinikum Marburg meinte: „Ach Frau Bäcker, muss es denn ausgerechnet Australien sein“. Er war immer sehr besorgt um seine Patienten, hat mir das Attest aber dennoch ausgestellt.

Nach dem langen Flug und durch den darauffolgenden Jetlag hab ich am ersten Wettbewerbstag trotz Wecker gleich verschlafen, konnte mir gerade noch ein Brötchen einpacken und schon fuhr der Bus los zur Tennisanlage. Und obwohl ich mir wirklich keinerlei Chancen ausgerechnet hatte, konnte ich die ersten drei Spiele für mich entscheiden und kam dann ins Endspiel. Das Endspiel war ein Nervenkrimi und irgendwann überfiel mich eine große Erschöpfung. Eine unserer deutschen

Begleitpersonen brachte mir dann noch eine Banane und eine Cola auf den Platz. Das war dann der Wendepunkt. Ich gewann tatsächlich dieses Endspiel und damit die Goldmedaille. Es gibt noch ein nettes Foto von mir und dem Sportwart, der mich im Arm hat und meine Bananenschale vom Platz trägt.

Tennis-Doppel war leider nicht möglich, weil ich die einzige deutsche Tennisspielerin war. Es gab aber auch eine einzige österreichische Tennisspielerin, die gerne Doppel mit mir spielen wollte. Sie hat dann beim Komitee einen Antrag für uns beide gestellt mit der Begründung, dass sie doch ein deutsches Spenderherz in sich trage, aber der Antrag wurde leider wegen der Nationenwertung abgelehnt.

Dieser ersten Goldmedaille folgten in den kommenden Jahren viele weitere Medaillen sowohl bei den Weltspielen, den Europäischen Spielen und natürlich den Deutschen Meisterschaften, die ich im Jahre 2001 auch in Marburg ausgerichtet habe.

Folgende Medaillen konnte ich bei den Weltspielen und den Europäischen Spielen erringen:

Tennis-Einzel   7 x gold

                     1 x silber

Tennis-Doppel   1 x gold

                     1 x silber

                     1 x bronze

Tennis-Mixed   2 x silber

4 x 100 m Staffel   1 x silber

3 km-Lauf   1 x bronze

Die Transplantation hat im Nachhinein betrachtet mein ganzes bisheriges Leben auf den Kopf gestellt und mir ganz neue Perspektiven eröffnet. Einige Länder der Austragungsstätten hätte ich wohl niemals bereist, so z.B. Japan, und so viele dankbare transplantierte Menschen hätte ich nie kennengelernt.

Natürlich gab es in den vergangenen 40 Jahren auch viele traurige Momente, so starb mein Ehemann im Alter von nur 48 Jahren und meine Schwester mit 51 Jahren und auch von vielen Mitpatienten musste ich mich schon verabschieden, auch von einem Transplantierten, der leider Opfer des Tollwutfalles im Jahre 2005 wurde. Davon war dann auch unsere Marburger Selbsthilfegruppe betroffen, weil er nach seiner Transplantation zu einem unserer Treffen gekommen war. Wir wurden dann aus Sicherheitsgründen alle geimpft.

Mein Wunsch für die Zukunft wäre eine bessere Würdigung der Organspender:innen, auch Lebendspender:innen und natürlich der Angehörigen und Familien. Eine Organspende ermöglicht die Lebensrettung von bis zu 7 Menschen (Lunge, Herz, Leber, Bauchspeicheldrüse, Dünndarm, Nieren).

In Australien durften z.B. Angehörige der verstorbenen Organspender die Siegerehrung für die transplantierten Sportler vornehmen. Das waren sehr emotionale Momente für beide Seiten und die Angehörigen haben im Nachhinein gesehen, wie sinnvoll und wertvoll die Organspende war.

Mein großer Dank gehört meinem Nierenspender, den Mediziner:innen und Pflegekräften und allen in der Transplantationsmedizin Tätigen, sie sich mit viel Herzblut dafür einsetzen und nicht zuletzt auch den Menschen, die die Organverteilung und die Logistik gewährleisten und noch vielen anderen.

Ich selbst bin seit langen Jahren in zwei Selbsthilfevereinen für Nierenkranke ehrenamtlich tätig und versuche auch auf diesem Weg, meinen Dank für das große Geschenk meines Organspenders auszudrücken und daran mitzuwirken, dass die heutigen Dialysepatienten nicht mehr 8 - 10 Jahre mit der Dialyse leben müssen, um dann erst transplantiert zu werden.

Wenn mir dann eine ältere Dame am Info-Stand erzählt, dass ihr Ehemann mit 79 Jahren verstorben ist und seine Organe gespendet hat, von denen 5 Organe erfolgreich transplantiert worden sind, dann gibt es mir Auftrieb, mich auch weiterhin für die Organspende zu engagieren.

Und last but not least, werde ich natürlich alles dafür tun, dass noch viele weitere gemeinsame Jahre mit der Spenderniere meines Organspenders folgen werden.

Monika Bäcker

2.3.3 Ludwig Szeberenyi: Zehnkämpfer

Ein „alive! intern" Artikel und eine „Werbeeinschaltung" für ein sportliches Event für Transplantierte in der Steiermark, brachte mich mit Ludwig Szeberenyi zusammen. Er erzählte vieles von vor seiner TX und danach, einfach seine Geschichte – eine Geschichte voller Hoffnung, Kampfgeist und nicht nur sportlichen Erfolgen.

Das Leben ist unberechenbar. Heute bist du Spender, gesund und voller Energie – und morgen könntest du selbst auf eine Organspende angewiesen sein. Genau diese Wendung erlebte Ludwig am eigenen Leib. Vom selbstlosen Knochenmarkspender wurde er Jahre später zum Empfänger eines neuen Herzens. Doch statt aufzugeben, kämpfte er sich zurück ins Leben – und feiert heute als transplantierter Sportler große Erfolge. Seine Geschichte ist ein eindrucksvolles Beispiel für die Bedeutung von Organspenden, für Willenskraft und für die unbegrenzten Möglichkeiten des menschlichen Körpers.

Ludwig war immer ein leistungsfähiger, sportlicher Mensch. Als Presseoffizier beim Bundesheer engagierte er sich aktiv für soziale Projekte. 1991 organisierte er gemeinsam mit seinem Vorgesetzten eine große Typisierungsaktion für Stammzellspenden, nachdem ein Feuerwehrmann aus seinem Umfeld an akuter Leukämie erkrankte.

Die Resonanz war enorm – über 1.000 Soldaten wollten sich typisieren lassen. Doch aufgrund finanzieller Einschränkungen konnten nur ein Teil der Tests durchgeführt werden. Ludwig war einer derjenigen, deren Daten erfasst wurden. 1999 – acht Jahre später – kam der Anruf: Ein Mann in Amerika brauchte dringend eine lebensrettende Stammzellspende. Ludwig passte perfekt als Spender. Ohne zu zögern entschied er sich zu helfen. "Es war für mich eine Selbstverständlichkeit. Ich habe nie darüber nachgedacht, ob ich das tun soll oder nicht. Wenn ich helfen kann, dann tue ich es." Die Spende verlief reibungslos. Ihm wurde Knochenmark entnommen und direkt nach Amerika geschickt. Außer einem blauen Fleck hatte er keinerlei Beschwerden. Er fühlte sich stark, unverwundbar – bis das Schicksal nur wenige Jahre später zuschlug.

Im Februar 2002 war Ludwig in bester körperlicher Verfassung – seine Leistungsfähigkeit entsprach 150 % eines durchschnittlichen 50-Jährigen. Er trieb intensiv Sport, war gesund und voller Energie.

Doch plötzlich begann sein Körper unerwartet irgendwie zu versagen. Müdigkeit, Leistungsabfall, zunehmende Erschöpfung – ohne ersichtlichen Grund. Eine Zahnoperation stellte seine Welt auf den Kopf.

Bei dem Eingriff wurden zwei Zahnwurzelsplitter übersehen, sie führten zu einer Infektion, die sein Herz schwer schädigten. Innerhalb weniger Monate fiel seine körperliche Leistungsfähigkeit ins Bodenlose.

Im September 2003 kam es zur Katastrophe: Beim Ergometer-Test fiel Ludwig nach wenigen Sekunden bewusstlos vom Rad – bei einer Belastung von gerade einmal 30 Watt. Er, der einst Hochleistungssport betrieb, war plötzlich nicht mehr in der Lage, selbst geringste Anstrengungen auszuhalten.

Auch sein großes Herzensprojekt – die Kinderskikurse, die er mitorganisiert hat, mit jährlich 300 Teilnehmern aus verschiedenen Bundesländern – musste er somit schlagartig aufgeben. Diese Kurse waren für ihn Highlights, in denen er nicht nur als Lehrer, sondern als Motivator und Vorbild für die Kinder fungierte. Besonders eine Erinnerung bringt ihn noch heute zum Schmunzeln: Ein kleines Mädchen, das ihn nur ohne Bart akzeptieren wollte. Ein Deal wurde geschlossen – er rasierte sich bisher nur einmalig, damit sie ihn als Skilehrer akzeptierte und mit Freude lernte, bis sie schließlich den Skiführerschein in den Händen hielt.

2003 wurden die Zahnwurzelsplitter operativ entfernt, doch sein Herz war bereits zu stark geschädigt. Die Ärzte prognostizierten ihm damals nur noch zwei Jahre – es sei denn, er würde ein Spenderherz erhalten.

"Ich muss kämpfen. Ich darf nicht aufgeben."

In dieser schweren Zeit gab es eine Kraftquelle, die ihn am Leben hielt – seine Familie. Als Ludwig erfuhr, dass er Großvater wird, hatte er nur eine einzige Angst: "Werde ich mein Enkelkind überhaupt noch kennenlernen?" Dieser Gedanke veränderte alles. Er wusste, er musste überleben. Für seine Familie. Für seinen Sohn. Für seine Enkelkinder.

Er entschied sich, nicht nur passiv zu warten, sondern sein Schicksal aktiv in die Hand zu nehmen. Er hielt seinen Körper so gut es ging in Bewegung, blieb mental stark und hoffte Tag für Tag auf den erlösenden Anruf.

Nach vier Jahren des Wartens kam endlich der ersehnte Anruf:

"Herr Szeberenyi, wir haben ein Herz für Sie."

Es war der Beginn seines zweiten Lebens. Die Operation verlief erfolgreich, doch der eigentliche Kampf begann erst danach. Die ersten Monate waren hart – sein Körper musste das neue Organ annehmen, er musste sich wieder bewegen lernen, jede Bewegung war eine Herausforderung – ein neues Vertrauen in sich selbst finden.

Doch er hatte eine Entscheidung getroffen: Er wollte nicht nur überleben, sondern leben. Richtig leben. Schritt für Schritt- Ziel für Ziel kämpfte er sich zurück, auch natürlich zum Sport. Heute, mehr über 20 Jahre nach seiner schwersten Zeit und seiner TX, nimmt Ludwig an Werfer-Zehnkämpfen teil – und hält stundenlange Wettkämpfe problemlos durch.

Bei den European Transplant & Dialyse Games 2024 in Lissabon übertraf er sich selbst. Er gewann gleich mal fünf Goldmedaillen in Kugelstoßen, Speerwurf, Diskus, Ballwurf und 50 Meter Brustschwimmen.

Neben dem Sport entdeckte Ludwig eine weitere Leidenschaft: das Schreiben. Gemeinsam mit Rudolf Lantschbauer und Toni Bodenstein arbeitete er am Buch „Wachau – Wein & Kulinarisches", das 2004 im Vinothek Verlag Graz erschien. Das Werk fand sogar seinen Weg bis nach China. Besonders wichtig war ihm jedoch, dass auch sehbehinderte und blinde Menschen Zugang dazu erhielten – eine Umsetzung, die schließlich mit einer eigenen Rubrik und einer Auszeichnung als bestes Werk honoriert wurde.

Doch nicht nur der Sport und das Schreiben hielten ihn geistig und körperlich aktiv. Eine seiner größten Freuden war seine Rolle als Leihopa. Über zehn Jahre lang baute er Baumhäuser, sägte, schraubte und stellte sich sogar der Herausforderung des veganen Kochens für Kinder im Alter von zwei bis 14 Jahren. "Kinder sehen Dinge, die wir Erwachsenen oft übersehen. Ein Käfer wird zur Sensation, eine Pfütze zum Abenteuer, ein Herbstblatt zu einem Kunstwerk der Natur."

Diese unvoreingenommene Freude am Leben half ihm – und hilft ihm noch heute –, jeden Moment bewusst zu genießen.

"Ich bin dankbar für das was mein zweites Leben mir ermöglicht!"

Doch seine Reise ist noch lange nicht zu Ende. In Graz plant er 2025 nun die 1. Offene Steirische Meisterschaft der Transplantierten. Unter dem Motto „Gemeinsam Sport betreiben" will er zeigen, dass es nie zu spät ist, sich neu zu entdecken, aktiv zu werden und das Beste aus seinem Leben zu machen – unabhängig von den Hürden, die das Schicksal in den Weg stellt.

Ich bin dankbar, dass Ludwig mir sein Vertrauen geschenkt hat, seine Geschichte für ihn erzählen zu dürfen. Sie zeigt, dass das Leben ein harter Werfer-Zehnkampf sein kann – aber auch, dass es ein wundervolles Geschenk ist und Beginn einer Freundschaft und Verbindung sein kann.

Ein jeder Tag zählt. Jeder Herzschlag ist wertvoll.

2.3.4 Gerhard Gruber: Laufen, Sik- und Radfahren, Tennis

Mein Name ist Gerhard Gruber und geboren wurde ich 1966 im schönen St. Johann am Tauern in Österreich wo ich auch wohne. Ich bin in einer harmonischen Familie mit vier Geschwistern aufgewachsen und habe schon früh meine Leidenschaft für Sport und Musik entdeckt. Von klein auf war Bewegung ein wichtiger Bestandteil meines Lebens. Ich habe stets gesund gelebt, nie geraucht oder Alkohol getrunken und war sportlich aktiv.

Nach einer Messe war mein Bildungsweg für mich klar, (m)ein junger Lehrherr, der erst schon 2 Lehrlinge hatte, meinte ich, „sei ein lieber Bur'" und somit hatte er mit mir gleich 3 Lehrbuben, statt 2. Nach meiner Ausbildung zum Tischler Dank meines Vaters, der mich unterstützt, um einen richtig guten Ausbildungsplatz zu erhalten. Nach 11 Jahren absolvierte ich die Meisterprüfung und hatte eine eigene kleine, feine Tischlerei - „einen ein Mann hoch Betrieb" betrieben. Ich plante sogar einen Neubau für meinen Betrieb, mein Plan war mit einem für mich überschaubaren Betrieb in die Zukunft zu investieren, doch das Leben nahm gerade hier seine unerwartete Wendung.

Meine Diagnose: Leukämie (1996)

Bis zu meinem 36. Lebensjahr hatte ich keinerlei gesundheitliche Probleme. Doch im Jahr 1996 wurde bei mir aus heiterem Himmel die Diagnose chronische myeloische Leukämie (CML) gestellt. Ich hatte bemerkt, dass meine körperliche Leistungsfähigkeit nachließ, insbesondere bei einer Radtour von der Steiermark nach Paris. Ein Arztbesuch brachte dann die Gewissheit.

Nach mehreren Monaten mit Chemotherapie wurde klar, dass eine Knochenmarktransplantation im Jahre 1997 notwendig war. Zum Glück war meine Schwester eine passende Spenderin für mich. Im AKH Wien wurde mir ihr Knochenmark transplantiert und die Behandlung verlief erfolgreich. Ich war von der Leukämie geheilt.

Leider kam es zu einer chronischen Abstoßungsreaktion meiner eigenen Lunge – eine seltene, aber schwerwiegende Komplikation nach einer Knochenmarktransplantation. Mein Zustand verschlechterte sich rapide: Ich musste mit Sauerstoff versorgt werden und saß schließlich im Rollstuhl. Nach mehreren Krankenhausaufenthalten wurde ich auf die Warteliste für eine Lungentransplantation gesetzt. Bereits nach drei Monaten im Jahr 1998 wurde ein passendes Spenderorgan für mich gefunden. Ich erinnere mich noch genau an den Moment des Anrufs – ich war einfach nur dankbar!

Meine Lungentransplantation in der Universitätsklinik AKH Wien verlief erfolgreich und mein Weg zurück ins Leben begann. Ich war einer der ersten Patienten weltweit, der eine Knochenmark- und eine Lungentransplantation in dieser Reihenfolge erhalten hatte. Dank meiner positiven Lebenseinstellung, meiner Familie und meiner Partnerin habe ich mich Schritt für Schritt zurückgekämpft. Da ich bereits vor meiner Erkrankung gesund gelebt habe, fiel mir die Umstellung eigentlich gar nicht so schwer. Ich begann langsam wieder mit Sport und Musik, was mir half, körperlich und mental zu regenerieren. Nach und nach konnte ich meine frühere Fitness zurückgewinnen. Ich baute mir meine eigene Sportanlage in St. Johann aus, welche Tennis, Minigolf, Tischtennis und einen Mehrzweckplatz umfasst, um andere zu motivieren, sich zu bewegen.

20 Jahre nach meiner Lungentransplantation wagte ich einen großen Schritt: Ich nahm an den „European Heart and Lung Transplant Championships" in Lignano teil. Mein Ziel war es, anderen Transplantierten Mut zu machen und zu zeigen, was mit Disziplin und einem positiven Mindset möglich ist. Ich trat in fünf Disziplinen an – 100 m, 400 m, 1.500 m, 4.000 m sowie Tennis – und holte in allen fünf Bewerben die Goldmedaille. Damit war ich der erfolgreichste Sportler des Turniers und der beste Österreicher der Meisterschaften.

Sport war immer ein wichtiger Bestandteil meines Lebens. Ich betreibe heute vielseitigen Sport - darunter Langlaufen, Skifahren, Radfahren und Tennis.

Mir geht es nicht um den Sieg oder Rekorde zu brechen – nein, ich möchte anderen Menschen, die auch eine schwere Diagnose erhalten haben und dadurch einen Transplantationsprozess durchmachen müssen Hoffnung, Mut und vor allem die Motivation zur Bewegung geben.

                    - 139 -   Gerhard Gruber: Laufen, Sik- und Radfahren, Tennis

Mein Anliegen ist es, zu vermitteln, dass das Leben nach einer Transplantation nicht nur wertvoll, sondern auch reich an Chancen und neuen Perspektiven ist.

Heute, mehr als 26 1/2 Jahre nach meiner Lungentransplantation führe ich ein aktives, dankbares und erfülltes Leben. Ich betreibe mit viel Herzblut meine Sportanlage, bin nach 30 Jahren noch immer Tennisobmann, spiele im Musikverein St. Johann, arbeite noch in kleinem Rahmen als Tischler und genieße vor allem die Zeit mit meiner Partnerin, der Familie und meinen Freunden.

Ich bin dankbar für jeden einzelnen, unbezahlbaren Tag und möchte diese Dankbarkeit weitergeben – an all jene, die mit Herausforderungen kämpfen.

2.3.5 Thomas Bergmann: Schwimmen, Laufen, Radfahren

Wie ich 2013 mit 55 Jahren noch Vizeweltmeister geworden bin.

Vor meiner Herztransplantation

Mein Leben beginnt im Jahr 1958. Ich bin im schönen Erzgebirge geboren. Meine Kindheit war sehr schön und auch immer spannend. Die Erlebnisse rund um den Bauernhof und vielen Freunden haben dazu beigetragen. Ich bin 10 Jahre zur Schule gegangen. In diesen Jahren gab es auch sportliche Erfolge. Im örtlichen Fußballverein und auch im Hochsprung, bei den Orts und Kreismeisterschaften, war ich erfolgreich. Eine Silbermedaille im Hochsprung war mein größter Erfolg. Die angeeignete Sprungtechnik, hilft mir gut 40 Jahre später zu einer Medaille, bei internationalen Wettkämpfen für Transplantierte Sportler. Nach dem Abschluss der 10. Klasse, habe ich eine Lehre als KFZ- Lackierer begonnen, die ich 1976 erfolgreich beendet habe. Das Jahr 1976 war eines der schönsten Lebensabschnitte. Ich heirate eine supertolle Frau im September 1976.Wir sind nun zu zweit unterwegs und planen unseren weiteren Lebensweg. Die Scheune meiner Eltern, die die Landwirtschaft aufgegeben hatten, soll unser neues zu Hause werden. Im April 1977 werde ich zum Wehrdienst einberufen. Es geht zu meiner Verwunderung an die innerdeutsche Grenze.

Die Bauarbeiten am Haus hatten bereits begonnen (Abriss der Scheune) und es war unser erstes Kind unterwegs.

Der Grundwehrdienst war im Oktober erfolgreich absolviert worden. Dann ging es an die Grenze zum Schutz des Landes. Nach einigen Schichten an der Grenze, wo ich auch Vater geworden bin, bekam ich unerwarteten Besuch. Der Herr Generalmajor B. persönlich kam zu mir auf den B- Turm, schüttelte mir die Hand und fragte mich nach meinem Befinden. Ich hab Ihm dann wohl eine falsche Frage gestellt. Genosse General, warum zeigen die Abweiser vom Stacheldraht nach Osten und nicht zum Klassenfeind nach Westen? Die Antwort blieb er mir schuldig!? Am nächsten Morgen beim Apell rief der verantwortliche Offizier „ Genosse B. sofort den Seesack packen, sie werden versetzt" Ich kam in eine Art Strafkompanie, da ich die Anwendung der Schusswaffe gegen Landsleute abgelehnt hatte. Was folgte waren Verhöre und ein sinnloser Wachdienst irgendwo bei Eisenach. Im letzten Halbjahr war ich am Pfeiffrischen Drüsenfieber erkrankt. Das war kein einfacher Verlauf. Alle Organe waren geschwollen. Mit 18 Jahren nimmt man das wohl nicht sehr ernst, aber das war es durchaus und ist vielleicht auch eine Ursache meiner späteren Transplantation gewesen!? Der Wehrdienst endete im Oktober 1978. Der neue Lebensabschnitt hat viel Neues im Gepäck. Wie schon erwähnt sind meine Frau und ich im Jahre 1977 Eltern geworden. Unser Sohn T. wächst noch in unserer kleinen Wohnung im Bauernhaus meiner Eltern auf, da unser Haus noch nicht fertig ist. Meine Frau arbeitet als Erzieherin im Kindergarten. Auf dem Weg dahin bringt sie T. in die Kinderkrippe und später geht er mit in den Kindergarten. Der Um und Ausbau der Scheune zum Wohnhaus dauert etwas länger. Im Juli 1980 wird unsere Tochter N. geboren. Wir bekommen zu unserem kleinen Zimmer 11 m² ein Schlafzimmer dazu. So hat die kleine Familie mehr Platz. Erst im Jahr 1981 ist unser Haus fertig und wir wohnen nun auf sage und schreibe 140 m².

Die Arbeitsstelle, wo ich gelernt hatte, habe ich gekündigt. Ich bin nun in einem größeren Unternehmen mit 1400 Mitarbeitern beschäftigt. Mein Job ist es Motoren zu lackieren. Später bediene ich Spritzroboter und diese werden von mir programmiert und überwacht.

Im Jahr 1985 kommt unser Sohn S. zur Welt und 1987 unsere Tochter A. Die Familie ist nun komplett.

Bei turnusmäßigen Reihenuntersuchungen werden bei mir Herzrhythmusstörungen festgestellt. Dies ist noch kein Grund zur Beunruhigung, doch das Herzstolpern wird über die Jahre immer häufiger. Dazu kommt auch, dass mein Herz nach und nach schwächer wird.

Zur Wendezeit 1989 heißt es Neuorientierung im Job. In 400 km Entfernung nehme ich 1992 einen Job in der Münsterstadt Ulm auf.

Als Familie dürfen wir nun Reisen, wohin uns unser Interesse führt. Es geht nach Schweden, Canada und später auch nach Florida. Die zwei großen Kinder sind da schon nicht mehr dabei. Der Job in Ulm macht mir großen Spaß. Vor Allem, weil die Bezahlung sehr ordentlich ist. Was die Entfernung zur Familie betrifft, ist dies natürlich auf Dauer nicht optimal. Wir leben für zwei Jahre diese Wochenend- Beziehung, dann klingelt eines Abends am Wochenende ein privater Unternehmer an unserer Haustür. Er bietet mir einen Job in seiner Werkstatt an, mit der Option den Meisterbrief zu machen. Wir wägen dies in der Familie ab und entscheiden uns dafür. Ab September 1994 bin ich also wieder zu Hause. Die Meisterausbildung dauert drei Jahre als nebenberufliche Maßnahme. Im April 1997 habe ich meinen Meister erfolgreich abgeschlossen. Wegen sich neu ergebender Umstände im Betrieb, habe ich die Arbeitsstelle erneut gewechselt. Ab September 1997 arbeite ich als Meister in einem Autohaus, was eine eigene Lackiererei betreibt.

Im Frühjahr 1998 ist ein Wechsel unseres PKW notwendig. Der Betriebsleiter des Hauses kommt auch auf private Themen zu sprechen. Das Autohaus ist im Begriff eine eigene Lackiererei neu zu errichten und ich als Fachmann und Meister sollte den Betrieb dabei unterstützen. Da der Betrieb vor meiner Haustür gebaut wird (2km) habe ich nicht lange überlegt. Ab 01.05. 1998 war ich beruflich angekommen und arbeite dort noch 24

Jahre. Als Betriebsleiter zu arbeiten, ist zwar körperlich weniger intensiv, doch für die Nerven manchmal doch sehr aufregend.

Privat läuft alles optimal. Die Kinder werden selbständig und sind dann auch bald aus dem Haus. Meine Frau und ich unternehmen schöne Urlaubsreisen nach Costa Rica, Venezuela, Kuba usw.

Die Phase der Krankheit

Der Zustand meines Herzens wird nach und nach schlechter. Bei einer Untersuchung im örtlichen Krankenhaus werden bis zu 200 Extrasystolen gemessen und die Herzleistung beträgt nur noch 40%. Mir wird eine Ablation empfohlen, die ich dann auch ausführen ließ. Der Erfolg ist leider ausgeblieben. Als weitere Maßnahme soll ein Herzschrittmacher (Defi) zur Besserung beitragen. Dieser wird im Jahr 2006 erfolgreich implantiert. Der betreuende Kardiologe spricht erstmals von der Möglichkeit einer Transplantation, die ich aber zu diesem Zeitpunkt, nicht sehr ernst genommen habe. Nach einem Kuraufenthalt geht es mir wieder ganz gut und ich gehe wieder meinen privaten und beruflichen Pflichten nach. Wir planen die Modernisierung unseres Hauses und erledigen alles, was dafür notwendig ist. Im Jahr 2008 bekomme ich im Auge eine Streptokokken-Infektion. Die rechte Gesichtshälfte und das Auge sind entzündet und geschwollen. Mit meinem schwachen Herzen ist das keine Bagatelle. Die Herzleistung sinkt auf 20%. Im Leipziger Uniklinikum werde ich wegen meines Auges behandelt. Die Augenärztin ist sehr professionell und kann das Auge erhalten. Das Herz wird leider immer schwächer. Mir ist zu diesem Zeitpunkt der Ernst der Lage nicht bewusst. Ich wiege 90 kg, weil das Herz das Wasser nicht mehr aus dem Körper pumpt. Trotz Empfehlung mich weiter zu behandeln, bitte ich um Entlassung aus dem Klinikum. Der behandelnde Arzt entlässt mich auf eigenen Wunsch. Nach 6 Wochen Krankheit bekomme ich noch einige Monate Krankengeld und muss dann aber Erwerbsminderungsrente beantragen. Diese wird mir auf Grund meines akuten Zustandes auch gewährt. Im März 2009 haben wir einen Termin im Herzzentrum Leipzig. Die Fahrt dorthin übernimmt meine liebe Frau, da ich nicht mehr in der Lage bin ein Fahrzeug zu führen (Selbsterkenntnis) Dort werden wir über die Möglichkeiten und Verfahrensweisen einer Transplantation aufgeklärt. Die professionelle Ärztin prüft meinen Gesundheitszustand und erklärt dann, wie der Ablauf sein könnte. Auch Fotos von vorher und nachher einer Op. anderer Patienten werden uns gezeigt. Zu diesem Zeitpunkt bin ich alles andere als begeistert, über die Möglichkeiten der Heilung. Bei der Untersuchung drückt mir die Ärztin leicht in die Lebergegend und meine Augen werden dabei gelb d.h. mein Körper ist nicht mehr in der Lage seinen alltäglichen Aufgaben nachzukommen. Zu unserer Verwunderung möchte mich die Ärztin auch gleich einweisen. So führt der Termin zur Info dann auch gleich zur Aufnahme in das Herzzentrum.

In meiner späteren Jugend und auch danach sind sportliche Betätigungen nicht nennenswert. Man geht halt baden, aber schwimmt nicht viel. Oder fährt abends eine Runde im Wald mit dem Rad und das war's dann auch. Wir gehen spazieren, aber sportlich ist dabei nichts. Das sich dies nochmal ändert, hat wohl Niemand erahnt.

Die Transplantation

Nach meiner Aufnahme im Herzzentrum wird sich gut um mich gekümmert. Die Atmosphäre ist fast schon familiär. So komme ich auf die Hochdringlichkeitsliste für die Transplantation. Die Wartezeiten sind von einem Monat bis mehr als ein Jahr zu erwarten. Angeschlossen an bis zu sieben Perfusionen bessert sich mein Zustand etwas und ich denke so bei mir. Packt mir das Zeug ein und ich gehe wieder nach Hause. Mit meiner Blutgruppe (0 Negativ) wird es wohl eher länger dauern bis ein geeigneter Spender gefunden ist. Der Gedanke, es muss jemand diese Welt verlassen, damit ich weiter leben darf, machte mich nachdenklich.

Der 10.03. 2009 war der Tag meiner Einweisung. Während der Wartezeit trifft man auch Transplantierte, die zur Kontrolle im HZ. sind. Einer hat mir wirklich Mut gemacht. Z.Bsp. wieder fliegen und reisen zu dürfen. Ein Film wiederum (Das Leben nach einer Transplantation) hat mir wenig Mut gemacht. Doch man muss halt über alles informiert sein. Die Zeit vergeht zwar langsam, aber schneller als gedacht. Eines Morgens an meinem Geburtstag Anfang April, sagt eine Schwester: Vielleicht kommt ja heute was, so als Geburtstagsgeschenk? Das war wohl eher eine Aufmunterung. Doch schon 10 Tage später war es dann soweit. Es gibt ein Organ für mich. Ich weiß gerade nicht was überwiegt. Die Freude über das Organ, oder die Angst vor der Op. Der Tag verläuft noch ganz normal mit Essen und Trinken. Ich darf sogar noch Erdbeeren essen, was danach erstmal nicht mehr möglich sein soll. Zumindest keine frischen Erdbeeren. Gegen 22,00 Uhr geht's dann in den Op. und gegen 04,00 Uhr klingelte das Telefon bei meiner Frau. Ihr Mann hat die Op. gut überstanden. Das kleine kräftige Herz hat von alleine angefangen zu schlagen, so die Worte des operierenden Professors. Dass das Herz ohne elektrischen Anschub von alleine schlägt, ist wohl eher eine Seltenheit.

Die Ärztin, die mich aufgenommen hat, sagte mir: Ende Mai ist mein letzter Tag im HZ. Leipzig und bis dahin sind sie durch Herr B., das war noch vor der Operation. Die Ärztin hat aus privaten Gründen die Klinik gewechselt. Dies war sehr optimistisch, aber sie hatte Recht behalten. Nach der Op. gab es noch Probleme. Da die behandelnde Ärztin kurz nach der Op. im Urlaub war, haben andere Ärzte mich für die anschließende Kur vorbereitet. Es war soweit alles gut, bis die besagte Ärztin vom Urlaub zurückkam. Sie hat ein abschließendes Echo gemacht und dabei eine Ansammlung von Flüssigkeit im Herzbeutel gefunden. Das war's dann erstmal mit der Kur. Es wurde erneut operiert, da eine Drainage gelegt werden musste. Besser man hat es noch entdeckt, als von der Kur zurück ins Krankenhaus zu müssen. Ende Mai war es dann soweit, ich durfte die Klinik verlassen. Im Kurheim angekommen, fühlte ich mich, wie König in Deutschland. Im Speisesaal ganz allein, wegen der Ansteckungsgefahr und auch sonst bestens betreut. Der Weg zurück ins Leben beginnt. Für mich natürlich nicht schnell genug. Die Kurklinik ist mir bekannt, da ich schon nach der Implantation meines Defibrillators hier gewesen bin. Damals hatte ich mich bis zur Pinguin- Gruppe hochgearbeitet. Die Aufgabe war, eine kleine Wanderung im Kurpark zu meistern. Meine Ansprüche an das Neue Herz waren natürlich größer, doch so schnell ging es dann doch nicht. Ich wiege noch 50 kg und bin sehr schwach. Der betreuende Arzt sagt: Sie haben die Chance es zu schaffen. Dies motiviert mich natürlich und ich gebe mein Bestes. Täglich gibt es Ergometer Training und ich gehe spazieren. Die erste Wanderung schaffe ich nur bis zur Spechtbank ca. 1km hin und zurück. Auch das Treppensteigen geht noch nicht ohne tief zu Atmen. Bei einem Besuch meiner Familie, fahre ich ein Stück mit dem Auto. Die Rückfahrt habe ich abgelehnt, weil ich dafür zu schwach gewesen bin. Es geht also ganz langsam aufwärts. Zum Ende der Kur mache ich schon längere Spaziergänge und es ist schon besser, als vor der Transplantation. Zu Hause angekommen, habe ich mein gewohntes Umfeld zurück. Unsere Katze hat der Nachbar übernommen und das Haus war neu renoviert. Die Katze musste weichen, wegen der Übertragung von Krankheiten. Die Renovierung hatte ich noch selbst mit begonnen, war aber kaum in der Lage mit zu helfen. Die Berge sind für mich noch eine Herausforderung. Wie geht's nun weiter? Im September fliegen wir in den Urlaub nach Mallorca. Dort beginne ich mit leichtem Schwimmen, um meine Leistung zu verbessern. Wegen der Abstoßung muss ich alle zwei Monate zur Biopsie ins Herzzentrum. Das ist nicht die angenehmste Untersuchung, aber man bekommt Gewissheit, ob das Organ angenommen wird, oder eine Abstoßung vorliegt. Alle Untersuchungen diesbezüglich sind mit guten Nachrichten verbunden d.h. eine Abstoßung liegt nicht vor. Der Urlaub war sehr schön und danach beginnt meine Lebensplanung für die Zeit danach. Was wird mit der Arbeit? Rente? usw. Es gibt viel zu bedenken. Da meine Werte immer besser werden, bestellt mich die Rentenversicherung zum Gutachten ein. Es wird festgelegt, die Rente einzustellen, da die Werte für eine Berentung nicht mehr gegeben sind. Meine Schwerbehinderung wird von 100 auf 70% reduziert. Ich bin also wieder bedingt arbeitsfähig. Als Vorschlag soll ich Matchboxautos lackieren, da hier die Belastung nicht so groß sei!? Ich mache einen Termin bei der Rentenkasse und lasse mich beraten. Die Beratung war sehr positiv, da wir zu dem Schluss gekommen sind, dass eine Weiterbeschäftigung in meinem Beruf als Betriebsleiter möglich scheint. Die Rentenkasse prüft die Möglichkeiten und ich nehme Kontakt zum Arbeitgeber auf, der dem Projekt positiv gegenüber steht. Bei meinem Arbeitgeber habe ich während der Rentenzeit in Teilzeit gearbeitet und war somit ständig in Kontakt. Der Bescheid der Rentenkasse fällt positiv aus, so bekomme ich in meinem Büro eine Klimaanlage, neuen Fußboden und eine Frischluftzufuhr eingebaut. Alles auf

Kosten der Rentenkasse. Somit ist der berufliche Start im neuen Leben gut gelungen. Bis dies alles eingebaut ist, habe ich noch etwas Zeit.

Im Frühjahr 2010 fliege ich in die Ukraine. Dort hat ein Bekannter eine Missionsstation aufgebaut. Das Ehepaar betreibt ein landwirtschaftliches Unternehmen, mit der Hilfe zur Selbsthilfe. Es werden also u.A. Ukrainer mit Alkoholproblemen aufgenommen und dann im Betrieb integriert. Für mich ist der Platz optimal, um nochmals über die Zukunft nachzudenken und zu planen. Es kommt sogar die Idee auf, in dieser Mission mitzuhelfen. Auch sportlich ist es dort möglich sich zu betätigen. Ich schwimme in einen Natur Bad jedes Mal einige Meter mehr und bekomme richtig Freude am Schwimmen.

Der Neustart

Ab September 2010 beginne ich wieder voll zu arbeiten. Das Büro ist soweit fertig und ich gewöhne mich wieder an den 8h Tag. Da ich noch in der Wiedereingliederung bin, müsste ich nicht voll arbeiten, aber ich bin ziemlich fit und schaffe das Pensum auch recht gut. In meiner Freizeit werden sportliche Betätigungen immer mehr, dank auch einem Verein für HLTX, dem ich noch in der Klinik beigetreten war. Der Verein organisiert Wanderungen, informiert in Schulen zum Thema Organspende und es gibt auch sportliche Möglichkeiten. Ich werde in die HLTX Radsportgruppe aufgenommen. Wir fahren mit bei den Neuseenclassics bei Leipzig und der Radtour für Jedermann Rund um Köln über 60km. Nie hätte ich gedacht, sowas wieder zu schaffen. Beim Zieleinlauf in Leipzig, habe ich Tränen in den Augen, dies wieder erreicht zu haben. Ein weiteres Highlight ist die Euregio Tour über die Alpen. Begleitet von Ärzten und mit anderen Transplantierten fahren wir mit dem Rennrad von Innsbruck bis zum Gardasee in drei Tagen über 300 km und bis zu 5000 Höhenmeter. Es ist eine große Herausforderung, doch es macht auch riesig Spaß, solche Leistungen zu schaffen.

Meine sportlichen Erfolge

Durch den Sport lerne ich einen weiteren Verein kennen. Transdia Sport Deutschland führt jährlich eine deutsche Meisterschaft in den verschiedensten Sportarten aus. Außerdem gibt es die Möglichkeit an Europa bzw. Weltmeisterschaften teilzunehmen. Meine erste Deutsche Meisterschaft findet in Stendal statt. Ich nehme an den Schwimmwettbewerten teil. Über 50 m und 100 m Brustschwimmen erkämpfe ich den zweiten bzw., dritten Platz. Auf Grund dieser Erfolge melde ich mich zu den Weltmeisterschaften in Südafrika an. Es kommen weitere Sportarten dazu, wie 400m Lauf und natürlich Hochsprung. Zu Hause wird fleißig trainiert und im Juli 2013 geht's dann los. Wir fliegen nach Durban zur WM. Beeindruckend ist schon die Eröffnungsveranstaltung. Es kommen über 1000 Teilnehmer aus den verschiedensten Nationen der ganzen Welt. Die Wettkämpfe sind professionell organisiert. Bei den 50 m

Brustwettkämpfen gibt es Vorläufe und dann ein Finale. Ich habe mich erstaunlicherweise für das Finale qualifiziert und in Diesem den dritten Platz belegt. Über die 100 m, die etwas schwieriger kräftemäßig einzuteilen sind, bin ich auch im Finale und erkämpfe mir die Silbermedaille. So bin ich mit meinem neuen Organ im Alter von 55 Jahren noch Vizeweltmeister geworden! Auch über die 400 m Sprint gelingt es mir den zweiten Platz zu belegen. Alles in Allem ein Riesenerfolg für mich. In der Heimat zurück berichtet die örtliche Presse über meine Erfolge.

Es folgen weitere Landes Europa und Weltmeisterschaften. Das Training dafür hilft nicht nur für den Sport fit zu bleiben, sondern auch um die Immunsuppression besser zu verarbeiten und damit eventuelle Nebenwirkungen zu vermeiden.

Mit 55 Jahren bei der WM 2013 in Durban (Südafrika), als ich über die 100 m Brustschwimmen Vizeweltmeisterwurde.

Privat unternehme ich viele Wanderungen. Mit meiner Frau nehme ich an einem 100km Lauf teil. Es werden also 100km in 24h gelaufen. Bei weiteren Weltspielen habe ich auch an den 20km Radrennen teilgenommen. Es war 2015 in Argentinien zum ersten Mal. Ich habe noch kein Rennrad, sondern nur ein Speed Bike. Der Nachteil ist, dass der Lenker gerade ist und nicht wie beim Rennrad die Hörner nach unten weisen. Man hat somit einen größeren Windwiederstand. Bei diesem Rennen komme ich bei den Letzten ins Ziel, aber es wird bald ein Plan gemacht und ich kaufe mir ein Rennrad. Im

Schwimmen belege ich zwei 4. Plätze und bin damit nicht ganz zufrieden. Bei der nächsten EM in Finnland macht sich die Investition mit dem Rennrad schon bemerkbar und ich hole die Silbermedaille im 20 km Radrennen. Auch im Schwimmen bin ich wieder erfolgreich und hole Medaillen. Im Jahr 2019 zur EM in Lignano Italien gelingt mir die Goldmedaille im 20 km Radrennen. Es wird natürlich nach Altersklassen gewertet, aber die Leistungen können sich dennoch sehen lassen. Da auch der Hochsprungwettbewerb angeboten wird, melde ich mich dafür an. Ich erinnere mich an die Wettkämpfe in meiner Kindheit, wo ich ja Orts Vizemeister geworden war. Meine Sprungtechnik ist noch die von damals, also Wälzer und nicht der Flop. Dies führt zu neugierigen Blicken. Ein Teilnehmer beschwert sich deswegen, aber die Jury lässt mich dennoch springen. Zur Überraschung hole ich die Silbermedaille und muss etwas schmunzeln innerlich, denn der Sieger ist der mit der Beschwerde und steht neben mir auf dem Podest. Wir gratulieren uns sportlich und alles ist wieder okay. Es folgen noch viele sportliche Erfolge, die ich hier gar nicht aufzählen möchte. Was dabei wichtig ist, sind nicht allein die sportlichen Erfolge, sondern auch soziale Kontakte. Die Gesundheit zu fördern und damit Nebenwirkungen so gering wie möglich zu halten. Leider war nach 2019 erstmal Schluss mit Sport. Die Weltspiele in den USA und die EM in Belgien fallen wegen Corona aus.

Dankbar sein!

Das neue Herz habe ich nun schon seit 15 Jahren. Manchmal vergisst man, dass man Transplantiert ist. Es ist also wieder ein ganz normales Leben möglich und so sportlich wäre es bestimmt nicht geworden, ohne dieses Ereignis. Den Angehörigen bin ich immer noch zutiefst dankbar, weil sie sich für die Spende entschieden haben! Einen anonymen Brief sende ich über die Klinik und dann Eurotransplant an die Angehörigen. Es ist in Europa nicht möglich direkten Kontakt aufzunehmen. Ich bedanke mich von ganzem Herzen, dass die Angehörigen zugestimmt haben, oder aber es lag ein Organspende Ausweis vor. Man weiß nicht so recht, was man außer einem großen Dankeschön schreiben soll, aber ich verspreche darin so viel wie möglich Herzenswünsche zu erfüllen. Dies ist mir hoffentlich gelungen, auch wenn man nicht weiß, was diese Person für Wünsche hatte.

Die Organspende in Deutschland ist leider noch nicht auf dem Europäischen Niveau angekommen. Andere Länder, wie z.Bsp. Österreich haben einfach die besseren Zahlen. So geht auch der Wunsch an die Politik bessere Voraussetzungen für Wartepatienten und den Abläufen in den Kliniken zu schaffen. Mit diesem Apell möchte ich schließen. Ich wünsche allen Wartepatienten viel Geduld, aber auch den Mut positiv in die Zukunft zu schauen, denn es lohnt sich auf jeden Fall!

2.3.6 Christine Pichler: Triathlon

Herzensangelegenheit

Ich war 19 Jahre alt, als mein Leben von einem Moment auf den anderen aus den Fugen geriet. Gerade hatte ich meine Matura bestanden und meinen Traumjob als Kindergartenpädagogin begonnen, als ich plötzlich gesundheitliche Probleme bekam. Ich fühlte mich ständig erschöpft, mir war übel, und ich konnte nachts kaum schlafen, weil mich ein starker Hustenreiz quälte. Als meine Hausärztin ein EKG schrieb, schickte sie mich sofort mit der Rettung in die Notfallaufnahme der Klinik Innsbruck. Die Diagnose war ein Schock: eine schwere Herzmuskelentzündung. Mein Herz hatte nur noch eine Auswurfleistung von 21 %. Ich war jung, voller Träume und Pläne – doch plötzlich stand alles still. Ich hatte den Boden unter den Füßen verloren.

Während meine Freunde jedes Wochenende feierten und ihren Einstieg in das Erwachsenenleben genossen, wurde mein Alltag zur Herausforderung. Ich musste täglich Medikamente nehmen und konnte meinen Job, den ich gerade erst begonnen hatte, nicht mehr ausüben. Selbst kurze Strecken zu Fuß waren unmöglich geworden, und ich war laufend auf die Unterstützung meiner Familie und Freunde angewiesen. Ich musste feststellen, dass das Leben oft anders spielt als geplant. Dass dies so sein kann, war mir durchaus bewusst, doch als diese Erfahrung plötzlich und unerwartet tatsächlich in mein Leben trat, hat sie mein Fundament, auf dem ich stand, erschüttert.

Die Ärzte stellten schließlich fest, dass die Entzündung durch das Parvo-B19-Virus (Ringelröteln-Virus) ausgelöst worden war, welches auch aktiv im Herzmuskel nachgewiesen wurde. Die einzige Hoffnung: eine Interferontherapie. Sechs Monate lang musste ich mir alle zwei Tage selbst eine Spritze setzen, die mich mit schweren Nebenwirkungen quälte. An manchen Tagen war es mir nicht einmal mehr möglich eine Teetasse, aufgrund der starken Gliederschmerzen, zu halten. Zusätzlich zu den körperlichen Beschwerden kämpfte ich mit Depressionen, eine häufige Nebenwirkung der Therapie, weshalb ich auch Antidepressiva einnahm.

Doch dann die erste Erleichterung: Die Viren waren besiegt. Mein Herz blieb zwar geschwächt, doch mit Medikamenten konnte ich mein Leben wieder halbwegs normal gestalten.

Ich musste meinen Berufswunsch zwar aufgeben, konnte jedoch Vollzeit im Büro arbeiten und begann unter ärztlicher Kontrolle, mich langsam wieder sportlich zu betätigen. Zunächst mit kurzen Spaziergängen – bis ich schließlich wieder auf Berge wandern konnte.

2014 entschieden meine Ärzte und ich, dass mir ein ICD (implantierbarer Defibrillator) implantiert wird – eine lebensrettende Maßnahme, falls mein Herz plötzlich stehen bleiben sollte. Aufgrund der, seit der Entzündung gleichbleibend schlechten Herzleistungen und der Vernarbungen am Herzmuskel war die Wahrscheinlichkeit von solchen Rhythmusstörungen massiv erhöht. Mit diesem kleinen Gerät an meiner Seite fühlte ich mich sicher und wagte mich an sportliche Herausforderungen. Ich bestieg Gipfel, fuhr Rad, ging auf Skitouren und nahm an Laufevents teil. Trotz meiner geringen Herzleistung ließ ich mich nicht aufhalten. Ich trainierte regelmäßig und bewies mir und anderen, dass mein Körper zu mehr fähig war, als viele für möglich hielten.

Doch dann, im Februar 2016, geschah das, was ich immer gefürchtet hatte. Beim Joggen am Innufer erlitt ich einen Herzstillstand. Mein Defibrillator erkannte die Situation und versuchte siebenmal, mich mit Elektroschocks zurückzuholen – vergeblich. Die Stromstöße waren zu schwach. Mein Glück war, dass ein Passant schnell und richtig handelte: Er setzte sofort einen Notruf ab und begann mit der Laienreanimation. 15 Minuten später kam der Notarzt. Sie führten sofort eine externe Defibrillation durch und brachten mich auf die Intensivstation. Dort versetzte man mich in einen künstlichen Tiefschlaf und kühlte meinen Körper, um mögliche Hirnschäden zu verhindern.

Ohne diesen mutigen Mann wäre ich heute nicht mehr hier. Diese Situation machte mir und meinem Umfeld klar, dass jeder unerwartet in eine Situation kommen kann, in der schnelles Handeln über Leben und Tod entscheidet. Es geht nicht darum, perfekt zu helfen, sondern überhaupt zu handeln. Mut und Zivilcourage sind entscheidend – denn jede Form der Ersten Hilfe kann Leben retten. Niemand sollte aus Angst vor Fehlern zögern, denn das Schlimmste wäre, nichts zu tun.

Ich bin unendlich dankbar, dass in diesem entscheidenden Moment nicht gezögert wurde. Dieses mutige und schnelle Handeln hat mir mein Leben gerettet.

Als ich einige Tage später auf der Intensivstation erwachte, wusste ich nicht, was passiert war. Die darauffolgenden Wochen waren eine Achterbahnfahrt der Emotionen. Mehrere Operationen folgten, und ich musste erneut das Gehen lernen – obwohl ich noch vor Kurzem mehrere Kilometer laufen konnte. Mein einmonatiger Aufenthalt in der Klinik war von vielen Rückschlägen geprägt und für mich sehr anstrengend und emotional belastend. Einerseits war ich glücklich, das Ereignis überlebt zu haben, andererseits aber auch wütend, traurig und frustriert über die Situation. Die Angst vor einem erneuten Herzstillstand war allgegenwärtig.

Doch ich gab nicht auf. In der Reha kämpfte ich mich zurück, machte erste Wanderungen und versuchte, das Beste aus meiner neuen Situation zu machen.

Ein Jahr später verschlechterte sich mein Zustand rapide. Ich hatte starke Magenschmerzen, Wassereinlagerungen in der Lunge und kaum noch Energie für den Alltag. Treppen wurden zu meinem Feind, Essen zur Qual. Die Ärzte stellten fest, dass meine Herzleistung weiter abnahm und bereits andere Organe in Mitleidenschaft gezogen wurden. Es gab nur noch eine Option: eine Herztransplantation. Nach den Voruntersuchungen für die Listung zur Transplantation entschied sich das Ärzteteam für einen Bridge-to-Transplant-Eingriff, bei dem mir Mitra-Clips eingesetzt wurden, um die Undichtigkeit der Mitralklappe zu behandeln und meinen Zustand bis zur Transplantation stabil zu halten und die Wartezeit zu überleben, die durchschnittlich sechs bis neun Monate dauert.

Ich kam zügig auf die Warteliste und verbrachte die Zeit zu Hause bei meiner Familie – betreut von Herzmobil Tirol. Ich dachte oft ans Sterben und an die Möglichkeit, am nächsten Morgen nicht mehr aufzuwachen. Jeden Tag wartete ich auf den erlösenden Anruf.

Und dann, am 13. Juli 2017 um 20:17 Uhr, klingelte mein Handy. Ich saß auf der Terrasse meines Bruders und genoss den Sonnenuntergang über Innsbruck, als eine Stimme am Telefon sagte: „Grüß Gott, Frau Pichler. Hier spricht die Transplantkoordination. Wir haben ein Organ für Sie – geht es Ihnen gut?"

Dieser Moment war unbeschreiblich. Einerseits die Erleichterung, dass das Warten vorbei war, andererseits die Angst vor dem Ungewissen. Mein Bruder musste das Telefonat übernehmen, weil ich selbst zu aufgewühlt war. Als ich auf den Rettungswagen wartete, umarmte er mich fest. In diesem Moment wurde mir bewusst: Dies waren die letzten Minuten mit meinem eigenen Herzen, mit dem ich geboren wurde.

Am 14. Juli 2017 wurde ich unter Tränen für die anstehende Herztransplantation in den OP gebracht. Als ich am darauffolgenden Tag meine Augen wieder öffnete, war meine erste Frage: „Habe ich ein neues Herz?". Doch die Frage war überflüssig, denn in diesem Moment spürte ich das kräftige und schnelle Schlagen meines neuen Herzens, das in keinster Weise mit dem plumpen Herzschlag meines alten Herzens vergleichbar war.

Die erste Zeit nach der Transplantation war herausfordernd. Neue Medikamente, ein anderes Leben mit vielen hygienischen Vorsichtsmaßnahmen. Aber ich gewöhnte mich schnell daran. Nach nur sieben Tagen durfte ich die Intensivstation verlassen, nach zwei Wochen schaffte ich es, die ersten Stockwerke wieder allein zu Fuß zu bewältigen.

Einen Monat nach der Transplantation konnte ich meinen Geburtstag zu Hause im kleinen Kreis meiner Familie feiern. Sechs Monate später meisterte ich meine erste Skitour mit unglaublichen 600 Höhenmetern. Ich begann wieder zu arbeiten und fand zurück in den Sport. Es kehrte immer mehr Alltag in mein Leben ein.

Sport war immer mein Antrieb, und ich wollte sehen, wozu mein Körper mit diesem neuen Herzen fähig war. Meine körperliche Leistungsfähigkeit verbesserte sich nach der Transplantation stetig. Ich konnte meine gewohnten Sportarten wieder ausüben und auch viele unterschiedliche neue Aktivitäten ausprobieren.

Ich nahm an verschiedenen Sportveranstaltungen teil – und feierte Erfolge. Bei den Winter World Transplant Games in Bormio gewann ich vier Goldmedaillen. Bei den European Transplant Sports Championships in Lissabon 2024 konnte ich fünf Medaillen mit nach Hause nehmen, darunter Gold im Triathlon und Silber in mehreren Disziplinen. Auch die Teilnahme an der Euregio-Tour, bei der an drei Tagen an die 300 Kilometer und 4.600 Höhenmeter mit dem Rennrad zurückgelegt werden, war ein besonderes Highlight, das zeigte, wie viel ich mit meinem neuen Herz erreichen kann.

Heute, sieben Jahre nach meiner Transplantation, lebe ich ein „fast" normales Leben – doch was bedeutet schon normal? Natürlich gibt es Rückschläge, aber ich nehme sie an. Für jedes Problem gibt es eine Lösung, und wo ein Wille ist, findet sich ein Weg. Dabei vergesse ich niemals, welch wunderbare zweite Chance mir geschenkt wurde. Ich bin unendlich dankbar für dieses neue Leben und dafür, dass ich zeigen darf: Ein Spenderorgan bedeutet nicht nur Überleben, sondern auch ein Leben voller Energie und Möglichkeiten.

Seit dem 14. März 2025 bin ich Obfrau der ATSF (Austrian Transplant Sports Federation) und möchte mit meiner Tätigkeit einerseits Bewusstsein für das Thema „Transplantation" schaffen und andererseits Betroffenen mit ihren Anliegen beistehen. Mein Weg war nicht immer einfach, aber er hat mich genau hierhergeführt. Ich bin voller Neugier und Spannung darauf, was das Leben noch für mich bereithält und wohin mich mein Weg führen wird. Ich feiere mein Leben mit großer Freude und versuche jeden Herzschlag zu genießen.

2.3.7 Stefanie Krenmayer: Tischtennis, ...

Mein Leben mit Mukoviszidose: Kämpfen, Schreiben und Siegen

„Vergiss all die Gründe, warum du scheitern könntest, und glaube an den einen Grund, warum du es schaffen wirst." Dieser Satz begleitet mich seit Jahren – und er hat mir in meinen schwersten Momenten Kraft gegeben.

Mein Name ist Stefanie Krenmayer, ich bin 30 Jahre alt, lebe mit cystischer Fibrose und habe 2016 eine lebensrettende Lungentransplantation erhalten. Heute bin ich nicht nur Autorin, Tischtennis-Europa- und Weltmeisterin und Transplantiertenvertreterin – und vor allem jemand, der das Leben in vollen Zügen genießt.

Mein Leben war immer ein Auf und Ab - Acht Wochen zwischen Leben und Tod. Schon als Kind wusste ich, dass ich nicht gesund bin, aber mir wurde erst als Jugendliche bewusst, wie ernst meine Krankheit wirklich ist. Mit 21 Jahren kam der Tiefpunkt: Meine Lunge arbeitete einfach nicht mehr, mein Körper war schwach, würde schwächer, irgendwann ich konnte das Bett kaum noch verlassen. Die Ärzte gaben mir nur noch wenige Tage bis Wochen zu leben. Ich wurde als hochdringlich auf die Warteliste für eine Transplantation gesetzt – und dann begann das Warten. Acht Wochen voller Hoffnung und Angst. Was dies für sich selbst und das Umfeld heißt? Ausnahmezustand – Hoffnung, Zuversicht, Angst – das Match mit sich selbst – Leben und Tod, es kommt nicht darauf an, ein gutes Blatt in seinen Händen zu halten, sondern mit schlechten Karten umzugehen. Dem Leben mehr Tage zu geben…? … oder an jeden Tag auf mehr Leben zu vertrauen, in der Hoffnung, dass alles gut werden kann, wird, sein… Ich wusste nicht, ob es rechtzeitig ein passendes Organ geben würde. Jeden Tag habe ich gehofft, dass das Telefon klingelt. Und dann, als es fast zu spät war, kam plötzlich der erlösende Anruf aus dem Universitätsklinikum AKH Wien – Universitätsklinik für Thoraxchirurgie: Eine Lunge – MEINE Lunge war für mich verfügbar – wir wurden GEMATCH.

Diese Operation - meine Transplantation rettete mein Leben, aber der Kampf war noch nicht vorbei. Abstoßungsreaktionen, Lungenentzündungen und monatelange Reha forderten mich heraus. Doch ich wusste: Wenn ich es bis hierher geschafft habe, dann gebe ich jetzt noch nicht mehr auf.

Während der Wartezeit auf die Transplantation begann ich, meine Gedanken aufzuschreiben. Ich wollte meine Angst und Hoffnung festhalten, um mich selbst daran zu erinnern, warum es sich lohnt zu kämpfen. Daraus wurde später mein Buch „Leben mit Mukoviszidose". Ich hatte damals keine Vorstellung davon, wie das Leben nach der Transplantation aussehen könnte. Ich suchte Kontakt zu anderen Transplantierten, hörte ihre Geschichten und schöpfte daraus Mut. Genau das wollte ich auch mit meinem Buch weitergeben – echte Einblicke in ein Leben mit einer unheilbaren Krankheit, ohne Schönfärberei, aber mit einer klaren Botschaft: Das Leben ist lebenswert.

Als Kind war Tischtennis meine große Leidenschaft. Doch als meine Krankheit schlimmer wurde, musste ich aufhören. Nach der Transplantation griff ich wieder zum Schläger – und fand im Sport meine Stärke zurück. Tischtennis ist viel mehr als nur ein schneller Schlagabtausch – es ist ein Spiel, das maximale Konzentration fordert. Jeder Ballwechsel erfordert blitzschnelle Entscheidungen: Wie kommt der Ball? Mit welchem Spin? Wo platziere ich meinen nächsten Schlag? Ein kurzer Moment der Unaufmerksamkeit kann ein Match entscheiden. Deshalb ist es wichtig, im Hier und Jetzt zu sein, den Fokus zu halten und sich nicht ablenken zu lassen. Gerade in Wettkämpfen, wenn der Druck hoch ist, kommt es darauf an, die Nerven zu bewahren und ruhig zu bleiben. Für mich persönlich ist Tischtennis auch eine mentale Herausforderung. Ich habe gelernt, mich in schwierigen Momenten zu fokussieren, meinen Kopf freizumachen und mich voll auf den nächsten Ball zu konzentrieren. Genau das hat mir nicht nur im Sport, sondern auch im Leben geholfen. Mein Tischtennisschläger ist für mich mehr als nur ein Sportgerät – er gehört zu mir, fast wie eine Verlängerung meiner eigenen Hand. Mit ihm bin ich Weltmeisterin, Europameisterin und eine erfolgreiche Athletin geworden.

Ein unglaubliches Abenteuer auf meinem Lebensweg nach der Transplantation war für mich die Besteigung des Jebel Toubkal, in Marokko. Wenn ich auf diese herausfordernde Reise zurückblicke, erfüllt mich eine tiefe Dankbarkeit und auch Ehrfurcht. Der Jebel Toubkal, mit seinen 4.167 Metern der höchste Berg Nordafrikas, wurde für alle Teilnehmer zu mehr als nur einem Gipfel – er wurde zum Symbol für Hoffnung, Durchhaltevermögen und die unglaubliche Kraft des Lebens. Wir waren 16 Menschen, jeder mit einer besonderen Geschichte. Jeder von uns hatte bereits eine immense Herausforderung hinter sich. Für uns war dies der Ansporn, zu zeigen, dass das Leben nach einem solchen Eingriff nicht endet – im Gegenteil, es kann echt neu beginnen. Mit ärztlicher Begleitung der Universitätsklink AKH Wien, intensiver Vorbereitung und einer tiefen inneren Überzeugung haben wir uns auf den Weg gemacht.

Die Tage im Atlas-Gebirge waren nicht nur physisch fordernd, sondern auch emotional intensiv. Die dünne Luft, die steilen Pfade, die Kälte in der Nacht – all das hätte uns zwingen können aufzugeben. Doch wir haben uns gegenseitig motiviert und unterstützt. Es war nicht nur ein individueller Aufstieg, sondern eine gemeinsame Reise, in der jeder Schritt uns daran erinnerte, wie wertvoll unser Leben ist.

Besonders bewegend war es, mit Menschen unterschiedlichster Herkunft dieses Abenteuer zu erleben – der Jüngste von uns, 27 Jahre alt, aus Griechenland, der Älteste, Alois Rossmann 65, aus Österreich. Unterschiedliche Geschichten und ein gemeinsames Ziel. Als wir schließlich den Gipfel erreichten, war es ein Moment purer Erfüllung.

                                Stefanie Krenmayer: Tischtennis, ...

Dieses Abenteuer hat mir gezeigt, dass Grenzen oft nur in unseren Köpfen existieren. Wir alle haben diese zweite, neue Chance bekommen – und wir haben sie genutzt. Der Jebel Toubkal wird für mich immer ein Symbol für Mut, Gemeinschaft und die unerschütterliche Kraft des Lebens bleiben.

2019 gewann ich WM-Bronze in Newcastle, 2022 folgte in Oxford EM-Gold, 2023 holte ich in Perth WM-Gold, und 2024 verteidigte ich meinen Europameistertitel in Lissabon. Dazu sicherte ich mir mit Siegfried Meschnig Bronze im Mixed-Doppel. Doch dieser Wettkampf forderte mich besonders: „Die enorme Hitze hat mir viel abverlangt. Am Ende hatte ich Natriummangel und keine Kraft mehr zum Feiern." Doch jede Medaille bedeutet für mich mehr als einen sportlichen Erfolg – sie steht für das Leben, das ich zurückgewonnen habe.

Ich weiß, dass mein neues Leben nicht selbstverständlich ist. Deshalb engagiere ich mich als Transplantiertenvertreterin der CF Hilfe OÖ und in der Austrian Transplant Sports Federation. Ich möchte Vorurteile abbauen und zeigen, dass Transplantierte ein aktives, erfülltes Leben führen können.

Bei den Wettkämpfen wird auch immer den Organspendern gedankt. Ohne sie wäre ich heute nicht mehr hier. Diese Dankbarkeit trage ich immer mit mir.

Und wie geht es weiter? 2025 finden die World Transplant Games in Dresden statt – und ich werde wieder antreten. Dazu habe ich noch viele persönliche Ziele: Ich will nach Island reisen und endlich einen Surfkurs machen. Sport ist für mich Freiheit, Stärke und Lebensfreude. Er hat mir geholfen, nach meiner Transplantation wieder Vertrauen in meinen Körper zu gewinnen. Er gibt mir Struktur, Motivation und das Gefühl, über mich hinauszuwachsen. Jede Trainingseinheit erinnert mich daran, was mein Körper leisten kann – und dass ich noch lange nicht am Ende meiner Reise bin. Sport ist nicht nur Wettkampf – er ist mein persönlicher Sieg über die Krankheit.

Mein Weg war nicht einfach, aber er hat mich dorthin gebracht, wo ich heute bin. Ich lebe mein Leben – und das mit voller Energie.

2.3.8 Bernhard Kaut: Bergwandern, Skifahren

Hoch hinaus mit neuen Flügeln

Im Jahrhundertwinter 1978, erblickte ich in Zell am See, inmitten der Hohen Tauern, das Licht der Welt. Meine Kindheit verbrachte ich wechselweise in den Salzburger Bergen und im flachen Osten Österreichs. Dieser Umstand ermöglichte es mir, verschiedenste Sportarten ausüben zu können. Meine Favoriten waren Skifahren und Segeln. Es waren wunderbare, unbeschwerte Kindertage voller Abenteuer, Geborgenheit und dem immerwährenden Gefühl geliebt zu werden!

Nach abgeschlossener Lehre als Kfz-Mechaniker und dem abgeleisteten Präsenzdienst ging es als Mobilfunkmonteur hinaus in die Welt, zwar nicht in die große weite, aber zumindest kam ich in Europa weit herum und lernte viele interessante Orte, Menschen und Gebräuche kennen. Ein willkommener Nebeneffekt war die ständige Bewegung, bezahltes Training sozusagen. In den folgenden 20 Jahren wechselte ich vom Mobilfunk zur Wartung und Montage von Großwerbeanlagen.

Anfang der 2000er wurde ich zum ersten Mal Vater, drei weitere Kinder sollten in den nächsten Jahren folgen. Zu dieser Zeit war wenig Platz für Sport, ab und zu Skifahren und Wandern mit der Familie ging sich aus. Die Berge die wir dabei bestiegen, waren meist um die 2000m hoch und ohne technische Sicherung zu erwandern. Meine Fitness empfand ich stehts als gut bis sehr gut. Bis auf ein paar Kleinigkeiten fühlte ich mich auch immer sehr gesund.

Zu Beginn der Pandemie, gleich im März 2020, erwischte mich das noch wenig erforschte Covid Virus. Nur einmal zuvor fühlte ich mich so krank und geschwächt, und zwar als ich im Jahr 2003 an einer Lungenentzündung litt. Nur schleppend erholte ich mich aber so ganz fit wurde ich nicht mehr. Im Hochsommer war es etwas besser, doch je kälter und feuchter die Tage wurden umso mehr hatte ich zu kämpfen. Keine Kraft, keinen Antrieb und überdurchschnittlich viel Schlafbedarf machten einen normalen Alltag fast unmöglich. Im Dezember 2020 ging es schlussendlich nicht mehr und meine Hausärztin überwies mich an einen Lungenfacharzt. Dann ging es Schlag auf Schlag, nach einer CT wurde ich Patient der Lungenambulanz in der Klinik Ottakring. Nach einer Fehldiagnose im Jänner wurde schließlich im Mai eine idiopathische Lungenfibrose (IPF) festgestellt. Ein großer Schock, denn entgegen der allgemeinen Vernunft googelte ich diese Krankheit am Nachhauseweg in der Bahn. Was ich da zu lesen bekam, machte die Situation nicht besser, war doch von einer Lebenserwartung zwischen drei und fünf Jahren die Rede. Wie sehr das auf mich zutraf, sollte sich noch herausstellen.

Nach intensiverer Beschäftigung mit meiner Erkrankung und fundierteren Informationen die ich über eine Selbsthilfegruppe bezog, war die Perspektive nicht mehr gar so düster, gab es doch Patienten die, medikamentös eingestellt, durchaus gut mit der IPF leben konnten. Ein relativ neues Präparat war vielversprechend. Leider schaffte ich nur drei Monate ohne Nebenwirkungen, danach griff das Medikament zusehends meinen Verdauungstrakt an. Mein Allgemeinzustand verschlechterte sich und die Fibrose wurde schubweise stärker, meine Sauerstoffsättigung im Blut wurde immer schlechter und medizinischer Sauerstoff war nötig. Langsam aber sicher wurde eine mögliche Lungentransplantation zum Thema.

Im August 2021 wurde ich das erste Mal im AKH begutachtet. Da mein Verlauf so schnell, steil nach unten verlief, war mein muskulärer Zustand noch einigermaßen gut und eine Transplantation vorerst keine Option. Der Arzt meinte sogar: „So fit wie sie sind, sehen wir uns in 10 Jahren wieder" Er sollte sich irren, und zwar gewaltig, denn schon vier Monate und einen viralen Infekt später, war ich wieder da und derselbe Arzt meinte: „Sie kommen im Jänner auf die Liste!"

Der Voruntersuchungs-Marathon hatte begonnen. Meine großartige Lungenfachärztin, machte das Unmögliche möglich und organisierte 90% der Untersuchungen im Zuge eines fünftägigen, stationären Aufenthalts. Bis Mitte Dezember hatte ich alle Befunde beisammen und einer Listung im Jänner schien nichts mehr Wege zu stehen.

Doch dann kam der 23.12.2021, mit unerträglichen Bauchschmerzen wurde ich mit der Rettung in ein lokales Krankenhaus eingeliefert. Von Nieren- über Gallensteine bis hin zur Darmentzündung reichten die Vermutungen der Ärzte. Eine Blinddarmentzündung wurde ausgeschlossen, da ich selbst in der Lage war das gestreckten rechten Beines zu heben. Eine merkwürdige, veraltet wirkende Diagnosemethode, wäre doch auch bildgebendes Equipment zur Verfügung gestanden. Aber was wusste ich schon?

Nach fünf Tagen mit Schmerzmittel wurde ich mit der Diagnose Entzündung im Dickdarm entlassen. Zuhause bekam ich nach zwei Tagen hohes Fieber und ich musste wieder zurück in die Klinik. Endlich wurde eine CT gemacht und die Umstehenden wurden blass. Blinddarmdurchbruch! Zum Glück war die Stelle abgekapselt, sonst hätte ich wohl ein noch größeres Problem gehabt! Noch unter dem CT liegend, wurde ich punktiert um eine größere Menge, von was auch immer, absaugen zu können. Natürlich wurde die geplante Listung bis auf weiters verschoben. Nach sechswöchiger Erholungsphase und dem Rückgang der Entzündung wurde ich operiert und die betreffende Stelle wurde saniert.

Als die Operationswunden verheilt waren galt es einige der Voruntersuchungen nachzuholen. Mitte Juli war es dann endlich soweit, nach nur drei Tagen auf der Liste kam der lebensverändernde Anruf. Es war ein strahlend schöner Sommermorgen und der Tag sollte so richtig heiß werden. Deshalb waren wir schon gegen 8.45 zum ca. zwei Kilometer entfernten Spielplatz unterwegs. Ich mit Flüssigsauerstoff und E-Bike, meine beiden Jüngsten (4 und 7 Jahre) mit eigenem Fahrrad. Wir genossen die noch kühle Luft und die ruhige Stimmung die durch Vogelgezwitscher untermalt wurde.

Nachdem meine Mädchen ca. zehn Minuten gespielt hatten, läutete mein Handy. Nach ein paar Fragen meinen aktuellen Gesundheitszustand betreffend, wurde mir die für mich freudige Mitteilung gemacht und es hieß: „In 15 Minuten ist die Rettung da und holt Sie ab" Auf Anraten der freundlichen Nachrichtenüberbringerin, ließen wir uns bei der Heimfahrt Zeit, hätte doch ein Sturz alles zunichte gemacht. Während der Fahrt informierte ich zuerst unsere Leih-Oma und dann noch meine Partnerin, die dem strahlenden Wetter geschuldet, auch mit dem Fahrrad in die 15 Kilometer entfernte Arbeit gefahren war. Leider ging sich eine persönliche Verabschiedung nicht mehr aus. Als wir zu Hause ankamen, stand Angela unser Leih-Oma-Engel bereits vor der Tür und übernahm die Mädchen. Es war ihr deutlich anzusehen wie sehr sie sich um mich sorgte, während ich voller Vorfreude war. Kaum waren sie ums Eck gebogen, kam die Rettung an und ich stieg in kurzen Hosen, T-Shirt und Turnschuhen ein und wir brausten unter Verwendung von Sondersignal in Richtung AKH-Wien los. Nach nur 20 Minuten saß ich auf der Thorax-Chirurgie und grinste übers ganze Gesicht. Mir war bewusst, dass eine Transplantation die einzige Chance auf ein Weiterleben war, deshalb war ich von Anfang an positiv eingestellt und hatte auch so gut wie keine Angst. Mehr noch, ich sah das Ganze als großes Abenteuer auf das ich mich, mangels Plan B, einfach einlassen musste. Klingt aus heutiger Sicht dann doch ein wenig naiv. Eine Art Urvertrauen war in dieser Zeit sehr hilfreich! Nach einigen Stunden Wartezeit wurde ich dann in der Nacht von 19. auf den 20. Juli 2022 bilateral lungentransplantiert.

In den Monaten vor der Transplantation habe ich versucht jeden Tag ein wenig zu trainieren, entweder gehend in der Natur, im Fitness-Studio oder Zuhause mit Thera-Band, immer mit Sauerstoffunterstützung. Mein Motto war: immer in Bewegung bleiben!

Entgegen der optimistischen Prognosen, die aufgrund meines körperlich einigermaßen guten Zustandes ausgestellt wurden, kam alles anders. Das rettende Organ war leider von Keimen und einem Pilz belastet. Um die bereits implantierte Lunge adäquat behandeln zu können, wurde ich an der ECMO* belassen und in den künstlichen Tiefschlaf versetzt. In den folgenden Tagen bekam ich hohes Fieber und es stand auch einmal recht kritisch um mich, doch irgendwie ging es sich dann doch aus und ich wurde nach zehn Tagen aufgeweckt.

An einem schweren Durchgangssyndrom (umgangssprachlich für ein Delir) leidend, wusste ich nicht so recht wie mir geschah. Die letzten acht Monate waren aus meinem Gedächtnis verschwunden und ich war überzeugt, dass es draußen schneit und das Anfang August, bei weit über 30 Grad Außentemperatur. Doch das war nicht alles, besonders nachts war ich desorientiert, dachte einmal ich sei zu Hause, ein anderes Mal war ich im Haus meines Cousins und wunderte mich über die Nachtschwester, die so mir nichts dir nichts darin herumspazierte. Auch sah ich immer wieder lebende Tiere, meist Vögel oder Hühner inmitten der Intensivstation, was natürlich vehemente Proteste meinerseits auslöste. Diese Phänomene waren im Nachhinein leicht als Halluzinationen zu entlarven und konnten somit abgehakt werden. Schwieriger verhielt es sich da schon mit den diversen Personen, die da an meinem Bett gesessen sind, mit denen ich mich, wachen Auges, unterhalten habe und auf deren Echtheit ich alles verwettet hätte. Nach langen Diskussionen mit der Transplant-Psychologin, die ihr Handwerk wahrhaftig versteht, und einem Telefonat mit meiner hochgeschätzten Lungenfachärztin, die mir versicherte mich nie besucht zu haben, musste ich auch hier ein Einsehen haben und die ganze Sache ad acta legen um nicht völlig durchzudrehen. Gar nicht so einfach!

Auch physisch waren die Herausforderungen nach der Transplantation recht groß, hatte ich doch durch die lange Liegezeit rund 17 Kilo abgenommen, größtenteils Muskelmasse, was ein „wieder auf die Beine kommen" nicht gerade einfacher machte. Auch das mit dem Essen musste neu eingelernt werden. Meine erste Mahlzeit, einen Schokopudding, schmierte ich mir erfolgreich um die Nase anstatt in den Mund. Es war eine Zeit mit wenig Kraft und vielen Aufgaben – richtig Arbeit eben!

Das erste Jahr war eher von Tiefen geprägt, machte mir doch einer dieser Keime zu schaffen der mit meinem neuen Organ zu mir kam. Eine Wundheilungsstörung an meiner linken Brust zog sich über neun Monate hin, in denen ich jede Woche zum VAC-Wechsel ins AKH musste, wo dieser Eingriff unter Sedierung durchgeführt wurde. Zu Ostern 2023 entschloss man sich schließlich für die Entfernung der fünften Rippe links da man darin den Herd vermutete. Diese Vermutung stellte sich als goldrichtig heraus. Nach der Rippenresektion war noch eine Verschwenkung des Brustmuskels notwendig um das entstandene „Loch" über dem Herzen zu schließen. Dieser Eingriff veränderte die Geometrie des linken Armes und zog eine lange physiotherapeutische Behandlung nach sich, die mir heute wieder eine uneingeschränkte Beweglichkeit ermöglicht!

Ein anstrengender Weg in mein neues Leben hatte begonnen.

Sehr hilfreich in dieser schweren Zeit war für mich der ständige Blick nach vorne, die Zuversicht! Nicht zurückschauen, nach Schuldigen suchen oder sich zu fragen: wieso ausgerechnet ich? Die gegebene Situation annehmen und damit arbeiten. Auch Dingen die man nicht mehr machen kann, nicht nachtrauern, sondern neue Möglichkeiten dankbar annehmen und als Chance sehen. Darauf vertrauen, dass alles wieder gut wird und den Fokus nicht verlieren. - Nicht immer leicht aber wichtig!

Ein wichtiger, wenn nicht der wichtigste Teil meiner Therapie, sowohl vor, als auch nach diesen großen Operationen, war und ist die Bewegung in der Natur. Für den physischen Aufbau ohnedies unverzichtbar aber auch für die Stärkung der mentalen Kraft nicht zu unterschätzen.

Regelmäßiges Training begleitete mich von nun an. Immer wiederkehrende Einheiten die langsam gesteigert wurden, doch stets darauf bedacht, dem Körper nicht zu viel zuzumuten. Schön langsam wagte ich es wieder, an diese Abmachung zu denken, die ich mit mir vor der Transplantation getroffen habe: „sollte ich wirklich eine Lunge bekommen und das alles überstehen, besteige ich den Großglockner, den höchsten Berg Österreichs!" Keine Ahnung wie ich darauf kam, hatte ich doch noch keine einzige Höhentour in meinem Leben absolviert, war zwar immer sportlich, doch sicher kein Bergsteiger! Doch nun schien es das erste Mal möglich in diese Richtung zu denken. Ich heckte einen Plan aus, traute mich aber vorerst keinem davon zu erzählen. Zu unwahrscheinlich schien das Gelingen für Außenstehende. Der erste dem ich von meinem Glockner-Projekt erzählte war Hermann, mein Pre-Transplant-Physiotherapeut. Er war gleich positiv eingestellt und bekundete sein Interesse an einer Teilnahme. Wie schon mit seiner Arbeit davor machte er mir Mut mein Ziel zu erreichen. Der zweite „Vertraute" war mein Reha-Arzt Roland, den ich mittlerweile als Freund bezeichnen darf. Auf meine Frage hin ober mich auf den höchsten „Österreicher" begleiten würde, meinte er ohne zu zögern, es wäre ihm eine Ehre. Nun galt es noch einen Bergführer zu finden, den für unnötiges Risiko war mir mein neues, geschenktes Leben dann doch zu kostbar! Außerdem hatte ich gegenüber meinen vier Kindern doch auch eine große Verantwortung! Mit Gundula und Sepp zwei höchst kompetenten Bergführern die über jahrelange Erfahrung verfügen, war nun auch die Führung in unserem Gipfel-Team gesetzt. Da Hermann leider aus gesundheitlichen Gründen leider nicht teilnehmen konnte, wurde sein Platz von meinen Trainingspartner und Berg-Buddy Wolfgang übernommen. Das medizinische Begleitkommando wurde durch Katja, ebenfalls Ärztin, verstärkt.

Das Team stand, nun begann die lange Sponsorensuche, geprägt von sehr vielen unbeantworteten Anfragen, vielen Absagen, einigen Zusagen die später nicht halten sollten. Doch auch ein weiterer Mutmacher trat während dieser Phase in mein Leben! Olympiasieger und lebende Legende Toni Innauer erfuhr von meinem Vorhaben und rief mich darauf hin einfach an um mir seine Bewunderung für meinen Kampfgeist auszusprechen. Dieses knapp 20-minütige Telefonat gehört mit zu den wichtigsten Mental-Boosts, die ich im Laufe meiner Geschichte erfahren durfte! Danke Toni!

Im März 2024 durfte ich an den World Transplant Winter Games in Bormio teilnehmen und hatte mir insgeheim vorgenommen eine Medaille mit nach Hause zu bringen. Meine Erwartung wurde weit übertroffen und ich belohnte mich mit einmal Gold, einmal Silber und zweimal Bronze! Viele neue Bekanntschaften und sogar Freundschaften entstanden im Rahmen dieser ganz besonderen Veranstaltung.

Die letzten drei Monate vor dem großen Gipfel wurde viel in den Bergen trainiert. Vom Rax/Schneeberg Gebiet über den Ötscher und das tote Gebirge bis ins Salzburger Pinzgau wurden Touren durchgeführt, Technik und Kondition verbessert. Auch ein erstes Kennenlernen der Beteiligten wurde mit einer lockeren Bergtour verbunden.

Ein Traum wird Realität

Am Mittwoch, dem 26.06.2024 war es dann endlich soweit: Um 8:00 Uhr, ging es los. Mein Freund Wolfgang holte mich ab und wir machten uns auf den Weg nach Kals. Nach einer sechsstündigen Autofahrt erreichten wir unser Basislager, ein großes Apartment mit drei Schlafzimmern. Dort trafen wir unsere zwei Ärzte, sowie unsere Bergführer Gundula und Sepp.

Nach einem gemeinsamen Abendessen und einer erholsamen Nacht in dem 300 Jahre alten Holzhaus starteten wir um 5 Uhr mit einem Frühstück bei dessen Zubereitung Roland auch seine kulinarische Stärke unter Beweis stellte. Nach einer 15-minütigen

Autofahrt ging es vom Parkplatz beim Luckner Haus (ca. 2000m Seehöhe) los. Ein zunächst flacher Weg führte neben einem Wildbach durch ein blühendes Tal, belebt von Murmeltieren, hinauf zur Stüdlhütte (2802m Seehöhe), reine Gehzeit etwa drei Stunden, und legten eine kurze Pause ein um Energie zu tanken. Hier standen wir nun und überblickten den Gletscher in Richtung Erzherzog Johann Hütte. Noch vor zwei Jahren kam ich, trotz Sauerstoffunterstützung, kaum über die Treppe in den ersten Stock und nun belüftete die frische, reine Bergluft meine neue Lunge.

Anschließend setzten wir unseren Weg nordöstlich auf dem Steig in Richtung Ködnitzkees fort, wo wir uns je nach Spaltenlage anseilten. Meinem sehr langsamen Tempo geschuldet, überholten uns etliche Seilschaften auf diesem langgezogenen Schneefeld, doch Gundula beruhigte mich mit den Worten: „die sehen wir alle wieder" und wir blieben unserer Strategie treu und überstürzten nichts. Über einen schroffen Rücken und auf den letzten ebenfalls versicherten Felsrücken erreichten wir die Erzherzog-Johann-Hütte, auch Adlersruhe genannt, auf 3454m, bezogen unser Lager für die Nacht und genossen ein ordentliches Mahl. Der Hüttenwirt Toni, selbst Bergführer, und sein Team betreuten uns hervorragend! Vor dem Schlafengehen war meine Sauerstoffsättigung mit 97% sehr gut und stellte den Team-Rekord dar. Anders als der Rest der Mannschaft konnte ich ab Mitternacht jedoch nicht mehr schlafen und litt unter Panikattacken. Meine Sättigung sank auf 88%, und so verbrachte ich die nächsten Stunden meist sitzend auf dem Bett, bis ich schließlich gegen halb vier wieder einschlief. Der Wecker klingelte um 4:45 Uhr. Ein Frühstück bestehend aus meiner Morgenmedikation und einem Glas Wasser, und schon ging es hinaus in den windigen, wolkendurchzogenen Morgen.

Ich fühlte mich alles andere als fit, doch die frische Luft um den Gefrierpunkt tat mir gut und ich entschloss mich den Versuch zu wagen. Von der Erzherzog-Johann-Hütte ging es zuerst flach und dann steil hinauf bis zum schneebedeckten Glocknerleitl. In zwei Dreier-Seilschaften gesichert, überquerten wir dieses, um auf das Sattele zu gelangen. Weiter ging es über den Grat, gesichert durch Eisenstangen, zum Kleinglockner (3370m). Von dort führte der Weg flach, aber ausgesetzt zum Stahlseil, das über einen kurzen Abstieg zur Glocknerscharte führt. Über einen sehr schmalen, ausgesetzten Grat erreichten wir die Schlusswand des Großglockners. Hier besteht häufig Staugefahr, da die Scharte so schmal ist, dass sie nur einzeln begangen werden kann. Wir hatten jedoch Glück.

Nach einer rund 20 Meter hohen Felswand führte der Weg über einen flacheren Rücken zum Gipfel des Großglockners. Hier wurden wir mit einer atemberaubenden Fernsicht in alle Richtungen belohnt. Wir hatten großes Wetterglück und konnten den Gipfel sogar für drei Minuten allein genießen.

Ein unbeschreibliches Gefühl hier oben zu stehen! Ich verspürte ganz viel Demut und Dankbarkeit gepaart mit diesem einzigartigen Augenblick! Im Gespräch mit Bergführerin Gundula im Zuge des siebenstündigen Abstiegs, reifte in mir die Idee, meine berufliche Zukunft ebenfalls in Richtung Bewegung zu lenken. Noch im Herbst desselben Jahres absolvierte ich die Ausbildung zum Wanderführer und habe mir zum Ziel gesetzt, Menschen in die Natur zu begleiten. Um auch Personen, die aus eigener Kraft nicht in der Lage sind, mit auf meine Touren nehmen zu können, habe ich gemeinsam mit meinem Bruder den Verein „Raus aus dem Haus" gegründet. Dieser Verein stellt jenen

Menschen eine adäquate Mobilitätshilfe für die Dauer der Tour zur Verfügung. Infos unter www.rausausdemhaus.at.

Resümee:

Der Glaube kann Berge versetzen – nicht nur eine Redewendung. Der Glaube an uns selbst und den eigenen Erfolg ist unser wichtigstes Werkzeug. Mag etwas auch noch so unmöglich erscheinen, es ist wichtig, klein anzufangen, niemals den Fokus zu verlieren und - für mich persönlich am schwierigsten - Geduld zu haben. Ebenso wertvoll sind die bereits angesprochenen Menschen, die an einen glauben und es gut mit einem meinen. Weggefährten, ohne die man nur halb so stark wäre!

Auch nach dem Gelingen dieses Vorhabens erreichen mich zahlreiche Reaktionen von Menschen, die sich fürs Mut machen bedanken. Genau das wollte ich erreichen!

Abschließend möchte ich mich bei den unzähligen Menschen bedanken die mich unterstützt haben!

2.3.9 Karsten Zeh: Radfahren

Einmal auf null und neu gestartet …

Mein „altes" Leben war eigentlich ganz normal. Ich war verheiratet, 2 Kinder, die aus dem Gröbsten raus waren und ich stand mitten im Leben.

Als ich Ende 30 war, empfahl mir mein Hausarzt einen Routine-Check zu machen. Tatsächlich gab es im Resultat ein leicht auffälliges EKG, aber keine weiteren besonderen gesundheitlichen Probleme.

Ich wurde zur kardiologische Kontrolle ins örtliche Krankenhaus überwiesen. Dort wurde ein leicht vergrößertes Herz festgestellt und außerdem einige kleinere Rhythmusstörungen. Um dies weiter abzuklären, wurde ich in eine größere Klinik mit spezieller kardiologische Abteilung überwiesen. Damit begann meine eigentliche Karriere als Herzpatient.

Die in der Klinik durchgeführte Herzkatheteruntersuchung ergab ebenfalls, dass mein Herz vergrößert war. Außer einer empfohlenen Überwachung der Problematik hatte dies aber keine weiteren Auswirkungen auf mein Leben, denn ich hatte noch keine Einschränkungen. Zunächst musste ich auch keine Medikamente nehmen.

Ganz langsam verschlechterte sich mein Zustand. Ab und an nahm ich körperliche Einschränkungen wahr, etwa beim Treppensteigen, körperlich anstrengenden Tätigkeiten oder sportlichen Aktivitäten. Das fühlte sich allerdings eher wie normale Erschöpfung an und ich brachte dies nicht in Verbindung zu meiner Erkrankung. Nach 2 bis 3 Jahren hatte sich mein Zustand weiter verschlechtert und die Rhythmusstörungen hatten zugenommen. Sie waren nun deutlich zu spüren und haben mich öfter verunsichert. Ich war unter ärztlicher Kontrolle und irgendwann musste ich auch gegen die Rhythmusstörungen Medikamente nehmen. Tatsächlich bekam ich auch zunehmend Luftnot bei körperlicher Anstrengung. Aufgrund der sich entwickelnden Herzprobleme bekam ich auch Wassereinlagerungen, die dann ebenfalls Luftprobleme verursachten.

Ich musste nicht nur Wassertabletten nehmen, sondern ab dieser Zeit in wiederkehrenden Abständen ins Krankenhaus, um mich medikamentös einstellen zu lassen und die Wassereinlagerungen abzubauen.

Bis zu dem Moment, als ein Assistenzarzt so nebenbei sagte, dass es bei mir wohl auf eine Transplantation hinauslaufen würde, war darüber nie gesprochen worden. Diese Aussage arbeitete ab sofort in meinem Hirn und ich wusste nicht, wie ich damit umgehen sollte. Ich wusste nichts über eine Herztransplantation - weder wie die vonstatten ging noch wie ein Leben danach sein kann. Von Organspende hatte ich gehört, wusste aber auch darüber nicht wirklich was.

Mittlerweile stand aber fest, warum es mir immer schlechter ging. Ich hatte eine dilatative Kardiomyopathie, kurz DCM. Einfach gesagt bedeutet das, dass das Herz allmählich immer größer wird und die Pumpfunktion immer weiter nachlässt. Es gibt derzeit keine andere Option als eine Herztransplantation.

Die Folgen bekommt man mit der Zeit immer deutlicher zu spüren. Es bedeutet regelmäßige Luftnot bei körperlicher Anstrengung, schlechter Schlaf und immer weiter abnehmende Belastungsfähigkeit. Alle Organe werden allmählich schlechter mit Sauerstoff versorgt. Damit erhöhte sich natürlich auch meine psychische Belastung, denn ich wusste nicht wirklich, wo es hinführt.

Von ärztlicher Seite bekam ich anfangs eher schwammige Aussagen wie zum Beispiel, dass man gute Medikamente hat und die Situation unter Kontrolle halten kann. Es fühlte sich aber nicht so an, mehr und mehr begann ich mir Gedanken darüber zu machen, ob mein Leben bald zu Ende ist. Und das mit Anfang 40 …

Nach etwa 5-jähriger Behandlung wurde ich dann erstmals ins Herzzentrum nach Leipzig überwiesen, um von den dortigen Spezialisten die weiteren Behandlungsoptionen abklären zu lassen. Hier wurde ich noch genauer untersucht und die unumkehrbare Diagnose bestätigt.

Es war ein großes Auf und Ab der Gefühle, denn es ging mir schlechter und ich hatte zunehmend auch Existenzängste, denn arbeiten konnte ich nicht mehr. Da ich als gelernter Handwerker nicht mehr arbeiten konnte, hatte ich mir eine Arbeit mit Außendienst und Büro gesucht, was aber auch nicht mehr ging. Ich war in großer Sorge um meine Familie, denn ich war mit Mitte 40, dauerhaft krank und auf Unterstützung angewiesen und verdiente kein Geld mehr. Für meine Kinder konnte ich nicht mehr wirklich da sein. Das machte mir schwer zu schaffen.

Regelmäßige Klinikaufenthalte verbesserten meinen Zustand leicht, aber es ging weiter abwärts mit meiner körperlichen Verfassung. Tatsächlich kam ich dann nach vielen Untersuchungen auf die Warteliste für eine Herztransplantation. Ich wußte nun viel mehr darüber, konnte mir aber nicht vorstellen, wie mein Leben dann aussehen würde … Auch bekam ich einen „Defi" eingesetzt, also eine Art Herzschrittmacher mit 2 Funktionen. Einerseits um meinen Herzrhythmus durch entsprechende Impulse zu stabilisieren und andererseits als Schutz vor lebensgefährlichen Kammerflimmern, dass dann mit einem gezielten Elektroschock unterbrochen wird. Das Gerät hat mich einige Male gerettet, auch wenn es keine schöne Erfahrung war, den Elektroschock zu erleben.

Das Warten bestand hauptsächlich darin, zu Hause irgendwie über den Tag zu kommen und sich auch an kleinen Dingen zu erfreuen. Die Leistungsfähigkeit nimmt immer mehr ab, ich konnte mich nur mit Mühe in den Garten bewegen … alle paar Schritte anhalten und verschnaufen. Zum Arzt gehen war eine Tortur und nur mit Hilfe möglich. Schlafen geht nur noch in halb sitzender Position, da ansonsten das eingelagerte Wasser derart auf die Lunge drückt, dass man keine Luft mehr bekommt. Dementsprechend ist man auch unausgeruht und oft schlecht drauf. Jede kleine Anstrengung ist zuviel.

Regelmäßig war ich im Herzzentrum zur „Entwässerung" und Optimierung der Medikamente. Irgendwann ging es zu Hause gar nicht mehr, ich mußte wieder ins Herzzenturm und sollte diesmal bis zur Transplantation bleiben, denn mein Zustand war mittlerweile so schlecht, dass ohne ständige medikamentöse Unterstützung über diverse Zugänge nichts mehr ging. Ich war „high urgent" – das ist der Status der höchsten Dringlichkeit.

Das Warten dominiert den Tag … und man weiß nicht, wann man an der Reihe ist. Und man weiß auch nicht, ob man es überhaupt bis zur Transplantation schafft. Organe sind Mangel-ware, das wusste ich nun, Besserung der Situation nicht in Sicht. Das ist auch psychisch eine Grad-wanderung und es fällt sehr schwer, noch optimistisch zu sein, wenn 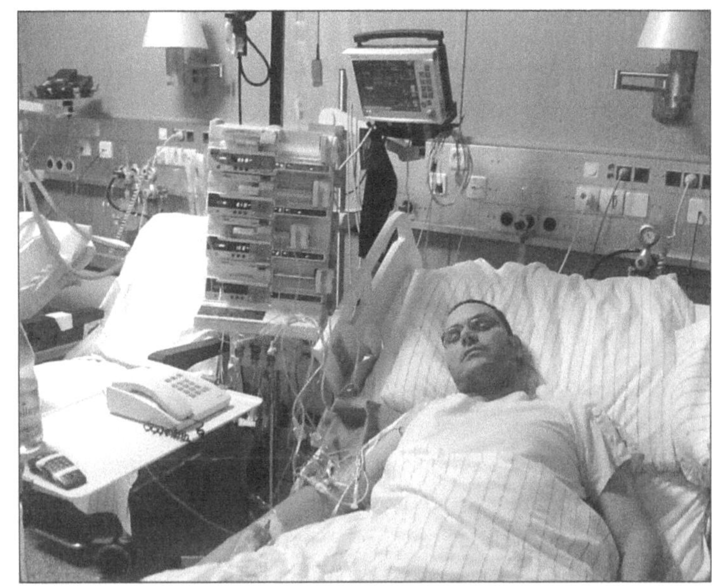 auch Mit(warte)patienten aus dem Nachbarzimmer am nächsten Tag einfach nicht mehr da sind … - weil sie es nicht geschafft haben.

Besuch von Freunden oder Familie war relativ selten und meist nur am Wochenende, da ich nun 130 km von zu Hause weg war und zu Hause das Leben auch weitergehen musste. Besuch war auch anstrengend - was man kaum glauben mag, aber meine Konzentrationsfähigkeit hatte stark gelitten, sodass ich nicht lange folgen konnte. Oft konnte ich nichtmal eine Seite eines Buches lesen (was ich gern getan hätte), aber ich schlief dann oft durch die Erschöpfung immer wieder kurz ein.

Mein Zustand war so schlecht, dass ich oft nur durch den Tag dämmerte, ab und zu kurze Zeit schlief und die Nächte waren ebenso. Ich wollte es schaffen, hatte aber keine Ahnung, ob mir das gelingt, wurde auch zunehmend gleichgültiger. Weihnachten und Silvester auf Station gingen vorüber, ohne das es mir was ausmachte …

Dann kam das erste Angebot – eine Schwester kam ins Zimmer und sagte, dass es ein Herz gibt und es „los geht". Ich rief noch zu Hause an und war sehr aufgeregt … es konnte ja auch mein letzter Anruf sein.

Dann wurde ich vorbereitet, am ganzen Körper rasiert und anschließend mit Desinfektionslösung von oben bis unten abgerieben, das dauert einige Zeit.

Durch die Farbe der Lösung hatte ich eine schöne Bräune, wie sie sich mancher im Sommer wünscht … noch eine Beruhigungstablette und dann wieder warten auf das letzte OK der Entnahmechirurgen. Mittlerweile hatte ich mir den Ablauf erzählen lassen.

Aber ich wartete umsonst … das Angebot musste abgelehnt werden, vermutlich aus medizinischen Gründen. Das war sehr niederschmetternd, auch wenn das Pflegepersonal alles tat, um mich aufzumuntern und für das weitere Warten zu motivieren. „Bestimmt gibt es bald ein neues Angebot!". Schwer zu glauben für mich.

Doch tatsächlich gab es ein neues in den nächsten Tagen, doch auch dieses musste dann abgelehnt werden. Das war einerseits sehr schwer zu ertragen, auf der anderen Seite stellte sich eine Art Gleichgültigkeit ein – entweder man schafft es, oder eben nicht.

Angst zu Sterben hatte ich da nicht mehr, ich hatte mich mit meinem Schicksal bereits abgefunden. Dazu hatte ich lange genug Zeit.

Und das dritte Angebot sollte es dann endlich werden. Wieder wurde ich vorbereitet, aber ich rechnete abermals mit einer Absage. Erst als der Anästesist in der OP-Vorbereitung mir sagte, dass sie nun anfangen und das Herz unterwegs sei, wurde es ernst – doch dann wirkte schon die Narkose.

Ich kam langsam wieder auf Intensivstation zu mir. Zuerst habe ich alles nur durch einen Schleier wahrgenommen, doch dann wurde es besser. Ich bekam Besuch von meinen „Lieblingsschwestern" der Station. Das munterte mich auf und ich fühlte mich auch durch die starken Medikamente besser. Dennoch merkte ich, wie sehr mich das Warten „geschlaucht" hatte und fühlte mich sehr schwach. Immerhin hatte ich in der Wartezeit 20 kg Gewicht verloren und das meiste davon waren Muskeln …

Deshalb ging es mir nur langsam besser, obwohl das „neue" Herz gut arbeitete. Da mein Rhythmus jedoch nicht gut genug war, bekam ich zunächst noch einen externen Herzschrittmacher, von dem aus zwei Drähte in meinen Brustkorb führten. Da die Ursache nicht behoben werden konnte (die Störung ging von dem verbliebenen Teil eines Vorhofs aus), wurde dieser später durch einen implantierten ersetzt. Praktischerweise konnte man dafür gleich die „Tasche" neben meiner linken Schulter benutzen, die von dem entfernten Defi frei geworden war. Mittlerweile sitzt an dieser Stelle bereits das dritte Gerät und begleitet mich zuverlässig durch das neue Leben.

Nach einigen kleinen „Baustellen" besserte sich mein Zustand und zurück auf der Station wurde zeitig an der (Wieder-)Mobilisierung gearbeitet. Erst mal raussetzen in einen Stuhl, dann regelmäßig aufstehen, erste kleine Schritte gehen, dann eine Runde auf dem Stationsflur (natürlich mit Unterstützung) usw. Weil das Brustbein durchtrennt war, erfordert es auch einige Vorsicht bei jeder Bewegung.

Nach etwa 3 Wochen ging es dann in die Reha, wo es darum ging, wieder langsam Kondition aufzubauen und sich von der behüteten Umgebung der TX-Station zu entwöhnen. Man musste Schritt für Schritt den Körper wieder neu kennenlernen.

Endlich an der frischen Luft spazieren gehen, was mir sehr gefehlt hatte … das war wunderbar. Nach 3 Wochen wurde ich zurück nach Hause entlassen. Damit war noch lange nicht alles beim Alten. Allmählich versuchte ich, meine Gedanken zu ordnen, wie es nun weitergehen sollte.

Meine damalige Frau hat sich kurz nach der Transplantation von mir getrennt, wodurch ich noch einmal neu anfangen musste. Das war nicht leicht, aber es ist uns gelungen, ein normales Verhältnis zu bewahren. Ich habe nach wie vor sehr guten Kontakt zu meinen Kindern und mittlerweile schon 2 Enkel, was mich sehr froh macht.

Das alles kann ich nur dank einer Organspende erleben, die mir das Leben rettete.

Und das kann ich nun schon über 18 Jahre – das macht mich demütig und ich bin dafür unendlich dankbar ! Es gibt auch immer Gelegenheiten, daran zu denken. Beispielsweise zünde ich oft in einer Kirche eine Kerze für meinen Spender an.

Nicht zuletzt deshalb engagiere ich mich seit dem für die Aufklärung über Organspende. Gemeinsam mit damaligen Mitpatienten habe ich aus der bestehenden kleinen Selbsthilfegruppe unseren Verein HLTX e.V. Leipzig gegründet und kümmere mich neben Aufklärungsarbeit auch um Wartepatienten im Herzzentrum Leipzig.

Mittlerweile bin ich wieder glücklich verheiratet und lebe in Leipzig. Ich arbeite wieder und bin mit ein paar Einschränkung voll im Leben. Mittlerweile habe ich einige Komplikationen wie schwere Erkältungen, Unfälle und auch den Wechsel meiner Schrittmacher inkl. der Sonden hinter mir.

Geholfen hat mir, dass ich nach der Transplantation wieder nach vorn schauen konnte. Dadurch habe ich auch gesehen, dass nicht nur eine Tür zu ging, sondern sich eine neue öffnete. Dafür muss man offen sein, sonst sieht man es nicht!

Und es ist wichtig, dass man wieder selbst Verantwortung für sein Leben und seine Gesundheit übernimmt. Das bedeutet nicht nur, die vorgegebenen Medikamente regelmäßig zu nehmen, sondern auch auf seine Ernährung zu achten und Sport zu treiben – genau wie es jeder Gesunden tun sollte!

Ich lernte in meiner Wartezeit eine junge transplantierte Frau kennen, die regelmäßig joggen ging und auch andere sportliche Aktivitäten machte. Das konnte ich mir damals gar nicht wirklich vorstellen.

Aber nach meiner Transplantation entdeckte ich das Radfahren wieder für mich, was ich in meiner Jugend sehr geliebt habe und auch weite Touren gefahren bin. Regelmäßig drehte ich zuerst mit meinem alten Tourenrad meine Runden. Unterwegs an den Baggerseen des Leipziger Umlandes sah ich viele Rennradfahrer, was mich schon beeindruckte. Da ich mittlerweile über unseren Verein auch andere Transplantierte Radfahrer kannte, konnte ich mich gut austauschen. Radfahren ist geradezu ideal für Transplantierte, da es nicht nur gelenkschonend ist und man seinen Aktivitätslevel selbst bestimmen kann. Man kann entspannt radeln oder richtig reintreten und sich anstrengen. Ich kaufte mir dann ein Rennrad (mein erstes!) und begann, mehr zu fahren und auch zu trainieren. Und merkte, dass es mir gut tat und Spaß machte.

Im Verein fanden wir uns zusammen und beschlossen, zum ersten Mal an Europameisterschaften für Transplantierte teilzunehmen. Wir waren fünf Herztransplantierte und fuhren 2012 nach Apeldorn in den Niederlanden, um an unserer ersten EM teilzunehmen. Es war überwältigend für uns, zumal wir niemanden kannten. Gemeinsam mit hunderten herz- & lungentransplantierten Sportlern und Angehörigen Sport zu treiben und das Leben zu feiern war eine neue Erfahrung und hat uns für immer geprägt. Wir konnten sogar Medaillen erringen und fuhren mit tollen Erinnerungen und neuen Freundschaften im Gepäck wieder nach Hause.

So motiviert mussten neue Ziele her. Wir nahmen 2013 das erste Mal an den Deutschen Meisterschaften für Transplantierte & Dialysepatienten (ausgerichtet durch den Verein TransDia e.V.) teil und lernten dort andere deutsche transplantierte Sportler kennen. Zwischenzeitlich hatten wir auch erfahren, dass es Weltmeisterschaften für Transplantierte gibt – die World Transplant Games (WTG). Wir waren nicht sicher, ob wir schon bereit dazu waren. Aber wir trauten uns – und flogen 2013 im August nach Südafrika zu unserer ersten Teilnahme an den WTG. Was für ein Erlebnis, tausende Transplantierte aus der ganzen Welt zu treffen und gemeinsam Sport zu treiben! Wir waren überwältigt. Trotz der anstrengenden Reise und Mitnahme unserer Räder haben wir keine Minute bereut. Wir haben Freundschaften geschlossen, zu denen wir heute noch Kontakt haben. Seit dem habe ich auch an WTG in Argentinien, Spanien und weiteren Europameisterschaften in Lithauen, Finnland, Italien und Portugal teilgenommen. Mittlerweile bin ich als Präsident der EHLTF (European Heart and Lung Transplant Federation) selbst in Verantwortung bei der Organisation der Europameisterschaften für Transplantierte.

Sport kann das Leben nach TX so viel reicher machen und trägt wesentlich dazu bei, das Wohlbefinden, das Selbstvertauen und auch die Lebensfreude zu verbessern.

Die kleine Radsportmannschaft unseres Vereins HLTX e.V. Leipzig hat sich dabei zu einem festen Team geformt. Gemeinsam haben wir viele Jahre an der EUREGIOTOUR des Transplant Sportclubs Südtirol teilgenommen, bei der Transplantierte gemeinsam von Innsbruck in drei Tagen über mehrere Alpenpässe zum Gardasee fahren und dabei auf Organspende aufmerksam machen.

Wir haben den Sport mittlerweile als Vereinszweck integriert und als Team an vielen sogenannten Jedermannrennen teilgenommen (z.B. Neuseenclassics Leipzig, Rund um Köln), was uns die Gelegenheit gab, über den Radsport auf Organspende aufmerksam zu machen und aufzuklären.

Der Sport hat mir viele unvergessliche Momente geschenkt, die ich nicht missen möchten. Meine größten Erfolge bisher waren der EM-Titel im Kugelstoßen und der Vize-Europameistertitel im Radrennen bei der Europameisterschaft in Portugal 2024. Tatsächlich treibe ich jetzt nach meiner Transplantation viel mehr Sport als davor.

Und auch wenn es zwischenzeitlich Erkrankungen / Verletzungen oder Rückschläge gibt, durch den Sport kann man sich wieder zurückkämpfen. Nicht unwesentlich ist auch, dass man durch Sport die Dosis der notwendigen Medikamente (in Absprache mit dem Arzt) reduzieren kann, denn beispielsweise Blutdruck und Blutfettwerte verbessern sich dadurch. Weniger Medikamente sind immer besser!

Damit will ich nicht sagen, dass jeder wie wir regelmäßig trainieren und an Wettkämpfen teilnehmen muss. Wichtig ist für Transplantierte, dass sie Freude an Sport & Bewegung finden. Das Level der sportlichen Betätigung muss jeder selbst finden. Hauptsache ist dabei, überhaupt etwas Sportliches zu tun. Der Körper wird es einem danken.

Mehr machen kann man immer, wenn es geht und man Gefallen daran findet.

Leider hat der Transplant-Sport in Deutschland keine Lobby, nur einzelne haben private Sponsoren. Alle Teilnahmen an Wettbewerben sowie auch die Sportgeräte (z.B. Rad, Golfausrüstung) müssen privat finanziert und angeschafft werden. Ebenso ist es mit den Reisekosten. Die Folge davon ist, dass viele Transplantierte von den Wettbewerben ausgeschlossen sind, die es sich nicht leisten können, was sehr schade ist.

Dennoch haben wir in diesem Jahr ein großes Sportereignis in Deutschland – die WORLD TRANSPLANT GAMES 2025 in Dresden. Ich freue mich auf ein tolles Transplant-Sportfest und ein Wiedersehen mit vielen Freunden. Es ist die große Möglichkeit, dem Thema Organspende und Transplantation in Deutschland ein breites Forum zu geben, damit auch die Politik endlich wirklich versteht, dass wir hier wirksam vorwärts kommen müssen, um mehr Menschen zu helfen und Leben zu retten.

2.3.10 Regina Richtmann: Triathlon, Schwimmen, ...

Bis zu meinem siebten Lebensjahr spürte ich kaum Einschränkungen durch meine hypertrophe Kardiomyopathie im Alltag. Die durch meinen Vater vererbte Erkrankung musste schon damals regelmäßig kardiologisch kontrolliert werden.

Als Schulkind bemerkte ich zum ersten Mal die Folgen: Bei Sportveranstaltungen wie den Bundesjugendspielen oder Schwimmwettkämpfen im Verein konnte ich nicht mehr mithalten. Nach den Wettkämpfen bekam ich häufig Kreislaufprobleme. In diesem Moment wurde mir zum ersten Mal bewusst, dass ich mit einer Einschränkung leben muss. Die kardiologischen Kontrollen wurden engmaschiger, da sich mein Herzmuskel zunehmend verdickte.

Mit 14 Jahren erhielt ich mein erstes Medikament: Betablocker sollten verhindern, dass Puls und Blutdruck bei Belastung zu stark ansteigen. Trotz allem versuchte ich weiterhin, Sport zu treiben. Doch nur wenige Monate später erlitt ich beim Rollerbladen mein erstes Kammerflimmern. Ich wurde ins künstliche Koma versetzt – die unbeschwerte Zeit war vorbei. Nach meiner Entlassung aus dem Klinikum lebte ich mit einem implantierten Defibrillator und Schrittmacher, der im Notfall eingreift, wenn mein Herz in gefährliche Rhythmusstörungen gerät.

Ich fühlte mich zunehmend schwächer, selbst einfache Aufgaben wie Treppensteigen wurden zur täglichen Herausforderung – begleitet von der Angst, dass mein Herz erneut aus dem Rhythmus geraten könnte. Und meine Angst bestätigte sich. Bereits eineinhalb Jahre später erlitt ich erneut Kammerflimmern. Der Defibrillator reagierte zum Glück rechtzeitig. Nach diesem Vorfall wurde erstmals eine Herztransplantation thematisiert. Damals konnten meine Familie und ich wenig mit dem Gedanken anfangen, und so suchten wir eine Transplantationsambulanz zur Beratung auf. Die dortige Empfehlung lautete: kein Sport mehr und möglichst wenig körperliche Belastung.

Wie so ein Alltag für eine Teenagerin aussieht, die zur Schule geht und Dinge mit Freunden erleben möchte, konnte sich kaum jemand vorstellen – außer mir selbst. Ich lebte ihn. Ich kündigte meine Mitgliedschaft im Sportstudio, legte die Rollerblades beiseite und stieg Treppen mit großer Vorsicht und Achtsamkeit.

Doch egal wie vorsichtig ich war – das Kammerflimmern kam immer wieder. Die Krankenhausaufenthalte wurden häufiger, und gegen Ende meiner Teenagerjahre war ich gezwungen, bei jeder Treppenstufe eine Pause einzulegen. Zwischen meinem 14. und 25. Lebensjahr erlitt ich insgesamt elf Kammerflimmer-Episoden. Manche wurden vom Defibrillator nicht erkannt – ich musste reanimiert werden, bis der Notarzt eintraf. Jedes dieser Ereignisse war ein Rückschritt. Ich musste jedes Mal bei null anfangen, um meine körperliche Fitness wieder aufzubauen.

Mein niedergelassener Kardiologe empfahl mir deshalb tägliche Spaziergänge von mindestens einer Stunde – das klappte, solange es draußen nicht zu heiß war. Doch selbst dieses reduzierte Fitnesslevel konnte ich trotz neuer Medikamente bald nicht mehr halten.

Ein weiterer Klinikaufenthalt nach drei aufeinanderfolgenden Kammerflimmern führte dazu, dass ich auf die normale Warteliste für eine Herztransplantation aufgenommen werden sollte. Die Ärztin, die das Aufklärungsgespräch führte, war sehr schroff, sodass ich die Aufnahme auf die Transplantationsliste zunächst ablehnte. Nach Gesprächen mit verständnisvolleren Ärzten und meiner Familie entschied ich mich schließlich doch dafür. Nach mehrwöchigen Untersuchungen wurde ich offiziell auf die Warteliste gesetzt.

Die Zeit auf der normalen Liste ermöglichte es mir, weiter zu studieren und zuhause zu leben. Doch die Balance zwischen Erhalt meiner Fitness und der Vermeidung von Überlastung war extrem schwierig. Trotz neuer Medikamente wie Amiodaron erlitt ich weitere Kammerflimmern. Nach kurzen Klinikaufenthalten wurde ich jedoch immer wieder entlassen – mit der Begründung, mein Sinusrhythmus im Ruhezustand sei zu stabil für eine Transplanation. Die Möglichkeit, dass der Alltag einer jungen Frau aber nicht nur darin besteht im Bett zu liegen und sich zu schonen, wollte dort niemand verstehen.

Erst als ich auf dem Weg zum Arzt dreimal in Folge Kammerflimmern hatte, wurde ich mit 25 Jahren auf die High Urgency-Liste gesetzt. Ab Anfang August bis Mitte Dezember wartete ich auf der Intensivstation des Klinikums auf ein Spenderherz. Meine Kräfte reichten nur noch für wenige Schritte über den Stationsflur. Selbst dabei war ich ständig nahe am Kammerflimmern.

Am 14. Dezember erhielt ich mein Spenderherz am Klinikum Großhadern. Die frische OP-Narbe und über 20 Liter Wassereinlagerung durch ein akutes Nierenversagen fesselten mich ans Bett. Erst durch eine Bluttransfusion und die Erholung der Nierenfunktion konnte ich langsam mobilisiert werden. Mit Unterstützung von Physiotherapeuten und Pflegepersonal lernte ich, mich vom Liegen zum Sitzen und schließlich zum Stehen zu bewegen. Die ersten Schritte machte ich mit dem Gehwagen, doch mit der Zeit gelang es mir, selbstständig über die Flure zu laufen. Stück für Stück arbeitete ich mich in Richtung Rehabilitation.

In der Rehaklinik wurde ich durch Training am Ergometer, Gehübungen und gezielten Muskelaufbau gestärkt. Schon nach fünf Wochen konnte ich wieder eigenständig Treppen steigen und über einen Kilometer zu Fuß zurücklegen.

Nach fast acht Monaten Krankenhaus- und Reha-Aufenthalt durfte ich Ende März endlich nach Hause. Mein erster Fokus galt dem Wiederaufbau meiner Fitness. Ich begann mit Spaziergängen, Yoga, Dehnübungen und später sogar Radfahren.

Langsam kehrte das Vertrauen in meinen Körper zurück – ich wollte mich und mein Herz mehr ausprobieren. Ich begann zu schwimmen und entdeckte dabei meine Leidenschaft für diesen Sport wieder. Die Freude am Training ließ mich auch in andere Disziplinen schnuppern, bis ich schließlich beim Triathlon landete.

Heute trainiere ich mehrmals pro Woche für die World Transplant Games – im Triathlon und in den Schwimmdisziplinen. Ich fahre mit dem Rad einfach 25 km zur Arbeit und zurück, schwimme im angrenzenden See und laufe durch die Stadt. An Wochenenden mache ich Ausflüge mit Freunden und Familie in die Berge oder ich plane größere Rennradtouren mit Arbeitskollegen.

Mit anderen Transplantierten treffe ich mich regelmäßig zum Trainingslager, wo wir verschiedene Sportarten üben und die Techniken verfeinern, um bestmögliche Ergebnisse bei Wettkämpfen für Transplantierte zu erzielen. Durch das regelmäßige Training gelang es mir bei den Europameisterschaften für Transplantierte in der Disziplin 50 m Freistil eine Goldmedaille zu gewinnen.

Auch bei öffentlichen Sportveranstaltungen wie dem Organspendelauf, Wings for Life Run oder beim örtlichen Triathlon gebe ich mir größte Mühe, auf die Organspende aufmerksam zu machen. Ich möchte zeigen, dass der Sport wie ein Medikament wirken kann, indem er das Immunsystem stärkt, die mentale Gesundheit fördert und der körperlichen Fitness dient. Der Sport und meine persönlichen Errungenschaften erfüllen mich mit Stolz und zeigt mir wie auch anderen, was nach einer Transplantation alles möglich ist.

Für mich ist die Transplantation mehr als nur ein medizinischer Eingriff – sie ist ein Geschenk. Ein Geschenk, das mir das Leben zurückgegeben hat. Meine Dankbarkeit gegenüber dem Spender und seiner Familie ist grenzenlos, auch wenn ich nur erahnen kann, wie schwer ihre Entscheidung gewesen sein muss. Um meinen Spender und dessen Angehörige zu ehren, bemühe ich mich, mein zweites Leben in ihrem und meinem Sinne zu leben – bewusst, mit Freude, und in vollen Zügen.

2.3.11 Bera Wierhake: Laufen

Von der Warteliste zum Wettkampf

„Ob Ihre Tochter jemals ein normales Leben führen können wird – das können wir Ihnen nicht versprechen." Das war die Aussage der Ärzte an meine Eltern, nachdem etliche Operationsversuche fehlgeschlagen waren.

Mein Name ist Bera Wierhake. Heute bin ich 24 Jahre alt, lebertransplantiert und Leistungssportlerin. Dass dies einmal möglich sein würde, daran hatte zu Beginn meines Lebens niemand geglaubt.

Aber von Anfang an: Zur Welt gekommen bin ich mit einer Gallengangsatresie. Die Gallengänge waren nicht richtig ausgebildet, wodurch der Abfluss der Galle aus der Leber verhindert wurde. Staut sich die Galle in der Leber auf, gelangt das Bilirubin in den Blutkreislauf. Die Folge ist eine irreversible Schädigung der Leber – bis zu dem Punkt, an dem eine Transplantation überlebensnotwendig wird.

So auch in meinem Fall: Meine Haut war nach meiner Geburt sehr gelblich gefärbt. Eine zunächst vermutete Neugeborenengelbsucht, wie sie häufig vorkommt, stellte sich schon nach zwei Wochen als fortgeschrittenes Stadium einer Leberschädigung heraus.

Durch Blutuntersuchungen konnten sehr hohe Entzündungswerte festgestellt werden. Es war wie ein Puzzlespiel – jede Untersuchung brachte neue Erkenntnisse. Den Ärzten wurde schnell klar, dass es sich in meinem Fall um einen Wettlauf gegen die Zeit handelte.

Nachdem mehrere Operationsversuche zur Behebung der fehlgebildeten Gallengänge, unter anderem in Form einer Kasai-Operation, gescheitert waren, stand fest: Eine Lebertransplantation ist die einzige Chance zu überleben.

Eine wirkliche Entscheidung gab es nicht. Es stand nicht zur Wahl zwischen „entweder oder", sondern nur zwischen Leben oder Tod.

Doch dafür galt es zunächst, drei große Herausforderungen zu bewältigen: Zum einen war die Transplantationsmedizin bei Neugeborenen im Jahr 2000 in Deutschland noch sehr jung. In Süddeutschland gab es keine Klinik, die solche Eingriffe bei Säuglingen durchführte. Zum anderen herrschte – wie heute – ein großer Organmangel, wodurch lange Wartezeiten entstehen konnten. Der entscheidende Punkt jedoch war: Babys konnten aufgrund ihrer geringen Körpergröße noch nicht transplantiert werden – sie waren schlicht zu klein.

So begann für meine Eltern eine lange Zeit des Wartens und Bangens. Sechs Monate sollten abgewartet werden, damit ich ausreichend wachsen konnte, um überhaupt für eine Transplantation infrage zu kommen. Eine Zeit, in der ich um mein Leben kämpfte, den

Ärzten aber die Hände gebunden waren. Ziel war es, die fortschreitende Leberschädigung medikamentös zu verlangsamen, um Zeit zu gewinnen – aufhalten konnte man sie nicht mehr.

Schon in den ersten Lebenswochen wurde ich mehrfach in verschiedene Kliniken verlegt und vielen Untersuchungen unterzogen.

Nach der Diagnose konnte ich anfangs noch zu Hause bei meiner Familie leben. Es folgten viele kurze stationäre Krankenhausaufenthalte, andere Untersuchungen konnten ambulant durchgeführt werden. Meine Eltern bekamen genaue Anweisungen, wann sie mir welche Medikamente geben mussten.

Das funktionierte gut – bis sich die Leberwerte zunehmend verschlechterten. Einige Monate lebten wir im Radius von wenigen Metern rund ums Haus – in ständiger Erwartung des lebensrettenden Anrufs der Klinik: Ein passendes Spenderorgan – das war unsere Hoffnung.

Damals hatte das Telefon noch ein Kabel, es war nicht transportabel. Jeder Spielplatzbesuch, jeder Einkauf war mit der Angst verbunden, den lebenswichtigen Anruf zu verpassen. Dann wäre das Organ an den nächsten Patienten auf der Warteliste vergeben worden. Doch das Telefon blieb stumm.

Schließlich zwang mein schlechter Gesundheitszustand die Ärzte dazu, mich stationär aufzunehmen. Mit meiner Mutter wohnte ich in den letzten Wochen vor der Transplantation in der Uniklinik Essen.

Und dann kam die Nachricht: Ein passendes Organ war gefunden!

Meine Mutter rief meinen Vater zu Hause an. Er machte sich sofort auf den Weg in die 400 km entfernte Klinik, um nach der Operation bei uns zu sein. Doch dann kam alles anders: Im OP-Saal stellte sich heraus, dass das Organ doch nicht passte. Die Operation wurde abgesagt.

Meinem Vater konnten wir nicht mehr rechtzeitig Bescheid geben, denn er war schon längst unterwegs. Als er in der Klinik ankam und meine Mutter ihm die Nachricht überbrachte, herrschte bedrückte Stille.

Würde es noch einmal eine Chance geben? Oder war das die letzte Hoffnung?

Meinem Vater blieb schließlich nichts Anderes übrig als wieder nach Hause zu fahren.

Kurze Zeit später folgte der zweite Anlauf. Wieder gab es ein neues Organangebot, wieder wurde mein Vater informiert, wieder wurde ich in den OP geschoben – und wieder passte das Organ nicht. Die Nerven meiner Eltern lagen blank, die Hoffnung schwand.

„Alle guten Dinge sind drei", sagt man – und so war es auch: Im dritten Anlauf konnte das Organ erfolgreich transplantiert werden.

Doch schon in der ersten Nacht nach der Transplantation kam es zu Komplikationen: Es konnte kein Blutfluss mehr in der Pfortader der neuen Leber festgestellt werden – das Blut hatte sich gestaut, ein Thrombus hatte sich gebildet. Der Grund: Mein Spender war eine erwachsene Person. Der Übergang von den kleinen Venen eines Babys zu den großen des neuen Organs stellte eine Herausforderung für den Blutfluss dar.

Eine schnelle Operation war notwendig, um den Thrombus zu entfernen.

Wenige Tage später verschlechterte sich mein Zustand erneut. Zwei weitere Operationen aufgrund innerer Perforationen sowie ein Eingriff infolge einer Darmperforation folgten.

Ein ständiges Auf und Ab, das alle Beteiligten Nerven kostete.

Nachdem diese ersten Hürden überwunden waren, konnte sich mein Körper in den folgenden Monaten erholen. Vier Wochen nach der Transplantation durfte ich wieder nach Hause.

An all das kann ich mich selbst nicht erinnern.

Ich habe meine Kindheit als schön und als ziemlich normal in Erinnerung. Geblieben ist eine rund 35 cm lange Narbe auf meinem Bauch.

Mit drei Jahren kam ich, wie alle anderen Kinder, in den Kindergarten. Meine Eltern sensibilisierten die Erzieherinnen, betonten aber auch: Ich sei kein rohes Ei und könne genauso behandelt werden wie andere Kinder.

Dafür bin ich ihnen sehr dankbar. Ihre Entscheidung, mich nicht anders zu behandeln als meine fast gleichaltrigen Schwestern, hat mir geholfen, einen gesunden und positiven Umgang mit meiner Erkrankung zu entwickeln.

An seinen Umständen kann man häufig nichts verändern, aber daran, wie man damit umgeht und darüber denkt. Auch ich erlebe trotzdem immer wieder Situationen, in denen ich von der Erkrankung frustriert bin. Dann finde ich es sehr hilfreich darüber nachzudenken: Welches sind die Faktoren, die ich im Moment beeinflussen kann? Anschließend versuche ich mich auf diese zu fokussieren.

Mit meiner Geschichte bin ich immer offen umgegangen und habe nie Ausgrenzung oder Hänseleien erlebt – wofür ich sehr dankbar bin.

Ich bekam oft Fragen gestellt, hatte aber stets das Gefühl, dass die Menschen aus ehrlichem Interesse auf mich zukamen – nicht, um mich aufzuziehen.

Seit den Anfangsschwierigkeiten nach der Geburt hatte ich bis heute keinen ernsthaft bedrohlichen Gesundheitszustand mehr.

Mir ging es durchgehend gut – auch in meiner Entwicklung war ich gleichauf mit anderen Kindern meines Alters.

Mit fünf Jahren kam ich in die Schule und machte 2018 mein Abitur. Danach reiste ich fast ein Jahr lang in entfernte Länder – nach Australien und Südostasien – als Transplantierte um die Welt. Die Reise hatte ich über mehrere Monate in enger Absprache mit meinen Ärzten vorbereitet. Vor Ort in Australien hatte ich ein Ärztezentrum gefunden, welches meine regelmäßigen Blutuntersuchungen weiterhin durchführte und meine Medikamente hatte ich alle aus Deutschland mitgebracht. Eine lange Reise ins Ausland ist für Transplantierte mit mehr Planung verbunden, möglich ist es aber trotzdem.

Wenn meine Eltern mich beschreiben müssten, würden sie sagen: „Ein Kind mit Hummeln im Hintern.“

Ich bewege mich, seit ich denken kann, sehr gern. Zuerst im Kinderturnen, dann Ballett und Reiten, später kam Fußball dazu.

Zur Leichtathletik kam ich erst durch eine Kinderkrankenschwester, die mir bei einer Reha-Freizeit für transplantierte Jugendliche von den Meisterschaften für transplantierte Athleten erzählte. Als ich das hörte, war ich sofort begeistert – ich wollte unbedingt mitmachen.

Also ging ich zu einem Sportverein in meiner Nähe und stellte mich der Trainerin so vor: „Hallo, ich bin Bera und möchte zu den Weltmeisterschaften. Kannst du mich trainieren?“

Sie sah mich kurz verwundert an, nahm mich dann aber ohne zu zögern in ihre Trainingsgruppe auf.

Neun Jahre lang habe ich mit Athletinnen und Athleten, die nicht transplantiert waren – und wurde herzlich aufgenommen. Dass ich transplantiert bin, war nie ein Thema. Schnell konnten wir im Training Fortschritte erzielen.

Das war 2016 – und schon neun Monate später nahm ich an meinen ersten internationalen Meisterschaften teil. Ich war begeistert, zu sehen, wozu mein Körper in der Lage war.

Der Sport hilft mir, Vertrauen in meinen Körper zu entwickeln und festzustellen, dass er auch nach der Transplantation leistungsfähig ist.

Ein Erlebnis hat sich besonders eingebrannt: Der 400-Meter-Lauf bei den World Transplant Games 2017 in Málaga.

Kurz vor dem Start drehte ich mich ein letztes Mal zur Tribüne um – und als ich die tausend Zuschauer sah, bekam ich Gänsehaut: Ohne Organspende wäre dieses Stadion leer.

Ein tiefes Gefühl von Dankbarkeit überkam mich. Es war der Lauf meines Lebens – und als ich dann auch noch als Erste ins Ziel ankam, konnte ich nicht aufhören zu grinsen.

Die Atmosphäre bei den Transplant Games ist etwas ganz Besonders, weil Athletinnen und Athleten aus aller Welt kommen zusammenkommen – alle mit einer ähnlichen Geschichte. Durch eine Organspende wurde uns eine zweite Chance auf Leben geschenkt.

Über 2.500 transplantierte Menschen treten in verschiedenen Sportarten gegeneinander an.

Doch der größte Unterschied zu anderen Wettkämpfen: Der Zusammenhalt unter den „Konkurrenten". Wir kämpfen im Wettkampf, aber wir feiern gemeinsam – vor allem das Leben.

Mittlerweile habe ich mehrfach für Deutschland im Nationaltrikot an internationalen Wettkämpfen teilgenommen. In meinem Schrank hängen über 39 Medaillen von nationalen und internationalen Meisterschaften.

2023 habe ich bei den World Transplant Games in Australien den Weltrekord über die 1500-Meter-Mitteldistanz gebrochen. Wenn ich daran denke, bekomme ich Gänsehaut.

All das hätte niemand zu Beginn meines Lebens für möglich gehalten. All das verdanke ich meinem Organspender. Es war zweite Chance auf Leben, die mir das Leben gerettet und mich schließlich zum Leuchten gebracht hat und ohne die es diese Geschichte heute nicht geben würde.

Heute ist der Sport viel mehr als ein Hobby – er ist meine Leidenschaft.

Seit November 2023 starte ich für den VfB Stuttgart und konnte 2024 einen enormen Leistungssprung erzielen.

Dank besserer Trainingsbedingungen und gesteigerter Trainingsintensität konnte ich mich stark weiterentwickeln. Noch vor zwei Jahren hätte ich nie gedacht, wie weit ich kommen kann.

Ich bin sehr dankbar für Trainer, die an mich glauben – und in mir Potenzial sehen, statt eine Einschränkung.

Trotzdem habe ich über die Jahre auch Unterschiede zu nicht-transplantierten Athleten festgestellt:

Die Medikamente, die Transplantierte lebenslang einnehmen müssen, verhindern die Abstoßung des Organs – bringen aber Nebenwirkungen mit sich.

Die Produktion bestimmter Botenstoffe des Immunsystems wird gehemmt, was die Infektanfälligkeit erhöht.

Zudem ist die Trainingsadaption bei transplantierten Athleten verschlechtert.

Wir brauchen mehr gesetzte Reize im Training, um dieselben Leistungen zu erzielen wie nicht-transplantierte Athleten. Trainingsdauer und -intensität müssen präzise dosiert werden, um das Immunsystem nicht zu überfordern. Während der körperlichen Aktivität im Training wird das Immunsystem beansprucht. Stark belastete Strukturen im Körper müssen nach dem Sport durch körpereigene Abläufe regeneriert werden.

Das Immunsystem ist die Transplantierten ohnehin durch die Immunsuppressiva bereits vorbelastet und regeneriert daher langsamer. Das kann manchmal frustrierend sein.

Entscheidend ist: Wie geht man damit um?

Meiner Meinung nach braucht es eine enge und ehrliche Kommunikation zwischen Trainer und Athlet. Nur durch enge Abstimmungen können Trainingspläne bei Bedarf schnell und flexibel angepasst werden. Dies hat besondere Bedeutung, wenn es darum geht das Leistungsmaximum erreichen zu wollen.

Mit der Zeit entwickelt man ein gutes Körpergefühl – man merkt, wann Ruhe nötig ist. Falscher Ehrgeiz bringt an dieser Stelle nichts, denn er erhöht möglicherweise nur das Verletzungsrisiko. Ein mentales Training kann an dieser Stelle auch sehr bereichernd sein, denn gewonnen wird nicht nur mit der Leistung, die der Körper erzielen kann - sondern vor allem auch im Kopf.

Meine Motivation ist es, anderen Menschen Mut zu machen und durch den Sport zu zeigen, was nach einer Transplantation alles möglich ist. Ich halte Vorträge zu meiner Geschichte und möchte auch Betroffene erreichen, die vor einer Transplantation stehen oder diese schon hinter sich haben und den Einstieg zurück ins Leben suchen.

Eine Transplantation hat das Ziel, ein möglichst normales Leben zu ermöglichen. Dennoch ist zu betonen, dass jede Geschichte anders ist. Deshalb lautet mein Motto:

Nutze die Möglichkeiten, die dir heute zur Verfügung stehen und hol das Beste aus dir heraus.

Was das Beste ist, kann heute anders aussehen als morgen – und für dich anders als für andere. Und das ist völlig in Ordnung.

Transplantierten geht es nicht jeden Tag gleich – mal sind die Nebenwirkungen stärker, mal fühlt man sich besser. Aber so geht es auch nicht-transplantierten Athleten. Der Körper ist ein komplexes System. Es gibt Faktoren, die sich beeinflussen lassen, manche Umstände müssen aber akzeptiert werden.

Die Gesundheit sollte immer oberste Priorität haben. Deshalb ist meine Empfehlung die Trainingsgestaltung nicht zu starr zu halten, stattdessen sollte sich in einem flexiblen Rahmen bewegt werden – der Raum für Anpassungen zulässt.

Das Leben ist ein Geschenk und schließlich entscheidest Du selbst, ob es in Farben gemalt wird oder eine schwarz-weiße Geschichte bleibt. Ich möchte Dich ermutigen Dir selbst neue Dinge zuzutrauen und anzufangen die Farbstifte in die Hand zu nehmen, über Dich hinauszuwachsen und Dein Leben bunt zu gestalten. Es ist ein Prozess seinem Körper nach einer schweren Diagnose wieder Vertrauen zu schenken. Es beginnt damit, den ersten Schritt zu machen, egal wie klein er ist.

2.3.12 Günter Berlesreiter: Tischtennis, Skifahren, ...

Ein neues Herz – ein neues Leben!

Mein Name ist Günter Berlesreiter, wurde am 30.12.1958 in Neumarkt im Mühlkreis geboren und lebe zusammen mit meiner Frau Irene in Linz in Österreich.

Mein Leben vor der Transplantation verlief ganz normal.

Aus gesundheitlicher Sicht, keine nennenswerten Vorkommnisse, außer der üblichen Kinderkrankheiten.

Ich konnte in einem intakten familiären Umfeld aufwachsen – hatte eine schöne Kindheit und Jugendzeit.

Ich absolvierte nach der Pflichtschule, die höhere technische Bundeslehranstalt für Elektronik und Nachrichtentechnik. Nach dem Präsenzdienst beim Bundesheer konnte ich auf Grund meiner Ausbildung bei einer Videofirma und in Folge beim österreichischen Rundfunk als Produktionstechniker zu arbeiten beginnen.

Ich war gesund, hatte Spaß am Leben, konnte ungehindert meiner Arbeit und meinen Hobbys nachgehen.

BIS ZUM JAHR 1985!

Im Frühjahr 1985 war ich drei Wochen lang für Filmaufnahmen in Ostasien unterwegs.

Es war körperlich anstrengend, heiß, hohe Luftfeuchtigkeit und zwischendurch in den klimatisierten Hotels auch wieder sehr angenehm.

Dabei habe ich mir eine Viruserkrankung zugezogen.

Wieder zu Hause angekommen, wurde das anfänglich sehr hohe Fieber, medizinisch und mit Hausmitteln behandelt. Nach ca. drei Wochen war wieder alles in Ordnung und ich konnte wieder arbeiten gehen.

Im selben Jahre Jahr standen noch zwei Urlaube in Griechenland auf dem Plan und im Herbst eine weitere Dienstreise nach Simbabwe. Alles verlief ganz normal und ohne Beschwerden.

Am 30. Dezember 1985 bemerkte ich bei Dreharbeiten in einem oberösterreichischen Skigebiet, erste Atem -und Magenbeschwerden.

Dieses Datum ist mir deshalb so in Erinnerung, weil es mein Geburtstag ist.

Die Atembeschwerden nahmen in kurzer Zeit derart zu, dass ich kaum noch gehen konnte. Ein paar Schritte, zusammenrollen, einatmen, aufrichten, ein paar Schritte, ausatmen, zusammenrollen, ….

Nach eingehender Untersuchung stellte mein Hausarzt Dr. Heinz Mayrhofer die Diagnose „dilatative Kardiomyopathie", also krankhafte Erweiterung des Herzmuskels.

Im Jänner 1986 wurde ich im Krankenhaus der „Barmherzigen Brüder" in Linz behandelt und entsprechend medikamentös eingestellt und auch das erste Mal mit der Möglichkeit einer Herztransplantation konfrontiert.

Bis es aber so weit ist, so sagte man mir - werden noch Jahre vergehen.

Nach dem zweiwöchigen Krankenhausaufenthalt kam ich zu einem Anschlussheilverfahren in das Rehabilitationszentrum Hochegg in Niederösterreich.

Nach acht Wochen konnte ich mit beinahe 100% Leistung wieder entlassen werden.

Ich konnte wieder ungehindert arbeiten gehen und mit meiner Frau unsere geliebten Urlaube genießen. Doch es dauerte nicht lange und die Herzmuskelschwäche machte sich wieder bemerkbar. Mir ist noch ein Urlaub in Venedig in Erinnerung, da ich ohne Entwässerungstabletten und herzstärkende Medikamente kaum mehr über die Brücken kam. Die Seufzerbrücke hat seitdem für mich eine ganz besondere Bedeutung!

Infolge war ich jedes halbe Jahr für mehrere Wochen im Rehabilitationszentrum Hochegg, da sich mein Gesundheitszustand immer weiter verschlechterte.

Im Frühjahr 1988 konnte ich kaum noch gehen, an Stufen steigen war nicht mehr zu denken. Zuletzt hatte ich nicht einmal mehr die Kraft, mich selber aufzusetzen, geschweige denn aufzustehen.

Die Herz-Ausstoßleistung betrug nur noch 12%.

Mein Leben hing zu dieser Zeit an dem sprichwörtlichen seidenen Faden. Es war nicht mehr viel Lebenskraft vorhanden aber noch sehr viel Lebenswillen.

Von Hochegg aus kam ich ins AKH nach Wien zur Typisierung bzw. zur Anmeldung für die Transplantation. Am Weg zurück nach Hochegg, brach ich im Auto wieder einmal kraftlos zusammen. Meine Zeit war aber noch nicht aus! Im Rehazentrum angekommen haben sie mich in fünf Wochen wieder soweit aufbauen können, dass ich sogar wieder normal essen und infolge auch wieder gehen konnte. Ich war so gut drauf, dass ich auf meinen Wunsch hin, nach Hause entlassen wurde.

Nach einer Woche zu Hause, war es dann am 04. April 1988 so weit.

Ich hatte das Glück, und das Schicksal wollte es, dass ich ein Spenderherz bekam.

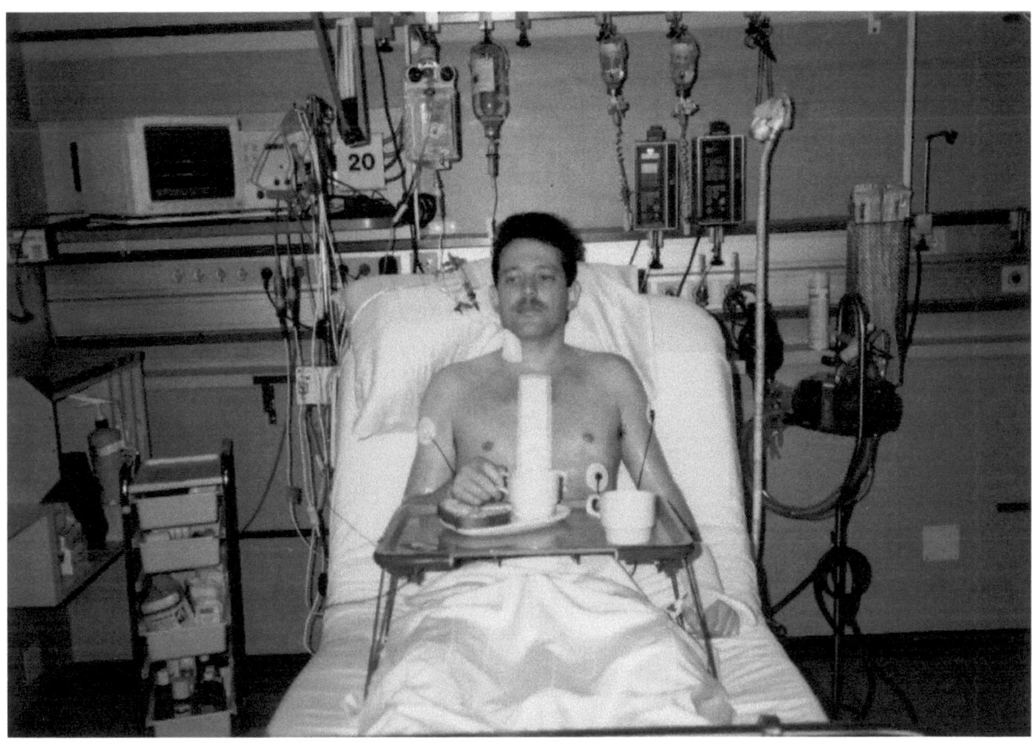

Die Operation verlief ohne Komplikationen und nach drei Tagen in der Intensivstation kam ich schon auf die normale Station.

Anfänglich war natürlich jede Bewegung beschwerlich und auch mit der Herzfrequenz gab es Probleme. Somit bekam ich einen Herzschrittmacher implantiert.

Nach drei Wochen Aufenthalt im AKH Wien kam ich wieder ins Rehabilitationszentrum nach Hochegg.

Ich nahm mir vor, erst nach Hause zu gehen wenn ich mit MEINEM neuen Herz, wieder 100% Leistung erreicht habe. So war es dann auch – nach fünf Wochen konnte ich wieder voller Stolz und gesund nach Hause gehen.

Drei Monate nach der Transplantation ging ich dann ins Fitnessstudio um meine verloren gegangenen Muskeln wieder aufzubauen.

Im September desselben Jahres fing ich wieder zu arbeiten an.

Nun bin ich schon über 37 Jahre transplantiert und kann sagen, dass es mir herzlich gut geht. Ich genieße das Leben und seit acht Jahren den Ruhestand umso mehr und sehe das Dasein auch mit anderen Augen.

Die Wertigkeiten im Leben haben sich etwas verschoben. Ich rauche nicht mehr und trinke auch keinen Alkohol.

Natur, Sport und Musik sind Teile meines Lebens geworden.

Seit dem Jahr 2000 nehme ich an den Europäischen Herz- und Lungen-Transplantierten-Sportspielen teil. Bisher habe ich ca. 50 Medaillenränge erreichen können und hoffe, dass es noch mehr werden.

Es vergeht kaum ein Tag an dem ich nicht Sport in irgendeiner Art betreibe.

Sei es Gymnastik mit Krafttraining, Walken, Bergwandern, Skifahren oder Radtouren.

Dies alles natürlich immer mit meiner Frau, da es zu zweit ja auch mehr Spaß macht.

Unser Motto: „Turne bis zur Urne"

Bei dieser Gelegenheit möchte ich mich bei allen Medizinerinnen und Medizinern und Pflegekräften vom AKH in Wien und vom Rehabilitationszentrum in Hochegg, die an meiner Lebensrettung beteiligten waren, sehr herzlich bedanken.

Sehr, sehr dankbar bin ich meiner unbekannten Spenderin.

Ganz besonders bedanken möchte ich mich aber auch bei meiner Frau, die immer an meiner Seite war und mich in jeder Hinsicht unterstützt und stärkt.

Meine inzwischen 37 transplantierten Jahre habe ich den regelmäßigen Einnahmen der Medikamente und der Kontrollen, einem bewussten und achtsamen Leben sowie einem intakten familiären Umfeld und natürlich Sport zu verdanken.

„Alles was sich der Mensch vorstellen kann ist machbar".

ABER „ohne Hilfe von oben geht gar nichts"

DANKE FÜR DAS SCHÖNE LEBEN!

Günter Berlesreiter

2.3.13 Robin Graber: Marathon

06.07.2022 Eingriff im Operationssaal um 07:00 Uhr – Verlassen des Operationssaals um 19:00 Uhr – Erfolgreiche Transplantation.

Bei einer routinemäßigen Untersuchung im August 2020 erhielt ich die Nachricht, die mich erschütterte, empörte und entsetzte – Entdeckung eines Tumors in der Leber – krebsartig. Diese Nachricht tat sehr weh.

Operation: Oktober 2020 in Zürich. Der Arzt sagte zu mir: „Herr Graber, haben Sie keine Angst – eine ganz gewöhnliche Operation – wir entfernen den Tumor – schließen ab und sprechen nicht mehr darüber. Sie werden sehen, es ist ganz einfach." Dieser Arzt hatte einen ganz speziellen Stil, mit seinen Patienten zu sprechen. Nach der Operation hatte ich starke Schmerzen, aber ich war guter Dinge und dachte, es würde bald besser werden, wie der Chirurg sagte – in ein paar Tagen wäre alles vorbei. Drei Tage nach der Operation lief es natürlich überhaupt nicht wie geplant (das wäre ja zu einfach gewesen). Man sagte mir, die Operation sei gut verlaufen, aber es gibt ein Aber... seit diesem Tag hasse ich das Wort „aber"…

Ja, aber die Tumormarker sind schlecht... wir müssen weitere Untersuchungen machen, usw. In diesem Moment verstand ich, dass ich wirklich krank war und viel Mut brauchen würde. Der Hammer kam, als mir dieser Chirurg, der mir gesagt hatte, es sei eine Bagatelle, einige Wochen später mitteilte, dass ich nur noch ein Jahr zu leben habe und dass die Palliativmedizin große Fortschritte gemacht habe… In diesem Moment hatte ich wirklich Suizidgedanken, die Welt brach um mich zusammen.

Als ich nach Hause kam, sagte meine Frau Anouk zu mir: „Wir werden ihnen zeigen, dass du wieder gesund wirst." Zuerst nahm ich an einer Studie der USZ zu einem neuen Medikament teil: „Immuntherapie für die Leber". Ich versuchte tapfer diese neue Therapie, bei der alle 3 Wochen Injektionen verabreicht wurden. Ich war wieder voller Hoffnung, doch auch hier kam der Rückschlag: Ein Monat später erfuhren wir, dass meine Marker explodiert waren und auf 18.000 gestiegen waren. …

Daraufhin bat das medizinische Team um Erlaubnis, die Behandlung abzubrechen, und wir erfuhren, dass ich in der Placebo-Gruppe war und neue Tumoren aufgetreten waren... Also wieder ein moralischer Tiefpunkt, und nun versuchten wir die letzte Möglichkeit mit einem Medikament, das täglich eingenommen werden musste und sehr teuer war...

Ich lebte diese Zeit, ohne völlig niedergeschlagen zu sein, aber ohne an etwas anderes zu denken. Anouk und ich beschlossen, dass, wenn die Wissenschaft uns nichts bieten konnte, wir unsere Lebensweise ändern würden. Wir begannen, Sport zu treiben, insbesondere Laufen, was ein sehr gutes Mittel für die Leber ist, und änderten unsere Ernährung (kein Alkohol mehr, keine Milchprodukte, kein Weißbrot, viele hochwertige, unverarbeitete Produkte, kein Zucker).

Das Paradox, das ich betonen muss, ist, dass ich keine Schmerzen hatte, wieder arbeiten konnte und es mir insgesamt ziemlich gut ging. Aber es war sehr schwer für meine Familie, besonders für meine Frau, meine Eltern und meinen Bruder. Dieses Medikament funktionierte zunächst ganz gut, meine Tumormarker sanken, aber wie bei allen Medikamenten nahm die Wirkung mit der Zeit ab. Sechs Monate später informierte mich mein Arzt der USZ, dass die Tumoren nicht mehr diffus in der Leber waren, sondern sich eine einzelne Tumor im rechten Lappen befand, und wie durch ein Wunder war eine Operation möglich. Also ging es mir besser...

Ich habe gelernt, dass man, wenn man Krebs hat, in einem halbparallelen Zustand lebt, in dem dein Leben und deine Moral nur noch von der Krankheit bestimmt werden. Nichts anderes existiert mehr. Also wurde ich am 17. November 2021 erneut operiert, aber das Leben ist auch voller Begegnungen, und diese Operation ermöglichte es mir, von jemandem außergewöhnlichem betreut zu werden, der mich bis zu meiner Heilung begleiten sollte. Es handelt sich um Professor Pierre-Alain Clavien, der mir nach dieser Operation klar machte, dass die einzige Chance auf Heilung bei meinem Krebs eine Transplantation sei.

Ich war sehr erstaunt, weil mir mehrfach mitgeteilt wurde, dass mein Zustand zu schwerwiegend sei und ich nicht mehr transplantiert werden könne. Sie können sich also mein Staunen über diese erfreuliche Nachricht vorstellen. Ich verschlang alles, was darüber geschrieben wurde, und erfuhr, dass Professor Clavien und sein Team führend auf diesem Gebiet sind. Ich vertraute ihnen also voll und ganz. Professor Clavien informierte mich, dass man heute auch eine Leber von einem lebenden Spender erhalten kann, und wenn ich einen Spender aus meinem Umfeld finde, wäre das absolut großartig.

Ich lasse Sie sich vorstellen, wie meine Frau, die neben mir saß, mir abends sagte: „Nun, das werde ich sein", da ich die gleiche Blutgruppe habe, was die erste Voraussetzung ist. Ich kenne keine schönere Liebeserklärung als diese und ich glaube, es gibt keinen schöneren Liebesakt als diesen. Wir gingen also voller Vertrauen in dieses neue Abenteuer – ich sage neues Abenteuer, weil es jetzt ein Abenteuer zu zweit ist.

Aber der Prozess ist lang. Von meiner Seite aus musste ich eine Woche lang Tests im Krankenhaus machen, um alle anderen Organe zu überprüfen, da sie vollkommen gesund sein müssen, sonst ist eine Transplantation nicht möglich. Also wieder Fragen, Zweifel, schlechte Träume. Mit dieser Krankheit ist es eine Reihe von guten und schlechten Dingen, die wir akzeptieren, bearbeiten und verarbeiten müssen, und für mich war es am schwierigsten, Tag für Tag mit diesem Damoklesschwert über meinem Kopf zu leben.

Auch wie groß war meine Freude am Freitagabend, als der Arzt in mein Zimmer kam und mir mitteilte, dass die Tests zufriedenstellend seien und eine Transplantation möglich sei. Eine kleine Klammer zum Wort Transplantation. Dieses Wort macht Angst, dieses Wort ist schwer, dieses Wort bedeutet wirklich den letzten Ausweg, intensive Schmerzen, die bevorstehen, das ist absolut wahr und gleichzeitig war es für mich wie eine Befreiung, das Ende des Tunnels, das Ende großer Leiden, die Vorstellung, die Leber meiner Frau zu bekommen.

Die Schmerzen, die kommen würden, hatte ich nicht wirklich in meinem Kopf integriert. Ich hatte diese Herausforderung, die Operation, das Krankenhaus und alles, was mit diesem riesigen Eingriff zusammenhängt, völlig unterschätzt. Meine Frau kann mir ihre Leber geben. Am 6. Juli 2022 waren wir also mit Anouk im Krankenhaus. Ich muss auch erwähnen, dass die Risiken natürlich groß sind, aber auch sehr wichtig für meine Frau Anouk, da das Spendersein folgende Risiken mit sich bringt: Bei Problemen könnte sie ebenfalls eine Transplantation benötigen, Infektionsprobleme usw.

Anouk wollte jedoch nicht wirklich auf diese Risiken hören. Sie ging vor mir in den Operationssaal. Diese sehr riskante Operation wurde unter der Leitung von 4 Chirurgen und 4 Krankenschwestern und Anästhesisten durchgeführt. Ein großes Team von Fachleuten, das zwei Körper gleichzeitig operieren musste. Die Operation von Anouk dauerte kürzer. Meine dauerte 12 Stunden. Danach verbrachte ich 4 Tage auf der Intensivstation, bevor ich wieder in mein Zimmer kam. Der Anfang war sehr verschwommen. Ich schlief die ganze Zeit, aber nach dem Aufwachen in meinem normalen Zimmer kamen die Schmerzen sehr schnell und waren unerträglich, sowohl in Bezug auf die Schmerzen als auch auf Albträume und Ängste. Es ist alles andere als harmlos, ein Organ zu verlieren, auch wenn es „nutzlos" war. Mein Aufenthalt im Krankenhaus war, muss ich sagen, ein echter Albtraum.

Nach einigen Wochen in der USZ ging es dann in eine Rehabilitationsklinik in Graubünden. Diese Klinik und ihre Ärzte erwiesen sich als völlig inkompetent und nicht in der Lage, Transplantierte zu betreuen. Also gab es wieder große Probleme mit der Narbe – Rücktransport ins USZ mit dem Krankenwagen, weil wir eine Infektion befürchteten. Ich war am Boden zerstört und voller Schmerzen, aber ich blieb, was unglaublich war, trotzdem positiv, weil ich überzeugt war, dass diese Kaskade von Problemen und Leiden bald vorbei sein würde.

Tatsächlich entfernte ich mich von dem Problem, indem ich mir sagte, dass mir nichts Schlimmeres mehr passieren konnte. Ich blieb eine weitere Woche unter strenger Überwachung im Krankenhaus und dann, wie durch ein Wunder, fühlte ich mich besser, trotz einer nicht geplanten Bauchdecke. Dann fuhr ich 5 Wochen nach Davos in eine andere Rehabilitationsklinik, die wirklich von Fachleuten geführt wurde und in der ich mich besser fühlte. Dort lernte ich Peter kennen, der drei Tage nach mir an der USZ transplantiert wurde. Mit Peter verband uns eine große Freundschaft, wir halfen uns gegenseitig in Davos, redeten viel. Diese Freundschaft hält an und ist uns wichtig. Wir haben zusammen so viele Prüfungen durchlebt.

Ich muss sagen, dass eine Lebertransplantation einen dazu zwingt, alles neu zu lernen: Laufen, weil die Muskeln geschwunden sind, Atmen, Schlafen. Es ist wirklich eine komplexe Operation. Man muss wieder Vertrauen fassen. Ich hatte das Glück, von meiner Familie, meinem Bruder, unterstützt zu werden, die mir sehr geholfen haben, und an der Seite meiner Frau, ohne die nichts möglich gewesen wäre. Die letzte Prüfung nach meiner Rückkehr nach Zürich war eine Operation, um mir ein Netz zu legen und damit die Eingeweide wieder zu stützen.

Mein anderer Chirurg, Professor Dutowski, der mich täglich betreute und immer gut gelaunt war, nahm das Risiko auf sich, nicht zu warten. Ich möchte ihm von Herzen danken. Nach dieser letzten Operation im November 2022 begann es mir wirklich besser zu gehen, ich schöpfte wieder Hoffnung, schlief etwas besser, nahm zu, war weniger außer Atem, als ich meine 4 Stockwerke ohne Aufzug hinaufging. Ich begann mit Physiotherapie, weil ich, wie oben geschrieben, alles neu lernen musste und jeder Schritt, jede Bewegung schwierig für mich war. Es musste auch mit riesigen Ängsten vor dem Einschlafen umgegangen werden. Als ob mich all diese Leiden noch quälten. Ich konnte keinen

gesunden Schlaf finden. Also ging ich während eines Jahres regelmäßig zu einem Psychiater, mit dem ich viel sprach. Alles kam hoch und ich konnte lernen, mich ins Bett zu legen, ohne Angst zu haben.

Wie Sie sehen, war es ein langer Prozess, aber ich habe immer Hoffnung bewahrt, ich war tief im Inneren immer positiv und ich glaube, das war meine Stärke (mit der Hauptunterstützung von Anouk). Ich muss auch meine berufliche Situation ansprechen. Ich erhielt während meiner langen Abwesenheit Unterstützung von meinem Arbeitgeber, aber die Rückkehr zur Arbeit, sechs Monate nach meiner Operation, war sehr schwierig. Ich war Verkaufsleiter und leitete eine Abteilung, aber bei meiner Rückkehr hatte sich alles verändert, Kollegen waren gegangen, neue waren gekommen. Ich hatte das Gefühl, nicht mehr zu zählen, obwohl ich mich voll für das Unternehmen eingesetzt hatte.

Anouk, die mit mir arbeitete, hatte dasselbe Gefühl, also beschlossen wir, diese Firma zu verlassen und eine neue berufliche Richtung zu nehmen. Zum ersten Mal nach 15 Jahren gemeinsamer beruflicher Tätigkeit arbeiten wir nicht mehr für dasselbe Unternehmen und es ist wie ein Neuanfang.

Meine ersten Kontrollen im Krankenhaus waren immer Momente der Angst. Man muss lernen, diese Ängste zu bewältigen, was ich mit meinem Psychiater tat, denn ohne diese Emotionen vor einer Kontrolle zu bewältigen, wird dein Leben zur Hölle. Man muss akzeptieren, dass Ergebnisse an einem Tag gut sind und zwei Wochen später weniger gut. Ich hatte eine unglaubliche Menge an MRT, CT-Scans, Bluttests usw. Die ersten Ergebnisse waren nicht sehr gut, aber die Ärzte sagten, es sei normal, da die Operation noch frisch war. Es war im Juni 2023, als ein Problem auftrat, weil meine Werte wirklich nicht ideal waren.

Die Ärzte befürchteten, dass ich eine Abstoßung hatte, und es wurde beschlossen, eine Operation durchzuführen, um die Vena cava zu erweitern, die die Leber mit dem Herzen verbindet, da diese Vene zu eng war. Diese Operation verlief gut, und seit diesem letzten Eingriff gehen meine Leberwerte besser. Mein Zustand hat sich völlig verändert, ich achte sehr auf mich – ich laufe immer noch viel.

Mit diesem Artikel möchte ich meinem Freund und Coach Shibi danken, der uns zum Laufen gebracht hat, was wir nie aufgehört haben. Wir haben mittlerweile einen Halbmarathon gemacht. Anouk und ich haben mit dem Alkohol aufgehört, wir essen sehr gut, wir gehen viel und genießen jeden Moment eines schönen und glücklichen Lebens.

Diese Erfahrung hat uns wie nie zuvor vereint. Ich hatte das große Glück, 60 % ihrer Leber zu erhalten. Vergessen wir nicht, dass man mir nur ein Jahr zu leben gegeben hatte, und ich habe jetzt vor, mindestens noch 30 Jahre zu leben. Ich freue mich darauf, andere Zeugnisse zu lesen und andere Menschen wie mich kennenzulernen.

Hinweis
Für den Sammelband „TX durch eine Lebendspende" werden noch weitere Buch-
beiträaäge gesucht. Mehr Informationen dazu gibt es unter:
https://www.organspende-wiki.de/wiki/index.php?title=TX_durch_eine_Lebendspende

2.4 Extremsport

2.4.1 Helmut Bruckberger: Gehen und Radsport

Bevor ich mein sportliches Leben kurz vorstelle, hier mein Lebensspruch:

Man muss das Unmögliche versuchen, um das Mögliche zu erreichen. Von Hermann Hesse

Ich möchte andere Leute und Gleichgesinnte mit Freude zum Sport und Bewegung motivieren, damit auch sie mit einem gesunden Lebensstil positiv nach vorne blicken können.

Mein Name ist Helmut Bruckberger, 60 Jahre jung. Mein Leben war schon immer geprägt durch Motivation und Sport. Ich habe gerne Squash gespielt, war ein guter Läufer, Radfahrer und bin 2006 sogar Vizeweltmeister in der Dreifach-Ironman-Staffel geworden. Sport war mein großer Ausgleich – nicht nur körperlich auch mental. Doch irgendwann kam kam alles anders, als wie ich es mir wünschte.

2014 bemerkte ich selbst die ersten Anzeichen, dass etwas nicht stimmt. Beim Stiegen steigen, was zum täglichen Alltag gehörte, bekam ich plötzlich nicht genug Luft,. Ein ständig leichter Husten wurde mein täglicher Begleiter. Es war dann an der Zeit und ich ging zum meinem Hausarzt. Daraufhin wurde ein Lungenröntgen gemacht. Die Reaktion der Ärzte, die dann folgte, beunruhigte mich. Ich spürte, dass etwas nicht in Ordnung war. Eine schwere Entzündung zeichnete sich auf den Röntgenbildern ab und ich bekam umgehend einen MRT-Termin mit Verdacht auf Lungenkrebs. Die Zeit schien endlos und mir auch davon zu rasen. Die Bestätigung der Diagnose ließ jedoch auf sich viel zu lange warten. Selbst nach einer Lungenbiopsie war unklar, woran ich erkrankt bin. Vermutungen, Irrtum, Wahrscheinlichkeit und Kopfkino vom Feinsten.

Der November 2015 hat sich manifestiert, meine Diagnose hatte einen Namen bekommen, "Aggressive Lungenfibrose", die weitere Prognose war niederschmetternd. Mir wurde gesagt, dass es ein Medikament geben würde, mit dem ich vielleicht drei bis fünf Jahre überleben könnte, was heißt überleben, aber nur, wenn ich es vertrage. Sollte ich das Medikament nicht vertragen, bekam ich 1 Jahr Lebenserwartung in Aussicht gestellt. Eine Lungentransplantation, die mich gut retten hätte können war zu diesem Zeitpunkt keine Option, weil ich durch die Kortisontherapie massiv zugenommen hatte und somit 118 kg wog. Meine Sportlichkeit, mein aktives Leben – all das musste ich nach und nach Schritt für Schritt aufgeben. Die nächsten 2 Jahre lang war ich auf Sauerstoff angewiesen, teilweise mit 15 Litern pro Minute bei Belastung und trotzdem nur 83 % Sättigung.

Ich wusste, dass ich mein Gewicht rasch reduzieren muss, um überhaupt eine Chance auf eine Transplantation zu bekommen. Also stellte ich meine Ernährungsgewohnheiten radikal um – Intervallfasten 16:8, viel Disziplin und noch mehr Lebenswille. Schließlich schaffte ich es, mein Gewicht auf 82 kg zu reduzieren und für eine Transplantation gelistet zu werden.

Im Oktober 2019 war es endlich soweit. Mein Transplantationsprozess dauerte achteinhalb Stunden und die Ärzte wunderten sich, dass ich mit meinen schlechten Werten überhaupt noch stehen konnte. Doch für mich war klar: Das war meine Chance, ich würde kämpfen und diese Chance dankbarst nutzen. Die Transplantation selbst verlief gut, aber die Zeit danach war echt hart. Die typischen Nebenwirkungen machten mir zu schaffen. Zwei meiner Rippen waren gebrochen worden, eine Niere funktionierte plötzlich nicht mehr und noch dazu ich hatte Wasser im Magen. Zusätzlich damit noch nicht genug – wenige Monate später, im Jänner 2020, stand die nächste Überraschung an. Meine OP-Narbe entzündete sich und platzte auf. Im AKH Wien musste sie operativ gesäubert werden, ich bekam ein VAC-Gerät zur Wundheilung zur Absaugung der Wundsekrete. Doch eine Woche später war die Wunde wieder erneut offen. Ganze 32 Mal musste sie im Jahr 2020 unter Vollnarkose gereinigt und verklebt werden. Erst im Oktober 2020 stellte sich heraus, dass eine verletzte Rippe während der OP die Ursache für meine Komplikationen war. Sie wurde dann entfernt, samt Knorpelgewebe von zwei Rippen. Im Jänner 2021 wurde sie das letzte Mal operativ versorgt, vernäht und mit einer Hautverpflanzung vom Oberschenkel verdeckt. Ab da ging es bergauf.

Ich musste mit kleinen Schritten beginnen. Spazierengehen, dann langsam weitere Strecken. Doch meine Motivation war ungebrochen. Schon während meiner ersten Zeit im AKH sah ich ein Plakat über die Europameisterschaft der Transplantierten in Italien. Da wusste ich: Wenn ich wieder fit werde, will ich bei Welt- oder Europameisterschaften für Österreich dabei sein!

2021 las ich dann auf Facebook vom Mammutmarsch, einer Extrem-Wanderung über Distanzen von bis zu 100 km. Das war genau die Herausforderung, die ich suchte! Ich meldete mich an und wurde sogar von den Veranstaltern interviewt – doch kurz vor dem Event bekam ich einen Magen-Darm-Infekt und musste ins Krankenhaus. Ich war deprimiert, wollte das Jahr nicht so beenden. Also fuhren meine Frau und ich extra nach Berlin, wo ich schließlich 55 km in 9 Stunden und 30 Minuten marschierte.

Von da an war ich nicht mehr zu stoppen: Hamburg, Nürnberg, Wien, München – meine Zeiten wurden immer besser. In München schaffte ich die 55 km bereits in 8 Stunden und 45 Minuten, und mein Ziel war klar: die 100 km Distanz.

Ich hatte es geschafft! Der Sport war wieder ein Teil meines Lebens.

Mein erster großer Erfolg – Transplant-EM 2022 in Oxford

Im Juli 2022 war es soweit: Meine erste Teilnahme an der Transplant-EM in Oxford.

• Einzelzeitfahren auf dem Rad (Platz 10)

• Radfahren Massenstart (Platz 11)

• 5 km Gehen (Platz 5, neuer österreichischer Rekord!)

Neuer Rückschlag – und wieder aufstehen

Für Juli 2023 plante ich meinen ersten 100 km-Marsch in München – doch dann kam der nächste Schicksalsschlag.

Während einer Reha im April 2023 erlitt ich einen Herzinfarkt. Durch meine jahrelangen täglichen Medikamenteneinnahme hatte sich ein Plug gebildet. Die Folge war, dass sich eine Arterie im Herzen verschloss. Ich wurde mit dem Defibrillator mehrfach wiederbelebt, mit dem Helikopter ins Krankenhaus geflogen und bekam einen Stent eingesetzt. Ich war froh, dass meine Lebensweise, wie z.B. täglich Sport, jahrelange fleischlose Ernährung und Alkoholverzicht nicht an dem Herzinfarkt schuld war.

Die Ärzte sagten mir später: Ohne meinen guten Trainingszustand hätte ich das nicht überlebt. Wieder musste ich fast bei null anfangen, doch ich ließ mich nicht unterkriegen.

Der erneute Reha-Aufenthalt aufgrund des Herzens, im Juni 2023 stand auch nicht unter einem guten Stern. Beim Herz-Kreislauf-Training knickte ich mit dem linken Fuß so Unglücklich um, sodass ich mir einen Trümmerbruch am Vorfuß zuzog. Dieser bedeutete 7 Wochen Gips. Und wieder musste ich von vorne anfangen.

Mein größter Erfolg – Vier Medaillen bei der Transplant-EM 2024

Mit intensivem Training bereitete ich mich auf die Transplant-EM in Lissabon 2024 vor. Ich wollte nicht nur dabei sein – ich wollte aufs Podest. Und das gelang mir:

• Silber über 400 Meter Lauf

• Silber im Duathlon (30 km Rad + 1.500 m Lauf)

• Bronze über 1.500 Meter Lauf

• Bronze über 5.000 Meter Gehen

Das Radrennen war besonders hart – Sturmböen von 80 km/h, in den Kurven wurde ich bis zu 3 Meter versetzt. Aber ich hielt durch. Bei den Lauf- und dem Gehwettbewerb bereitete mir mein rechtes Knie ständig Schmerzen, aufgrund Abnützungen.

Diese EM war nicht nur sportlich ein Highlight. Ich traf viele andere Athleten mit ähnlichen Geschichten – Menschen, die wie ich ums Leben gekämpft haben. Das gab mir noch mehr Motivation.

Das größte Ziel 2025 wäre die Transplant-WM in Dresden. Dort wollte ich erstmals in der Altersklasse 60 starten. Mein Traum: Eine WM-Medaille

Oktober 2024 startete ich erfolgreich in Dortmund über 55 km und besuchte in Salzburg-Anif am Olympiastützpunkt einen 4-tägigen Lehrgang im athletischen Gehen auf der Bahn.

Im November 2024 legte ich mich unters Messer und am rechten Bein wurde der Vorfuß und das Knie "repariert". Nach den ersten Belastungstests kurz vor Weihnachten erklärte mir mein Sportarzt, dass ich aufgrund jahrerlange sportlichen Höchstleistungen, dem 4. OP-Eingriff auf diesem Knie, keinen leistungsorientierten Sport mehr machen darf, sonst könnte sich ein irreparabler Schaden entwickeln. Somit ist ein Antreten bei sportlichen Großveranstaltungen, wo körperliche Höchstleistungen gefordert sind, kein Thema mehr.

Nach einem kurzen seelischen Tief richtete sich mein Blick wieder nach vorne.

Trotz ständigem Schmerz begann ich wieder mit kurzen Trainingseinheiten zum Walken. Seitdem ist der leichte Schmerz ein ständiger Begleiter, mit dem ich mich arrangiert habe.

Neue Pläne für 2025 sind schnell gefunden worden: Nürnberg, Wien, Stuttgart und Berlin jeweils 55 KM, ein Nachtmarsch in Hamburg über 40 km und zum Saisonhöhepunkt möchte ich nochmals einen 100-km Marsch in München wagen, weil 2024 in Berlin musste ich bei km 60 abbrechen.

Wer mich kennt, der weiß, dass Aufgeben für mich keine Option ist.

2.4.2 Alois Rossmann: Gehen, Radeln, Bergsteigen

Ein Leben voll sportlichem Kampfgeist, Glauben und tiefer Dankbarkeit

Alois Rossmann war ein Kämpfer mit unerschütterlichem Lebenswillen. Durch seine radikale Zystektomie im September 2023, 14 Jahre nach seiner Lungentransplantation konnte er sich sehnlichst einen Herzenswunsch, seinen drei Töchtern noch einmal gegenüber treten zu können, erfüllen. Diese Operation, weitere 16 vorerst ungeplante folgten innerhalb von 46 Tagen, schenkte ihn erneut weitere Bonuszeit. Drei Tage nach seiner geplanten Operation bat er auf der Intensivstation Fotos zu machen, um irgendwann ein Buch zu schreiben und sein Leben, diese Neuzeit und seine Gedanken festzuhalten – der Beginn seines Intensivtagebuchs und seines Vermächtnisses. Alois zeigte uns allen, dass Zeit ein Geschenk ist, das man mit Leidenschaft und Dankbarkeit füllen muss.

Alois scheute keine Herausforderungen, sein Leben war geprägt von unermüdlichem Willen, tiefer Dankbarkeit und dem festen Glauben daran, dass man nach schwerer Krankheit und einer Lungentransplantation nicht nur überleben, sondern auch ein erfülltes, aktives und vor allem sportliches Leben führen kann. Trotz vieler gesundheitlichen Rückschläge setzte er sich immer wieder neue Ziele.

Ganz plötzlich nach einem Arbeitsunfall „es hat knack getan", wurde bei Alois eine Lungenerbkrankheit „Alpha-1-Antitrypsin (AAT) Mangel" diagnostiziert. Dieser ist ein Gendefekt, der die Gefahr von Lungen- und/ oder Lebererkrankungen erhöht, die ihn irgendwann vor die unausweichliche Realität einer Lungentransplantation stellen würde. Doch bis es tatsächlich so weit war, vergingen noch einige Jahre. 2009 verschlechterte sich sein Zustand, eine Vielzahl an Untersuchungen folgten und im September desselben Jahres wurde er am 14.9. mittags informiert, dass er für eine LuTX gelistet worden sei. Er erhielt die Information, dass er - aufgrund seiner Blutgruppe, Größe und rundum - wahrscheinlich eineinhalb Jahre auf ein passendes Spenderorgan warten müsse. Doch dann kam alles anders: Kaum zehn Stunden nach seiner offiziellen Aufnahme auf die Warteliste erhielt er telefonisch die Nachricht, dass eine Spenderlunge für ihn zur Verfügung stand. Im Universitätsklinikum AKH Wien wurde ihm seine „neue Lunge" am nächsten Morgen transplantiert – ein Wendepunkt in seinem Leben. Dies wurde durch die professionelle Expertise des behandelnden Transplantationsteams unumgänglich.

Die TX selbst dauerte über neun Stunden, und damit begannen neue Herausforderungen. Alois musste sich einer Abstoßungsreaktion stellen, was zu einer langen und schwierigen Genesungsphase führte. Während andere Transplantierte nach einigen Wochen bereits in die Reha zum Aufbautraining konnten, verbrachte er insgesamt eineinhalb Monate im Universitätsklinikum AKH Wien. Doch trotz aller

Komplikationen ließ sich Alois nicht unterkriegen - mit einem Ergometer trainiert er bereits liegend auf der Intensivstation im Bett. Das Vertrauen zu Priv.-Doz. Dr. Peter Jaksch war groß und der Beginn eines neuen, außergewöhnlichen Kapitels seines Lebens. Durch die kompetente Betreuung und Begleitung der Univ. Klinik für Thoraxchirurgie – Bettenstation 20 C und 17 E, der der Univ. Klinik für Dermatologie ATK 17 I und der Universitätsklinik für Thoraxchirurgie Ambulanz 7B und Sport als Lebenselixier gelang ihm die Rückkehr zu seiner alten Leidenschaft dem Radsport.

Dank seiner Kompromiss-Disziplin, der medizinischen und rehabilitierenden Betreuung des Rehabilitationszentrum Hocheggs und seines unerschütterlichen Glaubens kämpfte er sich zurück in ein aktives, bewusstes und vor allem sportliches Leben. Er wollte allen zeigen, dass seine Lungentransplantation für ihn ein neuer Anfang war und er sich dadurch Sachen ermöglichte, von denen er vorerst niemals zu träumen wagte. Er stellte sich nach seiner LuTX vielen sportlichen Challenges, die für die meisten Menschen mit gesunden Lungen auch schwer zu bewältigen wären. Hochegg war für Alois mehr als nur ein Ort der Rehabilitation – es war zum zweiten Zuhause geworden. Das Leitungsteam, Ärzte, Therapeuten, Servicekräfte und das gesamte Team, das rückblickend auf niemanden vergessen wird, wurden für ihn zu Wegbegleitern und Freunden. Immer wieder kehrte er gerne hierher zurück, um Kraft zu schöpfen, zu trainieren und sich selbst neu zu finden.

Alois gewann 2014 in Vilnus 2mal Gold und 2mal Silber im Radsport und Laufen, ein Jahr danach in Mar del Plata – Argentinien wurde er bei den 20. World Transplant Games im 5 km Zeitfahren Weltmeister und siegte auch -also doppelt- im Straßenrennen seiner Altersklasse. Er widmete seine Goldmedaillen allen Lungentransplantierten in Österreich und ermutigte jene, die noch auf eine Spenderlunge warteten, nicht aufzugeben: „Es lohnt sich unheimlich zu kämpfen!" Im Jahre 2016 in Finnland holte er in Vantaa 3mal Gold im Rad- und Laufwettbewerb nach Hause.

Zwei seiner größten Abenteuer führten ihn auf die höchsten Gipfel Afrikas und Nordafrikas: den Kilimandscharo (5.895 m) in Tansania und den Jbel Toubkal (4.167 m) in Marokko. Im Juni 2017 bestieg Alois gemeinsam mit neun weiteren lungentransplantierten Patienten aus verschiedenen Ländern sowie einem Ärzteteam den Kilimandscharo. Diese Expedition war ein medizinisch-wissenschaftliches Projekt der MedUni Wien, das zeigen sollte, welche Leistungsfähigkeit und Lebensqualität nach einer Lungentransplantation wieder möglich sein können.

KILIMANJARO NATIONAL PARK
TANZANIA
BARAFU CAMP
ELEVATION: 4673M amsl
VEGETATION ZONE: ALPINE DESERT
FROM BARAFU CAMP TO:-
· STELLA POINT: 4.3KM (6HRS)
· UHURU PEAK: 5KM (7HRS)
reha
med
tirol
Die Vit-Macher

Die Herausforderung war enorm: Sauerstoffmangel, extreme Kälte und körperliche Erschöpfung stellten für die Teilnehmer eine Belastung dar. Doch Alois ließ sich nicht aufhalten. Nach sechs Tagen anstrengenden Aufstiegs stand er schließlich am Gipfel des „Kilis"– genau an seinem 63. Geburtstag! Es war ein Moment voller Emotionen, ein Triumph über die Krankheit und ein Beweis für seine unglaubliche Willenskraft.

Zwei Jahre nach dem Kilimandscharoabenteuer wagte Alois sein nächstes großes Abenteuer: die Besteigung des Jbel Toubkal (4.167 m). Gemeinsam mit 15 weiteren Lungentransplantierten aus Österreich, Deutschland, Italien, Griechenland, Ungarn und Zypern machte er sich am 1. September 2019 auf den Weg. Dieses Mal sollte der Gipfel in sieben Tagen erreicht werden. Der Aufstieg war steil und herausfordernd. Diese beiden Expeditionen waren nicht nur persönliche Erfolge, sondern auch medizinische Meilensteine. Die während der Aufstiege gesammelten Daten wurden wissenschaftlich ausgewertet und auf internationalen Fachkongressen präsentiert. Alois war stolz und dankbar, Teil dieses Projekts zu sein – nicht nur für sich selbst, sondern für alle, die an eine Grenze glauben, die man kontrolliert, begleitet überschreiten kann.

Doch Alois wollte nicht nur Berge bezwingen. Auch auf der Straße, auf dem Rad und auf langen Distanzen bewies er immer wieder seine unglaubliche Ausdauer:

- Mammut-Marsch Wien (30 km): Eine extreme Herausforderung, die Alois mit beeindruckender Entschlossenheit bewältigte.

- Silvesterlauf Wien: Ein emotionales Ritual zum Jahresabschluss – ein Lauf voller Dankbarkeit für das vergangene Jahr.

- Euregio-Radtour (300 km): Mehrtägige, intensive Touren über längere Strecken – eine enorme Belastungsprobe für Körper und Geist.

- Neusiedlersee Marathon: Eine Langstreckenherausforderung 125 km rund um den Neusiedler See.

- Burgenland 24h Extrem Tour-eine wahnsinnige Herausforderung, die er auch mit eiserner Disziplin meisterte.

… und er konnte viele, viele weitere Ziele erreichen.

Jede dieser Leistungen war für ihn ein persönlicher Sieg über die Krankheit. Er zeigte seiner Umwelt, dass man auch nach einer schweren Operation ein gut selbstbestimmtes und sportliches Leben führen kann. Neben seinem unermüdlichen sportlichen Einsatz war es vor allem sein Glaube, die Verbundenheit zu seinen Freunden, die ihm Kraft und Zuversicht gaben. Alois wusste, dass sein neues Leben nach der Transplantation ein Geschenk war – eines, das er nicht als selbstverständlich ansah.

Herr Prim. Dr. Winkler und sein Rehateam schenkten und machten es ihm möglich nach 14 1/2 Jahren seiner LuTX nochmals eine unvergessliche Zeit in Hochegg zu erleben, zwar eine Zeit des Abschieds und Loslassens, bevor er vom Universitätsklinikum Wiener Neustadt zurück ins Universitätsklinikum AKH Wien und schließlich ins Franziskus Spital Landstraße palliativ übernommen wurde. Pater Rudolf und Schwester Paula begleiteten ihn auf seiner Zielgerade seines Lebensweges. Sie gaben ihm Halt und spendeten ihm Trost in schwierigen Zeiten. Besonders während der palliativen Zeit fühlte er sich von Gott geführt und getragen.

Alois war dankbar für jede Etappe seines Lebens – für die Höhen und die Tiefen, für die Menschen, die ihn begleitet hatten, und für die Möglichkeiten, die sich ihm eröffneten. Selbst noch auf der Palliativstation Ergometer zu fahren und bei den Ausfahrten mit dem Rollstuhl ein Eis zu schlecken oder ein Eiaufstrichbrötchen zu schmausen.

Er war ein Kämpfer, ein Vorbild und eine Inspiration für viele – und er wird es für immer bleiben. „Was bleibt von mir?" fragte Alois einst. Viel ist von ihm geblieben – unzählige Erinnerungen, Steine, die die Botschaft „Organspende rettet Leben" in die Welt tragen, und vor allem die tiefe Dankbarkeit, atmen zu dürfen.

2.4.3 Katja M.: Schwimmen, Laufen, Radfahren

Mein Name ist Katja, ich bin 46 Jahre alt und seit meinem 22. Lebensjahr Lebertransplatiert.

Ich lebe zusammen mit meiner Tochter im Wochenwechselmodell in Lübbecke, einer Kleinstadt in Ostwestfalen. Ich habe einen Partner, der mich in meinem Leben begleitet.

Ich bin gelernte Zahntechnikerin und arbeite in Vollzeit in einem größeren Unternehmen und bin dort im Bereich Scan und Design tätig.

Bis zum Jahr 2001 war ich sportlich aktiv und habe im Sommer bereits gemerkt, dass etwas "nicht stimmt". Zunehmende Schlappheit und weniger Leistungsfähigkeit habe ich bemerkt.

Im Oktober 2001 bin ich dann über unser örtliches Krankenhaus in die Uniklinik Münster gekommen. Dort hat man sehr schnell festgestellt, dass meine Leber komplett versagt. Das Leberversagen hatte eine unklare Genese. Es standen mehrere mögliche Diagnosen im Raum, aber keine konnte klar eruiert werden.

Da es ein komplettes Leberversagen war, wurde sofort high urgent gelistet. Dadurch war für mich nach nur 2 Wochen Wartezeit ein Organ da.

Also bin ich in Narkose gelegt und das erste Mal transplantiert worden. Leider hat meine erste Leber nur zu 30% gearbeitet und war zu groß. Die Ärzte konnten schnell absehen, dass das Organ nicht halten wird und haben mich in der Hoffnung auf ein neues Organ mit "offenem Bauch" ins künstliche Koma gelegt. Ich hatte sehr großes Glück und konnte nach 1 Woche im Koma ein zweites Mal und dieses Mal erfolgreich transplantiert werden. Nach weiteren Wochen im Krankenhaus und einer längeren Genesungsphase bin ich wieder in meinem Leben angekommen. Immer sicherer werdend mit der neuen Situation habe ich mir mehr und mehr mein altes Leben zurück erkämpft.

Seit über 23 Jahren lebe ich nun mit einer "neuen" Leber und bin dankbar, aufgrund einer Organspende im Jahr 2001 ein völlig normales Leben führen zu können.

Nun, rückblickend nach über 20 Jahren leben mit einem transplantierten Organ bin ich jeden Tag dankbar für alles, was ich in der Zeit schon erleben durfte und erlebe.

So ist das größte Geschenk nach der Transplantion meine Tochter, die mittlerweile 12 Jahre alt ist.

Ein weiteres wichtiges Thema in meinem Leben ist der Sport. Denn Sport ist für mich das wichtigste, um meinen Körper zu schätzen und mich gesund zu fühlen.

Ich habe mich schon immer gerne bewegt und habe seit meiner Transplantation immer Sport gemacht.

In den letzten Jahren habe ich an diversen sportlichen Events teilgenommen wie zB. mehrmalig an einem 24h-Mountainbike-Rennen , 2x beim Hamburg-Triathlon und an sog. Megamärschen (50 km Distanz).

In meiner Freizeit gehe ich sehr gerne wandern und Fahrrad fahren und habe schon viele schöne Gegenden erkundet.

Gerade das Wandern ist für mich sehr wichtig geworden. Für mich ist es Qualitätszeit mit Familie und Freunden in der Natur.

Aktuell trainiere ich wieder für die Deutschen Meisterschaften für Transplantierte und Dialysepatienten. Die finden dieses Jahr in Dresden statt

Ich habe letztes Jahr erstmalig an diesem Event teilgenommen und konnte im Schwimmen und Laufen sehr gute Ergebnisse erzielen. Ich war sehr überrascht darüber, aber gleichzeitig glücklich und dankbar.

Dieses Jahr finden auch die Weltmeisterschaften in Deutschland statt und werden ebenfalls in Dresden ausgetragen. Ich empfinde es als grosse Ehre, an einem Ereignis dieser Größe teilnehmen zu können und freue mich riesig darauf.

Ich verbringe nun schon mein halbes Leben mit einem geschenkten Organ und Sport ist für mich ein wichtiges Thema zur Unterstützung meiner Gesundheit.

Ich habe mir ganz optimistisch vorgenommen alt zu werden, denn ich habe Lust, noch viel zu erleben und vieles von der Welt zu sehen.

Ich freue mich über jeden Tag, den ich erleben darf und gesund bin.

Und ich freue mich auf alles, was noch kommt.

2.4.4 Mathias Zahner: Marathonlauf

Dank der Organspende: 33 zusätzlich geschenkte Lebensjahre

Und bei jedem bedankte ich mich mit einem Marathon

Es war der 3. Februar 1992. Ein extrem kalter Winter. Der Greifensee war gefroren und Handys, die sogenannte schnurlose Freiheit, gab es noch nicht. Zwei kleine Töchter, Cathrine, sieben Jahre, und Carole, fünf Jahre alt. Morgens um 01.00 Uhr kam, wie zu jener Zeit üblich über das Haustelefon, der für mich erlösende Anruf vom USZ (Universitätsspital Zürich): «Wir haben eine neue Leber für Sie, kommen Sie sofort zu uns.»

Es war mein schwerster Abschied von meinen beiden Töchtern. Ihre schlafenden Händchen haltend und ihnen mit Tränen in den Augen, innerlich schwankend, zu versprechen: «Euer Papi kommt bestimmt wieder gesund nach Hause.» Und anschliessend im Spital, während den Transplantations-Vorbereitungen, den laufenden Organ-Kompatibilitätstests dann von meiner Frau Ruth. «Wenn alles gut verläuft, starten wir morgens um 07.00 Uhr mit der Transplantation. Wenn nicht, müssen wir den ‹Countdown› abbrechen und Sie ‹dürfen/müssen› leider wieder nach Hause gehen.»

Meine Frau Ruth, zusätzlich gestärkt durch ihren Glauben, war felsenfest davon überzeugt, dass sie einen ganz gesunden Mann bekomme. Einen, der mit den Kindern wieder spielen, herumtollen, Ball spielen, Velo fahren, wandern, ihnen Geschichten erzählen und vieles mehr kann. Und einen, der mit ihnen vor allem das von ihnen über alles geliebte «Huggla-Duggla», eine kreative Zahnische Eigenkreation, mit vollem Elan, Energie, in den verschiedensten Varianten durchführen kann. Meine Frau fand dieses Spiel aus pädagogischer Sicht nie besonders anspruchsvoll. Doch in Lebenskrisen verschieben sich die Wertmassstäbe und die Prioritäten. Dass ich all das tun könnte, einfach ohne die einschneidenden Symptome – so wie früher, als ich mich noch «gesund» fühlte. Ganz gesund war ich eigentlich nie, eine genetisch bedingte, vererbte Erkrankung. Doch ich fühlte mich eigentlich nie krank. Dies war für meine Salutogenese bestimmt ausschlaggebend, wie mir viele Jahre später einmal ein Arzt, der mich sehr gut kannte und den ich später fragte, warum es mir, nach seiner Meinung, im Vergleich zu anderen Transplantierten so gut gehe, erklärte:

«Sie haben sich nie so richtig als Kranker gefühlt, auch als Sie schwer krank waren. Sind immer in der Rolle des Gesunden geblieben. Das ist der beschwerliche, aber bestimmt fruchtbarere Weg.» Und er fügte bei, dass es für ihn damals, als er mich das letzte Mal vor der Transplantation gesehen habe, ein schwerer, belastender Abschied gewesen sei. Und als ich ihm ein Jahr nach der Transplantation dann sagte: «Ich werde nun wieder den Greifensee-Halbmarathon bestreiten», sagte er: «Wissen Sie, Herr

Zahner, wir beide kennen einander gut, Ihnen darf ich das sagen: Sie sind für mich der unvernünftigste Mensch, der mir jemals unter die Augen gekommen ist. Und das Schlimmste daran ist, dass Sie noch stolz darauf sind.» Und wir mussten beide schallend lachen. Das war nun meine zweitbeste Diagnose. Und er fügte noch kurz bei: «Sie sind und bleiben ein unverbesserlicher Idealist.»

Dieser Idealismus half mir auch in meinem Berufsleben. Und den lasse ich mir bis zum letzten Atemzug nicht nehmen. Lebenskunst ist, seinen eigenen, aus seinem Leben gewachsenen, zu sich passenden Weg zu finden. Suchen und finden; ein Leben lang!

Mit der Krankheit ist es doch häufig wie mit dem Leben: Ein Wechselspiel zwischen gefühltem Leben, gefühltem Alter; gefühlter Krankheit – und den realen, biologischen Gegebenheiten und Tatsachen.

Ich persönlich kam, ganz ehrlich gesagt, aufgrund der gesamten Symptom-Palette – gelbe Augen, chronisch müde, Wasser in Beinen und Füssen, Psoriasis, ein Beinahe-Pfortader-Verschluss – und im Wissen um die Mortalitätsrate von 20 bis 30% in den damaligen Pionierzeiten der Lebertransplantation ab und zu innerlich ins Zweifeln.

Doch die 36 sollte zu meiner Glückszahl werden. Ja, meine Lebertransplantation war die 36ste im USZ. Infolge der geringen Fallzahlen im Vorjahr hätte meine Transplantation, aus versicherungstechnischen Gründen, beinahe im letzten Augenblick nach Genf verlegt werden sollen. Doch die Gesundheitsdirektion, die Spitalleitung, meine Chirurgen, zu denen wir volles Vertrauen hatten, entschieden, trotz dem finanziellen Risiko, die Transplantation in Zürich durchzuführen. Um dann nachträglich den Entscheid des Versicherungskonkordates bis vor dem Eidgenössischen Versicherungsgericht anzufechten. Das USZ erhielt dann nachträglich recht. Sozusagen ein doppelter Sieg. Einerseits der Beweis, dass die Fallzahlen wohl wichtig sind, doch nicht allein ausschlaggebend. Anderseits durfte nun das USZ weiterhin bei voller Kostendeckung Lebertransplantationen durchführen. Und uns allen fiel ein grosser Stein vom Herzen.

Traurig stimmt mich noch heute, dass beide Chirurgen aus diesen Pionierzeiten, Prof. Dr. Largiadèr und Prof. Dr. Decurtins, bereits vor langer Zeit verstorben sind. So sind häufig, wie in unserem Leben, Trauer und Freude nahe beieinander. Und ich wurde bezüglich der zusätzlich geschenkten Lebenszeit mit einem fremden Organ zu einem «statistischen Ausreisser» und darf weiterwachsen. Dies hätte ich mir selbst in meinen kühnsten Träumen nicht vorstellen können. Und Prof. Dr. Dutkowski, ebenfalls ein ganz toller Chirurg der «Nachfolge-Generation» mit Humor und menschlichen Qualitäten, sagte einmal bei meiner Jahreskontrolle mit einem Schuss Selbstironie zu seinen Assistenten: «Jetzt kommt der, der alle Chirurgen überlebt, vermutlich selbst mich noch.»

Und fügte dann bei: «Wenn das Marathonlaufen solche Blutwerte gibt, fange ich damit auch an.» Ein Motivator war ich schon immer, auch in meiner Berufung als «Personalheini», sprich «HRM-ler», konnte ich die MIT-Menschen begeistern, hatte ein gutes Gespür, selbst für verborgenes, latentes Potenzial. Und tatsächlich sind wir dann einmal zusammen den Schnebelhorn-Panoramatrail, einen recht anspruchsvollen Halbmarathon auf den höchsten Zürcher Berg, gelaufen. Mit vielen Dankbarkeits- und Freudenjauchzern, wenigstens ich. Ja, auch Spitzenchirurgen müssen für die Königsdisziplin, den Marathon, klein anfangen. Das ist ja das Tolle und Wertvolle daran. Wir können solche Sachen nicht kaufen, wie einen «Tesla» oder eine «Gucci-Tasche». Sondern müssen sie uns selbst «hart» erarbeiten, nicht zu verbissen, auch locker bleiben, ausdauernd, die Freude nicht verlieren, und doch einigermassen diszipliniert, was für mich persönlich, wenigstens in den Anfangszeiten, die grösste Herausforderung war. Vor allem mit grosser Leidenschaft, getragen von intrinsischer Motivation, tief aus dem Herzen heraus und verbunden mit viel Lebensfreude. Nur so, aus meiner

persönlichen Sicht, wird das Marathonlaufen, nebst allen anderen Aspekten, zur äusserst wertvollen Lebensschulung.

Nun, bereits 33 Jahre nach
meiner Transplantation, bin
ich nicht nur ein «Lebertrans-
plantations-Veteran»,
sondern mittlerweile ein
stolzer «Momo», Grossvater
von fünf quirligen Enkel-
innen und Enkeln. Einer, der
mit 72 Jahren, zudem ein
«Zusammengeflickter», wie
ein Arzt einmal etwas lieblos
zu mir sagte, immer noch
Marathon laufen kann. Ein
grosses Geschenk. Wer

weiss, vielleicht dank meinem zweiten Leben, das sich innerlich manchmal erst wie 33
Jahre jung anfühlt. Weit weg von meinem biologischen Alter. Und in solchen Momenten
spielen diese beiden Leben wild miteinander und geben mir zusätzliche Energie und
inneren Schub; vor allem beim Laufen in der wunderbaren Natur. So wuchs ich zu einem
meinem reichhaltigen Lebensportfolio mit all seinen Facetten, Verlockungen, Kontrasten
gegenüber meistens dankbaren, ab und zu auch etwas «giftigen» Glückspilz heran. Und
wenn ich heute auf diesen Reichtum mit allen Tragödien, Schicksalsschlägen, Freuden,
grossen und kleinen Wundern zurückblicke, kann ich ganz ehrlich zu mir sagen: «Mir
hätte eigentlich nichts Besseres passieren können.» Denn alles, wirklich alles, wurde zu
meinem «Lebens-Lehrmeister».

Mein Lebenspfad war alles andere als gradlinig. Eher krumm, hatte Kurven, wenige
Strecken zum Entspannen, steile Aufstiege, anspruchsvolle Abstiege mit Sturzgefahr.
Eigentlich viele Parallelen zu den Bergmarathons, die ich heute vorzugsweise laufe.
Häufig verliess ich die ausgetrampelten Pfade, suchte meine eigene Lebensspur, lief ab
und zu neben den etablierten, konventionellen Wegen. Einfach, weil es mich dorthin zog
und ich es interessanter, lehrreicher und spannender fand. Weil ich dort den Puls des
Lebens besser spürte, das Neuentdeckte bereichernd fand, es so richtig aufsaugen konnte.
Diese teilweise von mir gesuchten, teilweise durch mein Leben bedingten
Herausforderungen waren und bleiben für mich eine Kraftquelle. Hoffentlich bis ins
hohe, treffender gesagt, gesunde Alter.

Es gab tolle Gipfelerlebnisse, nicht nur Viertausender, auch viel bescheidenere.
Trotzdem wertvoll-bereichernde Höhenflüge durch das gemeinsame Erleben. Anderseits
sehr dunkle, düstere Täler. Ich landete infolge oder «dank» meiner –heute zum Glück
etwas ausbalancierten – Unvernunft, verbunden mit meiner Spontaneität, manchmal in

Sackgassen. Diese zwangen mich zum jähen Innehalten, zum Nachdenken über das wieder einmal vergessene Vordenken und Planen, zum Reflektieren, zu Kehrtwendungen und zum Entschleunigen. Wirklich keine leichte Aufgabe für einen verkannten und nie therapierten «ADHS-ler», wie meine Frau als Lehrerin immer wieder betonte. Und sie sagte etwa: «Mein Gott, was willst du

noch alles in diesen Tag ‹hineinwursteln›.» Ja, wir alle sind doch Riesen im Wissen und häufig Zwerge in der Umsetzung! Und dieses Umsetzen ist einfach äusserst anspruchsvoll, hart und streng. Wie manchmal beim Marathonlaufen auch. Vielleicht hat mein ungestillter Lebenshunger seinen Ursprung in meinem zweiten, geschenkten Leben. Oder im damaligen schicksalhaften Moment, als ein Ableben durchaus möglich gewesen wäre.

Nun verstehen Sie bestimmt, liebe Leserinnen und Leser, warum man mich heute nicht, wie viele meiner gleichaltrigen Freundinnen und Freunde, auf dem Golfplatz suchen muss. Aber immerhin betreibe ich seit zwei Jahren regelmässig Yoga, «Lu Jong», die älteste tibetische Bewegungslehre. Und dies als einziger Mann, Hahn im Korb, in einer Frauengruppe mit einer tollen Yoga-Lehrerin. Wenn das nicht motivierend ist? Doch anfänglich befielen mich grosse Zweifel. Ist Yoga wirklich meine Welt oder kann es ein Teil davon werden? Ich bin einfach nicht der typische Yogi. Habe mich dann aber durchgebissen, wie beim Marathonlaufen. Und heute würde mir das wöchentliche Yoga, zum Ausgleich, fehlen. Der klare Beweis dafür, dass sich in Ausnahmefällen extrinsische Motivation in intrinsische wandeln kann. Denn dies war ein fruchtbarer Tipp von meiner damaligen Partnerin. Trotzdem lacht meine MIT-Welt schallend, wenn ich ihr sage, dass ich auch Yoga mache, sogar ab und zu meditiere. Und attestiert mir gleichzeitig, dass ich einfach ein «Ausnahmefall» sei. Eigentlich so, wie wir alle: wunderbare Unikate, Schöpfungsperlen. Wir wachsen auch am Widerstand, denn meine Frau sagte immer, ins Yoga nehme sie mich nie mit, weil ich zu viel Unruhe in den Raum bringe. Oh, mein Gott. Selbst Räume werden anscheinend durch mich energetisch geladen.

Die Freude am Joggen habe ich ihr, von der ersten Stunde an, beigebracht. Und wir liefen etliche Male zusammen den Greifensee-Halbmarathon. Sie blieb bei dieser Distanz. Mit der Begründung, dass einer in der Familie schliesslich vernünftig bleiben müsse. Zwei Jahre vor ihrem Tod war es ihr Wunsch, mit mir zusammen noch einmal «unseren Greifenseelauf» zu machen. Ich habe sie bewundert, wie sie das, nach allen vorangegangenen Chemos und Operationen, noch durchgestanden hat. Es war für uns beide ein trauriges und doch wunderschönes Erlebnis. Leben und Tod gehören nun einfach zusammen. Das zeigte das Schicksal, das jederzeit ins Leben eingreifen kann, uns beiden und unserer gesamten Familie in aller Deutlichkeit. Denn ich hätte es nie für möglich gehalten, dass ich einmal meine Frau überleben werde. Selbst in meinen kühnsten Träumen nicht. Unsere gesamte Lebensplanung beruhte darauf, dass ich einmal vor ihr gehen würde.

Heute bin ich mir sicher, dass dieser Wunsch, mit mir zusammen nochmals um «unseren Greifi» zu laufen, tief aus ihrem Herzen kam. Denn für mich/uns war es eines der grössten Lauferlebnisse, als ich eineinhalb Jahre nach der Transplantation diesen Lauf wieder machen konnte. Ich erinnere mich daran, als sei es gestern gewesen. Im Ziel liefen mir, vor Glück, Freude und Dankbarkeit, einmal mehr die Tränen über die Wangen. Es war sozusagen der etwas verspätete Startschuss in mein zweites Leben. Renaissance, meine damalige Wiedergeburt, und nun das «Abschiednehmen in Raten» von meiner lieben Frau, dem Mami unserer beiden Töchter, der so kinderliebenden Mimi (Grossmutter) unserer Enkel, gaben sich sozusagen, einfach zeitverzögert, die Hände und drückten sich ganz fest. Im Bewusstsein, dass es irgendwann, irgendwo, in welcher Form auch immer, hinter dem uns allen verschlossenen Vorhang ein freudiges Wiedersehen gibt. So wie nach dem traurigen Karfreitag wieder das frohe Osterfest, die Freude über die Auferstehung folgt.

Und unsere gesamte Familie und ich sind äusserst dankbar, dass wir Ruth zudem ihren allerletzten Wunsch erfüllen konnten und sie – dank meinen beiden Töchtern, vielen Freundinnen und Freunden – zuhause in ihrem geliebten «Nossi-Nestli» palliativ einen Monat lang begleiten durften. Es war für unsere Familie eine grosse, anstrengende, kräfteraubende, doch äusserst fruchtbare, unser Weiterleben und unsere Einstellung zu Leben und Tod sehr prägende Erfahrung.

Warum erzähle ich Ihnen das alles? Weil das Marathonlaufen für mich eine viel tiefere, eine lebensphilosophische Dimension bekommen hat. Marathonlaufen ist doch wie Sterben; es kommt, im übertragenen Sinne, einfach etwas anders, auf die Vorbereitung an. Der erste Marathon muss sitzen. Man  darf nicht leiden, sonst verliert man die Freude am Laufen. Und so ist es doch auch mit dem Leben. Wir verdrängen häufig das Unangenehme; der Tod ist immer noch tabuisiert. Dabei hilft uns erst dieses Bewusstsein, dass der Tod bereits bei unserer Geburt eine beschlossene Sache ist, dass wir das Leben, das Kostbarste, das wir haben, jeden Tag als ein grosses Geschenk betrachten. Jeden Tag so zu leben, als sei es der Letzte und doch in der Zuversicht und Hoffnung, als hätten wir eine grosse Zukunft vor uns. Wie Dietrich Bonhoeffer kurz vor seinem Tod sagte.

Zudem vermute ich, dass das Verdrängen unserer eigenen Endlichkeit und der Tatsache, dass das Schicksal jederzeit und überall in unser Leben eingreifen kann, ein wichtiger Grund für den Organmangel ist. Unangenehmes verschieben wir, verdrängen es oder bagatellisieren es häufig. Wir wissen wohl alle, dass wir einmal sterben werden, so wie es heute ganz klar bewiesen ist, dass das Rauchen, in welcher Form auch immer, äusserst schädlich ist. Doch das gilt nur für die anderen, uns selbst wird es bestimmt nicht erwischen. Ich war übrigens in jungen Jahren selbst einmal ein unregelmässiger «Paffer». Oder hat der etwas anmassende Ausspruch «Nur derjenige lebt ‹richtig›, der schon einmal nicht ‹richtig› gestorben ist» vielleicht doch seine Berechtigung?

Um meine Laufphilosophie abzurunden, sei noch erwähnt, dass in der Literatur der schönste Tod ein Aneurysma beim Liebesakt ist. Es ist doch bestimmt etwas Wunderschönes, wenn Liebe, Sex und Tod zusammenfliessen, jedenfalls für den, der so gehen kann. Über Sex reden wir heute in aller Offenheit. Und über Tod und Sterben? Wir können uns wohl unser eigenes Sterben wünschen, ausmalen. Doch meistens kommt es anders. Aber ein gewisser Zusammenhang besteht, nach meinen Erfahrungen, zwischen unserem gelebten Leben und unserem Sterben. «Angst vor dem Tod ist Angst vor nicht gelebtem Leben!» In diesem Sinne sagte ich meinen beiden Töchtern Cathrine, meiner «Gesundheitsministerin», und Carole, meiner «Finanzministerin»: Für mich wäre es das Schönste, wenn es einmal bei einem Marathon einfach «Bumm» machen würde und mein Leben so beendet wäre. Einfach auf der Strecke bleiben. Doch auch das ist Wunschdenken, bin ich mir vollkommen bewusst. Denn die Sterblichkeitsquote beim Marathonlaufen ist tatsächlich sehr gering. Zudem ist der Sport, das Bewegen, wohl das beste und gleichzeitig am häufigsten unterlassene Medikament. Was ja meinem diesbezüglichen persönlichen «Sterbe-Wunschdenken», das bestimmt jede und jeder, wenigstens der älteren Generation, in sich trägt, entgegensprechen würde.

Und so wurde mein erster Marathon zu einem für mich totalen Glückserlebnis. Ungeachtet der Zeiten, einfach im Erleben und Durchleben. Ein totales Glückserlebnis. Beinahe wie die Geburt unserer ersten Tochter Cathrine vor 40 Jahren. Auch damals konnte ich es kaum glauben, musste mir immer wieder selber an den Kopf klopfen und sagen: «Zahni, erwache, du bist nun Vater geworden; kein Traum, Tatsache, ist doch ein Wunder!»

Wie bei meinem ersten Marathon, als ich am nächsten Tag mit viel Adrenalin und anderen Glücksstoffen im Blut an den PC hockte und spontan mein Herz schreiben, besser gesagt, sprudeln liess.

So entstand dieser Brief an meine Familie und meinen besten Freund Hermann. Hermann ist gleich alt wie ich. Er hatte mit 18 Jahren einen Skiunfall und ist seither querschnittsgelähmt. Es ist eine alte, immer noch lebende und lebendige Freundschaft. Er musste sich, durch diesen in jungen Jahren erlittenen Schicksalsschlag, wirklich wieder aufrappeln, hocharbeiten: Zweitwegmatura, Jusstudium an der HSG (Hochschule St. Gallen), dann Anwaltspatent, Partner in einer Anwaltskanzlei, Heirat, nach etlichen Jahren Scheidung, dann wieder Heirat und nun seit zehn Jahren glücklich verheiratet. Ein grosses Vorbild für mich. Einer, der mir durch seinen Weg bewiesen hat, dass nicht das Schicksal an und für sich unser Schicksal ist, sondern wie wir mit diesem umgehen!

Als unser Vater mit 58 Jahren verstarb und ich mitten im Studium stehend, im Vollbesitz meiner Kräfte, durch einen Zufallsbefund, nach längeren Abklärungen, mit der Diagnose einer kongenitalen, also vererbten Leberfibrose konfrontiert wurde, brach für mich eine Welt zusammen. In jener Zeit konnte man in der Schweiz noch lange keine Lebertransplantationen machen. Eine kaputte Leber war das Todesurteil! Im ersten Augenblick wollte ich den «gesamten Bettel hinschmeissen». Warum mich weiterhin abrackern? Mich mit Zahlen, Algorithmen, Buchhaltung, Kostenrechnungen, Cash Flow und dergleichen abquälen? Zahlen lagen mir ohnehin nie, ich ständ mit diesen immer auf Kriegsfuss. Darum zähle und dokumentiere ich meine Marathons, wie viele andere Läufer dies minutiös machen, nicht. Ich bin der intuitive, nicht der «vermessene» Läufer.

Für mich zählt der Inhalt, das Erlebte, der innere Reichtum. Zeiten interessieren mich schon lange nicht mehr. Höchstens, wie beim Jungfrau-Marathon, wichtige Zeitlimiten, welche man unbedingt erreichen muss, um weiterzukommen. Und natürlich unser Kostbarstes, das wir haben: Unsere Lebenszeit!

Und zu jener Zeit gab mir Freund Hermann den entsprechenden Impuls. «Zahni, gib nicht auf, was ich geschafft habe, schaffst du auch!» Und dann wuchs in mir eine neue Einstellung zum Leben: Jetzt erst recht, du bist gesund, viel leistungsfähiger als viele andere, lass dich von diesen Laborwerten nicht verunsichern. Und diese Haltung, die sich nicht auf Knopfdruck eingestellt hat, sondern langsam heranwuchs, war, wie sich später herausstellen sollte, für mich äusserst fruchtbar, um nicht in die Krankheitsfalle zu tappen oder in ihr gefangen zu bleiben. Sozusagen mein persönlicher Weg von der Pathogenese zur Salutogenese.

Mein erster Marathon vor dreizehn Jahren

Lieber, bester Freund Hermann und liebe Familie

Ihr kennt mich ja alle sehr gut, mit meinen Sonnen- und auch mit meinen vielen Schattenseiten. Aber dieses Glücksgefühl, nach 42.195 km im Ziel anzukommen, ist einfach etwas Einmaliges. Es ist so intensiv im Erleben und setzt sich bei mir vor allem aus viel Dankbarkeit für das Geschenk Leben, Zufriedenheit, neuen Grenzerfahrungen, einsamen Wegstrecken mit innerer, wertvoller Einkehr, Beten, aber auch Erleben von Freundschaften unterwegs zusammen. Und manchmal sogar aus ganz anderen Sichtweisen von Menschen am Strassenrand, kurzen intensiven Gesprächen, gegenseitigem Aufmuntern und echter, gelebter Solidarität unter den Läufern und Läuferinnen, aus gemeinsamem Leiden, Aufmuntern und Freuen, und, das muss ich schon zugeben, auch ein wenig Stolzsein aufs Durchhalten, sodass es sich wirklich lohnt, dieses «Lebensrisiköli» und Abenteuer einzugehen.

Und ich bin mir auch bewusst, dass ich wirklich vieles im Leben geschenkt erhalten habe. Gute Gelenke, starke Füsse und Beine, gute Freunde, eine liebe Familie und eine Portion Lebensfreude, die mir Hoffnung, Zuversicht gibt und einen realistischen Optimismus und mir bestimmt immer wieder helfen wird, so hoffe ich wenigstens, auch nach Tiefschlägen wieder neue Wege durchs Leben zu finden.

Denn Laufen ist für mich mehr, als einfach die Beine in der Natur zu vertreten: Laufen ist für mich intensives Da-Sein, Reflektieren über das Leben, Meditieren, Dankbarsein, Seele und Körper im Einklang zu haben, das Herz weit, den Kopf frei; einfach ein wunderbares Gefühl, das ich ansonsten nie in dieser Intensität erleben darf.

Dafür mit anderen plaudern, lachen, Spass haben und einfach glücklich sein. Man ist im «Flow» (um dieses Modewort zu gebrauchen), die Zeit fliesst, und man ist einfach auf eine gute Art mit der Schöpfung verbunden, mitten in der prächtigen Natur. Und so bin ich mit all diesen Gefühlen ins Ziel geflogen, übrigens ohne gross zu überlegen, es kam einfach so über mich, und der Speaker rief: «Mathias, flieg, flieg, flieg ... ja, flieg ins Ziel!»

Und so ein Gefühl wäre doch für uns alle wunderbar, wenn wir einmal unser Diesseits verlassen müssen und unsere Seele wie ein Vogel ins Jenseits, in eine andere Welt schwebt oder eben fliegt. Und so nimmt das Laufen mir auch einfach etwas Angst vor dem möglichen Abtreten von dieser wunderbaren Erde, unserem «Gastland Welt», und dem Abschied von allen lieben Menschen.

Herzliche Grüsse vom leider immer noch etwas unvernünftigen Zahni und Paps und herzlichen Dank für euer Dasein, selbstverständlich nicht nur am Strassenrand!

Uster, den 24.5.2012

Mathias Zahner

Ein Bewegungsmensch war ich schon immer, von klein auf (siehe mein Enkelbuch «Vom Stinkbombenkönig zum Goldchlümpli»)! Während dem Studium Tennis, wandern, schwimmen, joggen. Dann kamen die vielen Fahrradtouren, quer durch die Schweiz, mit der gesamten Familie, inklusive unserem Familienhund Patch. Später dann auch im Ausland. Und dann, nach dem ersten Marathon, weitere Städtemarathons, bis ich mich an die Bergmarathons wagte: den Jungfrau-Marathon, den Swissalpine, den Zermatt-Ultra-Gornergrat-Marathon usw. Ein bleibendes Erlebnis war der Jungfrau-Marathon, den ich zusammen mit meiner jüngeren Tochter Carole gelaufen bin. Wir beide fielen uns im Ziel vor dieser Traumkulisse – Eiger, Mönch und Jungfrau – in die Arme und dann flossen die Tränen. Damals bei meiner Transplantation war dieser «kleine Stumpen» erst fünf Jahre alt gewesen. Nun beinahe vierzig, Mutter von zwei – wie kann es anders sein – sehr lebendigen Buben.

Und als meine Frau starb, musste ich einfach weg, nicht um zu flüchten, sondern um der Trauer «mein eigenes Gesicht» zu geben. Gemeinsam mit einem äusserst lieben und hilfsbereiten SAC-Freund entschied ich spontan, mit einer Gruppe zu einem dreiwöchigen Trekking nach Kirgistan zu reisen. Jeden Tag wandern, schlafen in Zelten und Jurten. Nur Nomaden, Schaf- und Pferdeherden, Traumlandschaften, die Weite und die Ruhe. Wohltuender Kulissenwechsel.

Als ich wieder nach Hause kam, hatte ich von der Stutenmilch, welche vermutlich bei einem Nomaden einige Tage zu lange am Sattel gehangen hatte, enorme Magen- und Darmprobleme. Trotzdem wagte ich mich anschliessend an meine grösste, und wie

sich später herausstellte, eindrücklichste Herausforderung: Den Trans Swiss Run – vom Bodensee an den Genfersee – «seven marathons in seven days». Dieses zusammen Laufen, wir waren eine Dreiergruppe, die Wege mit Navi selber suchen, die guten Gespräche, das Traumwetter, einander unterstützen, aufbauen, war einfach ein einmaliges Lauf-Freundschaftserlebnis. Ich war damals bereits der älteste unter allen Läufern und mit Andrea, der jüngsten, laufe ich heute noch – beinahe jedes Jahr – meinen Lieblingsmarathon: den Transruinaulta, ein Traummarathon durch die Rheinschlucht von Ilanz nach Thusis.

Und so wurde ich zu einem kleinen Vorbild, immerhin bezüglich des Bewegens in der Natur. Nicht nur für meine Enkel. Sondern für viele andere Kinder in Bertschikon, dem Dorf, nicht weit von mir, wo meine beiden Töchter wohnen.

Und ich freue mich jedes Mal, wenn die vielen Kinder mir auf dem Bike zurufen: «Hoi Momo!» Anscheinend bin ich auch ein wenig zu ihrem Grossvater geworden. Und es erinnert mich dann an die Schulbesuche bei meiner Frau. Denn sie sagte immer, rein präventiv: «Mach nicht gleich mit allen ‹Duzis›!» Und prompt fragte mich einmal eine Mutter, wer ich denn sei. Der Ehemann der Lehrerin. Sie musterte mich kurz, stellte sich mit Vornamen vor und sagte lachend: «Also, mit so einem kann man nicht beim Sie bleiben. Mit dir muss man einfach ‹Duzis› machen.»

Das ist doch ein schönes Kompliment. Wie damals, als mich eine Freundin unserer ältesten Enkelin fragte: «Stimmt das, Momo, was Mila auf dem Pausenplatz erzählt? Bist du wirklich durch die ganze Schweiz gelaufen?» Oder wie meine Partnerin mir zum Abschied sagte: Ich sei der liebenswürdigste und grosszügigste, aber auch der «strubste Siech», der ihr jemals unter die Augen gekommen sei.

Und vermutlich schreibe und laufe ich so, wie ich bin. Schreiben und Laufen fliessen zusammen. Mein eigener Stil, mit allen Vor- und Nachteilen. Lasse mich nicht gern in irgendwelche Schemen pressen. Halte mich da lieber an Hundertwasser, der sagt: «Wer nie aus dem Rahmen fällt, wird keine neuen Bilder erzeugen.» Anderseits: «Wer die Vergangenheit nicht ehrt, wird keine Zukunft haben.» Trotzdem klebe ich nicht an der Vergangenheit, freue mich weiterhin auf das Weiterfahren, ohne angezogene Handbremse, in der Gegenwart und in Zukunft. Einfach so lange es läuft.

Bin dankbar für die zusätzliche Lebenszeit, welche ich durch die Organspende erhalten habe. Werde, wenn das Laufen einmal nicht mehr geht, vielleicht wandern, meinen Enkeln Geschichten erzählen und vermehrt schreiben und, so hoffe ich, viel lachen voller Zuversicht, getragen von einem realistischen Optimismus. Mein nummerisches Marathonzählwerk zeigt schätzungsweise über fünfzig an. Denn so, wie ich laufe, mit meiner Laufphilosophie konnte ich manchmal im Jahr drei Marathons laufen. Das können Spitzenläufer nicht. Sie sind nach einem Marathon vollkommen ausgebrannt. So hat alles seine Sonnen- und Schattenseiten. Und ich hoffe ganz fest, dass meine zukünftigen Lebensjahre, welche ich vielleicht zusätzlich noch geschenkt bekomme, meine Gesamt-Marathon-Bilanz aufholen werden. Im Stillen vielleicht sogar übertreffen werden. Wünsche darf man doch haben. Manchmal gehen selbst die kühnsten in Erfüllung.

Das wünsche ich Ihnen, liebe Leserinnen und Leser, mit einem herzlichen «We keep on fighting».

Uster, den 12.04.2025, Mathias Zahner, alias Zahni; Copyright by Mathias Zahner

2.4.5 Elmar Sprink: Triathlon, mit Ironman auf Hawaii

Am 12. Juli 2010 hat meine Herzerkrankung begonnen. Nur durch unglaubliches Glück blieb ich an diesem Tag am Leben. Es folgten Wochen und Monate, ja sogar Jahre voller Angst, Schmerz und Ungewissheit. Am 9. Juni 2012 wurde mir schließlich ein neues Herz eingesetzt. Nachdem ich über sieben Monate im Bett verbracht hatte, musste ich erst wieder lernen zu sitzen (!) und zu gehen. Nur schrittweise ging es voran, in sehr kleinen Schritten wohlgemerkt. Ich versuchte, mir immer wieder ganz kleine Ziele zu stecken und mich so immer wieder neu zu motivieren.

Zwei Jahre und vier Monate später, nach fünf Operationen, dem Einbau von zwei Herzpumpen und einem Defibrillator, der Entfernung meiner Gallenblase sowie insgesamt 275 Tagen in sieben verschiedenen Krankenhäusern und einer Herztransplantation hatte ich es geschafft.

Niemand, weder meine Ärzte, meine Familie oder meine Freunde und nicht mal ich selbst, hätte sich vorstellen können, dass ich nach alldem, was mir widerfahren war, jemals wieder an einem Triathlon teilnehmen könnte, geschweige denn beim Mythos Ironman Hawaii, und es auch noch bis ins Ziel zu schaffen.

Stand heute (März 2025) habe ich an weit über 150 Ausdauerevents teilgenommen.

Anbei mein Lebenslauf 2.0

LEBENSLAUF 2.0

Geburtsdatum: 09.06.2012 in Bad Oeyenhausen

Krankengeschichte: 12.07.2010 – Herzstillstand

in 2011 – Reha und 10 Krankenhausaufenthalte

28.12.2011 – Einlieferung HDZ in Bad Oeynhausen

28.02.2012 – Einbau von 2 Herzpumpen (VAD & ECMO)

09.06.2012 – Herztransplantation

11.07.2012 – Entlassung aus dem HDZ in Bad Oeynhausen

Wiederaufbau: August 2012 ⌐ Erste Gehversuche nach über 6 Monaten im Krankenhausbett

September 2012 – Ergometer- und Radtraining

Dezember 2012 – Snowboarden im Stubaital

Januar 2013 – Erste Laufeinheiten

Sportevents: Seit der Transplantation hat Elmar an über 150 Ausdauerevents teilgenommen. Darunter 12 x Ironman & 23 x Ironman 70.3

Hier die Highlights:

2014 Ironman Germany in Frankfurt, Ironman WM auf Hawaii

2015 Ironman Germany in Frankfurt

2016 Transalpine Run (248km Trailrun)

2017 Cape Epic (691km MTB Etappen Rennen), Weltmeister im Triathlon bei den World Transplant Games, Zugspitz Ultratrail (84km Trailrun), BIKE Transalp (544km MTB Etappen Rennen), Ötztaler Radmarathon

2018 Ironman Austria in Klagenfurt

2019 Challenge Roth, Weltmeister im Triathlon bei den World Transplant Games, Ironman 70.3 WM in Nizza, Ironman Florida

2020 Swiss Epic (MTB Etappen Rennen)

2021 Ironman Germany in Frankfurt, Ironman Portugal in Cascais

2022 Cape Epic (die Tour de France im MTB Sport), Ironman Canada in Penticton, Spaghetti Tour (11x4000er im Wallis), Ironman 70.3 WM in St. George

2023 Ironman 70.3 Geelong (Quali 70.3WC), 4xMedaillen bei den World Transplant Games, Busselton 100, Ironman 70.3 WM Lathi, Ironman WM Nizza (10.9.)

2024 Ironman 70.3 Oman, Ironman Copenhagen, Red Bull Dolomitenmann (MTB Part), Ironman California

3 Anhang

3.1 Verbände

3.1.1 TransDia

TransDia Sport Deutschland e.V.

Husum war 1982 der Gründungsort des Deutschen Sportvereins für Nierentransplantierte. Mit der Namensänderung in Deutsche Sportvereinigung für Organtransplantierte im Jahre 1997 wurde dem Beitritt von "Nicht-Nierenpatienten" Rechnung getragen und seit 2025 kam es zur heutigen Bezeichnung: TransDia Sport Deutschland e.V..

Die Mitglieder kommen aus ganz Deutschland und sind Transplantierte (Herz, Leber, Niere, Lunge u.a.) und Dialysepatienten sowie deren Angehörige oder auch sonstige der Thematik verbundene Menschen.

Neben der sportlichen Betätigung sind insbesondere der soziale Kontakt sowie der Austausch von Informationen zu Transplantations- und Dialyse-Themen wichtig und hilfreich für alle Teilnehmenden.

Zielsetzungen

Dass regelmäßige Bewegung wie ein Medikament zahlreiche positive Wirkungen bewirken kann gilt auch (und erst recht) für Transplantierte und Dialysepatienten. Diese jeweils wieder an Bewegung und Sport heranzuführen ist eines der wesentlichen Ziele. Damit soll demonstriert werden, welche positiven Auswirkungen durch körperliche Aktivitäten für Dialysepatienten und Organtransplantierte erreichbar sind, wie u.a.: Erhaltung bzw. Wiedergewinnung der körperlichen Leistungsfähigkeit, positive Beeinflussung von Blutdruck, Körpergewicht und Selbstbewusstsein sowie generell eine Verbesserung des allgemeinen Wohlbefindens und der Lebensqualität.

Vor dem Hintergrund der langen Wartezeiten ist es insbesondere für Dialysepatienten entscheidend, ihr Transplantabilität aufrecht zu erhalten; hier können Bewegung und lange Dialysezeiten maßgeblich dabei helfen.

Nicht zuletzt sollen insbesondere auch die Akteure im Gesundheitswesen (v.a. Nephrologen, Transplantations-Experten, Pflegepersonal, Reha-Einrichtungen, Krankenkassen) dazu motiviert werden, regelmäßige körperliche Aktivität sowohl für Dialysepatienten wie auch Transplantierte in ihre jeweiligen Betreuungskonzepte zu integrieren.

Darüber hinaus soll der Öffentlichkeit gezeigt werden, dass Organspende funktioniert, und den vielen Menschen auf den Wartelisten soll Mut und Zuversicht vermittelt werden.

Veranstaltungen

Internationale Deutsche Meisterschaften für Transplantierte und Dialysepatienten

Zielsetzung dieses Events ist die Förderung von körperlicher Aktivität für Dialysepatienten und Transplantierte zum Zweck der Wiedergewinnung und Erhaltung ihrer Gesundheit. Auch Transplantierte und Dialysepatienten aus den Nachbarländern sind dabei willkommen.

Die Meisterschaften werden üblicherweise jährlich am Wochenende von Christi Himmelfahrt an stets wechselnden Standorten durchgeführt. Sie bieten eine hervorragende Plattform für den Austausch von (selbst gewonnenen) Erfahrungen bzgl. Dialyse und Transplantation und damit auch die Bildung von Freundschaften und Netzwerken. Die nachhaltige Bedeutung von regelmäßiger körperlicher Aktivität für Dialysepatienten und Transplantierte bildet dabei das verbindende Element.

Teilnehmen können DialysepatientInnen, die seit mindestens seit 6 Monaten dialysepflichtig sind sowie Empfänger/innen von lebenserhaltenden Transplantaten (Niere, Leber, Herz, Lunge, Pankreas) und Knochenmarktransplantaten, die die Verwendung von immunsuppressiven Arzneimitteltherapien benötigen. Dabei darf die Transplantation nicht weniger als ein Jahr zurück liegen. Teilnehmen können ebenfalls Lebendspender/innen, deren Klinik-Aufenthalt nicht weniger als 6 Monate zurück liegt.

Angebotene Sportarten sind je nach lokalen, verfügbaren Ressourcen: Badminton, Tischtennis, Tennis, Pétanque, Kegeln, bzw. Bowling, Darts, Golf, Radfahren sowie Leichtathletik und Schwimmen. Die Wertung erfolgt dabei jeweils getrennt für Transplantierte und DialysepatientInnen, unabhängig von der Teilnehmer-Zahl sowie in Altersklassen.

Die Wettbewerbe werden teilweise parallel durchgeführt und ggf. durch Vorträge zu medizinischen Themen oder Besichtigungen regionaler Sehenswürdigkeiten ergänzt.

Radtour pro Organspende

Ein weiteres Projekt von TransDia ist die schon seit 2007 durchgeführte Radtour pro Organspende. Auf der einwöchigen Tour besuchen die Radler und Radlerinnen, zumeist selbst transplantiert oder sogar noch dialysepflichtig, Entnahme-Kliniken, in denen der Prozess der Organspende beginnt. Die dort engagierten Pflegekräfte, Ärztinnen und Ärzte, Koordinatoren und Transplantationsbeauftragte retten initial das Leben von Patienten, die sie nicht kennen. Ihnen wird somit der Erfolg ihrer Arbeit vor Augen geführt, was immer wieder zu emotionalen und bewegenden Gesprächen zwischen Lebensrettern und Geretteten führt.

Den Medien soll dabei Gelegenheit für eine Berichterstattung gegeben werden, die das Engagement beteiligter Krankenhäuser, die Not der Wartepatienten und die möglichen Erfolge einer besseren Organspende-Politik in den Mittelpunkt rückt.

Schließlich soll auch allen Angehörigen von Organspendern Danke gesagt und vermittelt werden, dass ihre Entscheidung fürs Leben richtig gewesen war. Ihnen gilt der Respekt für die Kraft, die sie aufgebracht haben, der Organspende ihres Verstorbenen zuzustimmen.

In all den Jahren konnte die RpO in mehr als 160 Klinken „Danke" sagen, hat dabei alle Landeshauptstädte besucht, war zu Gast bei verschiedenen Landes- und beim Bundesgesundheitsministerium, beim Kuratorium für Heimdialyse und Nierentransplantation, bei der Deutschen Stiftung Organtransplantation sowie bei Eurotransplant im niederländischen Leiden. Jedes Mal haben die Medien das Projekt zum Anlass genommen, positiv über das Thema Organspende zu berichten.

Internationale Veranstaltungen

Auch auf internationaler Ebene finden Sportveranstaltungen statt, bei denen Transplantierte aus aller Welt jeweils die celebration of life feiern. Bei den alle 2 Jahre stattfindenden **World Transplant Games** kommen bis zu 2.500 Teilnehmende zusammen, um sich in zahlreichen Sportarten zu messen; der Gewinn von Medaillen steht dabei weniger im Mittelpunkt als vielmehr die Freude am Leben und der Dank an die Spender und Spenderfamilien.

Bei den ebenfalls im zweijährigen Abstand stattfindenden European Transplant Games nehmen auch DialysepatientInnen aus ganz Europa teil. Auch hier wird gezeigt, dass Organspende funktioniert und den Wartepatienten soll Zuversicht vermittelt werden, dass nach einer Transplantation wieder eine hohe Lebensqualität erreicht werden kann.

TransDia koordiniert dabei die Teilnahme aller deutschen Teilnehmenden. Die Mitgliedschaft ist dabei nicht Voraussetzung, ebenso wie die Erfüllung von Mindest-Leistungen in den einzelnen Sportarten. Erforderlich sind gleichwohl die medizinische Unbedenklichkeit, ein guter Trainingszustand sowie die nötige Kompetenz in den jeweiligen Wettbewerben.

3.1.2 ATSF

Die Austrian Transplant Sports Federation (ATSF) blickt auf eine lange und bedeutende Geschichte zurück. Alles begann mit der ersten Teilnahme an den Sportspielen für Transplantierte im September 1984 in Amsterdam. Inspiriert von diesem Erlebnis wurde am 2. Oktober 1984 in Innsbruck der Tiroler Transplantierten Sportverein gegründet, mit Reinhard Mörtenschlag als erstem Obmann.

Von Anfang an war der Verein mit großem Engagement aktiv. Bereits kurz nach der Gründung wurde Alt-Bundeskanzler Dr. Bruno Kreisky, selbst Nierentransplantierter, als erstes Ehrenmitglied gewonnen. Gleichzeitig wurde die Idee geboren, die World Transplant Games nach Innsbruck zu holen – ein Meilenstein, der 1987 dank der Initiative von Univ. Prof. Raimund Margreiter Wirklichkeit wurde. Die 5. World Transplant Games fanden vom 17.–20. September 1987 in Innsbruck statt. Dabei wurde auch die World Transplant Games Federation(WTGF) ins Leben gerufen, eine internationale Organisation zur Förderung des Transplantierten-Sports und der Organspende.

Die Vereinsführung wechselte über die Jahre mehrfach: Hansjörg Stix übernahm 1987 das Amt des Obmanns, gefolgt von Siegfried Rauchegger (1989–1990). 1995 begann eine neue Ära mit Erika Kokol (damals Langbauer) als erster Obfrau. Gemeinsam mit Karl Kokol prägte sie die Entwicklung des Vereins maßgeblich. Ihr Engagement führte unter anderem 2001 zur Gründung der European Transplant & Dialysis Sports Federation (ETDSF) in Budapest. Erika, selbst dreifach nierentransplantiert, wurde 2017 als erste Sportlerin in die „Hall of Fame“ der Transplantierten aufgenommen.

1997 wurde der Verein in Transplantierten Sportverband Austria umbenannt, bevor 2002 die endgültige Namensänderung auf Austrian Transplant Sports Federation (ATSF) erfolgte. Bei der 20-Jahr-Feier 2004 übergab Erika Kokol die Vereinsleitung an Walter Rettenegger (2004–2010), der sie als Ehrenobfrau verabschiedete. Bis 2025 führte Martin Krimbacher den Verein und setzt das wertvolle Erbe der Gründer fort. Auch er wurde im Rahmen seiner Verabschiedung für seine langjährige, außerordentlich engagierte Tätigkeit als Ehrenobmann ernannt. Nun tritt Christine Pichler als Obfrau in die Fußstapfen von Erika Kokol und Martin Krimbacher.

Heute steht der ATSF für gelebte Leidenschaft, Sport und Gemeinschaft – und für das unermüdliche Engagement, Organspende und Transplantierten-Sport in Österreich weiter voranzutreiben.

Da der Behindertensportverband unsere Aufnahmeanträge immer wieder ablehnte, entschieden wir uns, unsere eigenen Meisterschaften ins Leben zu rufen. So fanden im Winter 2006 in Hintertux im Zillertal erstmals die Österreichischen Skimeisterschaften für Transplantierte und Dialysepatienten statt – zunächst als eintägige Veranstaltung mit einem Riesentorlauf.

In den folgenden Jahren entwickelte sich das Event zur größten Sportveranstaltung dieser Art in Österreich, mit bis zu 80 Teilnehmern aus fünf Nationen (Deutschland, Polen, Slowenien, Italien und Österreich). 2007 und 2008 wurde die Meisterschaft auf zwei Tage erweitert, 2009 in Kirchberg in Tirol schließlich auf vier Tage, inklusive Rahmenprogramm wie einem Rodelabend. Ein besonderes Highlight war der Riesentorlauf auf dem berühmten Ganslernhang in Kitzbühel. 2016 kam in Schwarzenberg im Böhmerwald der Schneeschuhlauf als weitere Disziplin hinzu.

Heute sind die Meisterschaften weit mehr als nur ein sportlicher Wettkampf – sie stehen für Lebensqualität, Gemeinschaft und Freude an der Bewegung. Egal ob ambitionierte Sportler oder Hobbysportler, ob Skifahren, Langlaufen oder Schneeschuhwandern – hier ist jeder willkommen. Viele Teilnehmer haben durch die Veranstaltung neue Leidenschaften entdeckt, Freundschaften geschlossen und erleben, dass nach einer Transplantation das Leben – und nicht die Krankheit - wieder im Mittelpunkt steht.

Austragungsorte der Sommer World Transplant Games seit ihrer Gründung, die folgende Liste zeigt die weltweite Entwicklung und das wachsende Bewusstsein für Transplantationssport seit 1978.

- 1978 – Portsmouth, UK

- 1979 – Portsmouth, UK

- 1980 – New York City, USA

- 1982 – Athen, Griechenland

- 1984 – Amsterdam, Niederlande

- 1987 – Innsbruck, Österreich

- 1989 – Singapur

- 1991 – Budapest, Ungarn

- 1993 – Vancouver, Kanada

- 1995 – Manchester, UK

- 1997 – Sydney, Australien

- 1999 – Budapest, Ungarn

- 2001 – Kobe, Japan

- 2003 – Nancy, Frankreich

- 2005 – London, Kanada

- 2007 – Bangkok, Thailand

- 2009 – Gold Coast, Australien

- 2011 – Göteborg, Schweden

- 2013 – Durban, Südafrika

- 2015 – Mar del Plata, Argentinien

- 2017 – Málaga, Spanien

- 2019 – Newcastle upon Tyne, UK

- 2021 – Virtuell (5K AnyWay)

- 2023 – Perth, Australien

Im Jahr 2025 werden in Dresden die Sommer World Transplant Games stattfinden.

Die ATSF Erfolge 2024 in Lissabon - Inspirierende Leistungen unserer Mitglieder bei den European Transplant Sports Championships in Lissabon

Lissabon war dieses Jahr Schauplatz außergewöhnlicher sportlicher Triumphe bei den European Transplant Sports Championships, an denen über 600 Sportlerinnen und Sportler aus 25 Nationen teilnahmen. Mitglieder des Österreichischen Verbandes der Herz- und Lungentransplantierten erzielten dabei beeindruckende Erfolge, die nicht nur persönliche Siege, sondern auch Symbole der Hoffnung, des Zusammenhalts und der Inspiration darstellen.

Christine Pichler aus Innsbruck, die eine Herztransplantation hinter sich hat, beeindruckte mit ihrem unermüdlichen Einsatz und erreichte bemerkenswerte Ergebnisse: Zweiter Platz im 5k Mini-Marathon, Bronze im 400m Schwimmen - Freestyle, zweiter Platz im 5km Zeitfahren, Silber im 30km Straßenrennen und erster

Platz und somit Gold im Triathlon-Rating (virtueller Triathlon).

Stefanie Krenmayer aus Eberstalzell, die eine Lungentransplantation erhielt, verteidigte erfolgreich ihren Europameistertitel im Tischtennis. Ihre Entschlossenheit und ihr Können wurden erneut unter Beweis gestellt.

Marianne Christandl aus Weiz, welche ebenfalls lungentransplantiert ist, konnte sich mit viel Durchhaltevermögen und großartiger, sowie herausragender Technik im Golfturnier den hervorragenden dritten Platz und somit die Bronzemedaille sichern.

Siegfried Meschnig aus Utzenaich, herz- und lungentransplantiert, errang den Europameistertitel und Gold im Hochsprung. Seine außergewöhnliche Leistung unterstreicht seinen sportlichen Ehrgeiz und seine Hingabe.

Helmut Bruckberger aus Tribuswinkel, lungentransplantiert, zeigte seine Vielseitigkeit im Radsport und Duathlon: Vierter Platz im 5km Zeitfahren, fünfter Platz im 30km Radrennen, zweiter Platz im Duathlon und im 400 Meter Lauf, sowie jeweils ein dritter Platz im 1500 Meter Lauf und im 5000 Meter Athletisch Gehen.

Ivica Lulic aus Wien, herztransplantiert, glänzte im Ballwurf mit Gold und erreichte im Diskus sowie im Weitsprung eine Silbermedaille. Diese Erfolge zeigen seine beeindruckende Stärke und Technik.

Ludwig Szeberenyi aus Graz, ebenfalls herztransplantiert, errang Gold im Diskus, Ballwurf, Kugelstoßen und Speerwurf sowie eine weitere Goldmedaille im Schwimmen. Diese Erfolge betonen seine herausragende Vielseitigkeit und Ausdauer.

Peter Toth aus Oberwart, lungentransplantiert, sicherte sich Gold im Badminton.

Unser Radfahrer **Martin Krimbacher** platzierte sich in einem stark besetzten Feld hervorragend. Martin erreichte im 30km Radrennen als auch im 5km Zeitfahren jeweils den siebten Platz, was seine Ausdauer und seinen Wettkampfgeist unterstreicht.

Neben diesen Herz- und Lungentransplantierten nahmen auch noch folgende Transplantierte anderer Organe aus Österreich, welche Mitglieder der ATSF sind an den Spielen teil und konnten Medaillen erringen:

Erika Kokol, Ehrenobfrau der ATSF und dreifach nierentransplantiert konnte im Petanque den grandiosen dritten Platz belegen.

Renata Hönisch, welche knochenmarktransplantiert ist und aus Traun in Oberösterreich stammt nahm bei mehreren Sportevents teil und konnte im Kugelstoßen, dem 3km Gehen und Diskus eine Goldmedaille, sowie im 1500 Meterlauf und im 800 Meterlauf die Silbermedaille erringen.

Boris Hofer aus Marchtrenk, der lebertransplantiert ist gewann beim Tischtennis-Einzel die Silbermedaille.

Der lebertransplantierte **Martin Krimbacher** aus Erpfendorf konnte sich in den Radbewerben bei einer starken Konkurrenz und sehr windigen Verhältnissen unter den Top 10 platzieren.

3.2 Ärztliche Empfehlungen

Eigentlich ist schon der Titel falsch, denn jeder Transplantierte sollte bereits vor der Transplantation mit Sport begonnen haben. Je fitter man in die Transplantationsoperation geht, umso fitter wird man auch nach der Transplantation sein.

Nach Transplantation sollte eine baldige sportliche Aktivität geplant werden, diese Planung ist allerdings immer eine individuelle. Ein ärztliches Gespräch ist sinnvoll, denn es gilt Grund- und Vorerkrankungen wie Herz- oder Gelenkerkrankungen zu bedenken, auch hängt das Risiko für Infektionen von der Vorbehandlung und der Immunsuppression nach Transplantation ab.

Beginnt man dann mit körperlicher Aktivität so sollte der Start noch im Krankenhaus möglichst früh sein um die Gefahr von Thrombosen und einer Lungenembolie zu verhindern, größere Aktivitäten können aber erst bei einem sicheren Wundverschluss und einer stabilen Nierenfunktion beginnen.

Generell sollten Ausdauer und Kraft trainiert werden, insbesondere ist auf den Blutdruck zu achten und auf den Blutzucker. Unbedingt zu vermeiden ist eine Austrocknung – die Exsikkose.

Bei Sportarten im Freien sollte zudem das Infektionsrisiko abgeschätzt, werden, wobei aber die heutige Immunsuppression die Patienten viel weniger gefährdet als dies vor Jahrzehnten der Fall war.

Wichtig ist auch immer, dass Sport Spaß machen soll und nur wer gerne Sport treibt, tut dies auch langfristig.

Prinzipiell empfehlenswert sind alle Ausdauersportarten (Wandern, Laufen, Joggen, Walking, Radfahren, Schwimmen und Gymnastik), und natürlich ist auch Yoga erlaubt.

Konsequent vermeiden sollte man Kontaktsportarten, dazu gehören nicht nur Kampfsportarten, sondern auch Ballsportarten wie Fuß- oder Handball, denn schließlich ist die neue Niere im Bauchraum nicht durch Rippen geschützt, so wie die alten im Rücken.

Sicherlich nicht ideal sind auch Saunagänge, Schlammbäder usw.

Die meisten Patienten bekommen von ihrem Körper eine unmittelbare Rückmeldung was gut tut und was nicht – achten Sie darauf!

Unbedingt zu beachten ist, dass das Hautkrebsrisiko unter Immunsuppression um ein Vielfaches erhöht ist. Direkte Sonne ist daher zu meiden und die Verwendung von Sonnenschutzmittel eine absolute Pflicht. (**Prof. Bernhard Banas**)

3.3 Ohne Organe geht nichts

3.3.1 Von gleicher Gültigkeit zur Gleichgültigkeit

Dass Organspende ein „Akt der Nächstenliebe" ist, wird wohl die bekannteste Einstufung der Organspende sein. Einige Menschen wollen offensichtlich nicht hören und nicht mehr lesen, dass Organspende eine gute Sache ist.

Das zu hören oder zu lesen, macht ihnen beim Nein-Sagen zur Organspende ein schlechtes Gewissen. Daher „fertigen" sich diese Menschen ein Recht an (Rechtfertigung), das auf unterschiedlichen Stufen ansetzt:

1. Ergebnisoffene Aufklärung

   In der 1. Stufe der Gleichgültigkeit legen die Menschen einen großen Wert auf eine ergebnisoffene Aufklärung. Es soll kein moralischer Druck aufgebaut werden, indem man sagt, dass Organspende eine gute Sache sei, dass Organspende Menschenleben rettet.

   Indem diese Informationen – es sind Tatsachen, sind Fakten – nicht genannt werden dürfen, wird das Gedächtnis damit nicht konfrontiert. Das schlechte Gewissen kann ruhig weiterschlafen.

2. „Ja" und „Nein" seien gleich gültig[74]

   In der 2. Stufe behaupten sie, dass ein „Ja" und ein „Nein" zur Organspende gleich gültig sei. Damit sei es gleichgültig, wie man sich entscheidet und ob man sich überhaupt entscheidet.

   Diese Rechtfertigung ist der ideale Nährboden für alle Menschen, die es bequem haben wollen. Sie wollen sich mit dem Thema nicht auseinandersetzen. Sie wollen keine Entscheidung fällen. Sie wollen ihren Dornröschenschlaf der Spaßgesellschaft weiterschlafen.

3. Recht auf Feigheit[75]

   In der 3. Stufe sprechen sie den Menschen – und damit sich selbst – das Recht auf Feigheit zu, keine Entscheidung treffen zu müssen. Damit wird das Sich-nicht-entscheiden-müssen zum Rechtsanspruch, der in der Diskussion um Einführung der Widerspruchsregelung an Bedeutung gewinnt.

---

74 „Niemand ist ein schlechterer Mensch, weil er sich gegen eine Organspende entscheidet."
Holger Heydorn: Die Organspende und der scheinbare Tod. In: Christliches Forum (20.09.2024)

75 Heribert Prantl: Der Mensch gehört nicht dem Staat, er gehört sich selbst. In: Süddeutsche Zeitung (04.10.2019).

Man will sich nicht entscheiden, will aber gleichzeitig die Widerspruchsregelung nicht. - Unabhängig davon wie groß die Feigheit ist, der Tod schlägt unbarmherzig zu und dann steht für die Hinterbliebenen die Frage im Raum: Organspende, Ja oder Nein?

Gleich gültig?

"Quidquid agis, prudenter agas et respice finem." (Was du auch tust, tue es klug und bedenke das Ende!) Dieses Zitat wird dem griechischen Geschichtsschreiber Herodot (485-425 v.Chr.) zugeschrieben. Gleiches Gedankengut findet sich auch in der Bibel. "Was du auch tust, bedenke das Ende, so wirst du nicht sündigen in Ewigkeit." (Sir 7,36) Ähnlich heißt es auch in Sir 18,24 und 28,6.

Bezüglich dieses Zitates sollte der Blick auf das Ende gelenkt werden. Die Entscheidung, ob im Falle des Hirntods Organe gespendet werden, hat am Ende nicht den Hirntoten im Blick, sondern den Organpatienten. Für Nieren-Patienten gibt es – trotz und mit all den Beschwernissen und Einschränkungen - die Dialyse als Nieren-Ersatztherapie. Eine Nierentransplantation würde die Lebensqualität steigern und das Leben verlängern. Für Herz-, Lungen- und Leber-Patienten gibt es nichts Vergleichbares. Für sie gibt es kurz- oder mittelfristig nur den Tod.

Am Ende entscheidet das "Ja" oder "Nein" bei der Organspende über Leben oder Tod des Organpatienten. Wenn man bedenkt, dass ein Organspender durchschnittlich 3,x Organe spendet, kann man sagen, dass ein Organspender 3 Organpatienten vor dem drohenden Tod bewahren kann. Somit multiplizieren sich die Folgen um den Faktor 3.

Damit kann man aber nicht sagen, dass bei der Frage zur Organspende das "Ja" gleich gültig zum "Nein" sei. Vielmehr muss man sagen, dass dieses "Ja" oder "Nein" eines Hirntoten für 3 Menschen über Leben und Tod entscheidet.

Dass bei der Frage der Organspende das "Ja" gegenüber dem "Nein" gleich gültig sei, führt zu einer Gleichgültigkeit gegenüber den Organpatienten. Dabei geht es für diese um Leben oder Tod. Anscheinend nehmen einige Menschen es in ihrer Gleichgültigkeit gegenüber dieser Entscheidung hin, dass nach aktuellen Zahlen täglich zwei Organpatienten sterben, deren Leben mit ausreichend zur Verfügung stehenden Organen gerettet werden könnten.

Es ist somit höchste Zeit, dass von der gleichen Gültigkeit und der daraus resultierenden Gleichgültigkeit Abschied genommen wird. Es ist dringend erforderlich, zu betonen, dass jedes "Ja" eines Organspenders durchschnittlich das Leben von 3 Organpatienten retten kann.

Klaus Schäfer, Regensburg, 10.08.2024

3.3.2 Gleich gültig oder „gleichgütig" ?

Schon vor vielen Jahren traf ich für mich die Entscheidung, einen Organspende-Ausweis in meinen Papieren bei mir zu tragen.

Dann kam mein erster Enkelsohn auf die Welt und es stellte sich heraus, dass er mit bereits geschlossener Fontanelle geboren war. Um seine körperliche und geistige Entwicklung zu gewährleisten, blieb nur die Option einer Operation.

Ich versuchte, die junge Mutter nach Möglichkeit zu unterstützen. Auch bei der ersten Untersuchung im Uni-Klinikum war ich dabei. Mir war klar, dass Überlegungen erforderlich sind, was zu geschehen hat, wenn der kleine Kerl den Eingriff eventuell nicht überstehen würde. Also besprach ich mit meiner Tochter das Für und Wider einer Organspende-Einwilligung. NEIN, das Leben meines Enkels war mir nicht gleichgültig, aber ich wusste, dass seine Organe, sollte der Eingriff finale Komplikationen erbringen, helfen könnten, z.B. das Leben eines anderen Kindes zu retten. Seine dann nicht mehr zu nutzenden Organe wären GLEICH GÜLTIG für einen anderen Menschen.

Damals war ich sehr froh, dass meine Tochter für meine Gedanken und Vorschläge offen war und so lag vor der OP in der Patienten-Akte der Organspende-Ausweis für ihren Sohn.

Später erzählte sie mir, dass die Ärzte (vor nun über 30 Jahren) überrascht waren, dass eine junge Mutter solch eine Entscheidung traf. Und auch, als nach einem Jahr ein zweiter Eingriff notwendig wurde, lag der Ausweis ebenfalls parat.

Wir sind dankbar, dass damals alles gut verlaufen ist und inzwischen schon die nächste Generation heranwächst!

-

FAZIT: Das Leben eines Menschen ist mir nicht ‚gleichgültig' , sondern es kann, DANK einer vorher gemachten Zusage zur Organspende, für einen Schwerkranken „Gleich Gültig" werden.

Kathleen Thoma-Auerbach

August 2024

3.3.3 Mein letzter Wille

Robert N. Test schrieb einen Text „Mein letzter Wille", der mir im Dezember 2014 für ein eigenes Vermächtnis „Mein letzter Wille"[76] zum Vorbild wurde. Nach über 10 Jahren stehe ich noch immer dazu, wenngleich mit weniger Worten:

Mein letzter Wille

Ich habe meinen Leib als Geschenk von Gott erhalten.
Mit der Gesundheit meines Leibes bekam ich die Fülle des Lebens geschenkt.
Mein vorzeitiger Tod setzt diesem Vorhaben ein jähes Ende.
So bitte ich Euch: Macht aus meinem Tod Leben.

Daher will ich meinen Leib als Geschenk weiterschenken
und die Anderen sollen es als Geschenk annehmen:
Schenkt mein Herz einem,
nach dem der Tod greift, weil sein Herz zu schwach ist.
Schenkt meine Lungen einem,
dem Atmen körperliche Höchstleistung abverlangt.
Schenkt meine Leber einem,
dessen Leib sonst langsam vergiftet wird.
Schenkt meine Nieren denen,
die wöchentlich drei Tage für über 4 Stunden an der Dialyse hängen.

Umsonst habe ich empfangen, umsonst will ich geben. (Mt 10,8)

In reichem, überfließendem Maß wurde ich beschenkt. (Lk 6,38)

Mit reichem, überfließendem Maß will ich daher schenken.

Wenn ich weiß, dass Ihr diesen meinen letzten Willen erfüllt,
gehe ich gerne auch vorzeitig aus dieser Welt.
Denn dann weiß ich, dass nicht nur mein Leben,
sondern auch mein Sterben einen Sinn hatte
und anderen Menschen zum Geschenk wurde.

P. Klaus Schäfer SAC
Regensburg an Ostern 2025

---

76 https://www.organspende-wiki.de/wiki/index.php?title=Mein_letzter_Wille

3.4 Dank

Zum Schluss gilt es, den Menschen Dank zu sagen, ohne die der Sammelband in dieser Weise nie zustande gekommen wären. Hier sind vor allem zu nennen:

- Jutta Riemer und Gerd Böckman,
  Vorsitzende des Vereins „Lebertransplantierte Deutschland e.V.",

- Agata Stark und Dennis M. Stamm
  Redaktion des „DIATRA-Verlag gGmbH",
  gemeinnütziger medizinischer Fachverlag,

- Michaela Zink-Grubits
  vom „Österreichischer Verband der Herz- und Lungentransplantierten"

und zahlreichen anderen Helferinnen und Helfern, insbesondere der Selbsthilfegruppen „Bundesverband Niere e.V." und und dem „Bundesverband der Organtransplantierten e.V." (BDO e.V.), sowie jedem einzelnen Co-Autor dieses Sammelbandes. Ohne sie hätte dieses ganz besondere Buch nicht entstehen können. Hierbei ist auch Kathleen Thoma zu nennen, die seit über 10 Jahren meine Manuskripte korrigiert.

Dieser Sammelband zeigt anhand der über 40 Berichte deutlich auf, welches Potential in einer Organtransplantation steckt. Vom Freizeitsport über Leistungssport bis hin zum Extremsport sind Transplantierte anzutreffen. Er zeigt aber auch – und das ohne jegliche Vorgabe-, dass Sport nach der Organtransplantation die Lebensfreude und Lebensqualität steigert. - Für die Zukunft wäre es sehr zu begrüßen, wenn dies in einer wissenschaftlichen Arbeit genauer untersucht würde.

Als Fazit bleibt:

Es steht jedem Transplantierten frei, wie weit er nach seiner Organtransplantation auf dem Weg zur sportlichen Aktivität gehen will. Freizeitsport sollte allen ermöglicht werden. Beim Leistungssport oder gar Extremsport ist allerdings ärztliche Begleitung empfehlenswert.

Ich danke allen, die zum Gelingen dieses Buches beigetragen haben

und wünsche allen Transplantierten auch weiterhin viel Freude bei ihren sportlichen Aktivitäten.

Klaus Schäfer

Regensburg, den 30. April 2025